重庆文理学院学术专著出版资助

文学与艺术

—

古代巴蜀石窟的装饰设计与形态研究

张乃千　肖宇窗　肖梦非　著

人民日报出版社
北京

图书在版编目（CIP）数据

古代巴蜀石窟的装饰设计与形态研究／张乃千，肖宇窗，肖梦非著.—北京：人民日报出版社，2021.11

ISBN 978-7-5115-6875-5

Ⅰ.①古… Ⅱ.①张…②肖…③肖… Ⅲ.①石窟—美术考古—研究—四川 Ⅳ.①K879.294

中国版本图书馆 CIP 数据核字（2020）第 266821 号

书　　名：古代巴蜀石窟的装饰设计与形态研究
GUDAI BASHU SHIKU DE ZHUANGSHI SHEJI YU XINGTAI YANJIU

著　　者：张乃千　肖宇窗　肖梦非

出 版 人：刘华新
责任编辑：林　薇　陈　佳
封面设计：中联华文

出版发行：人民日报出版社
社　　址：北京金台西路 2 号
邮政编码：100733
发行热线：(010) 65369509　65369846　65363528　65369512
邮购热线：(010) 65369530　65363527
编辑热线：(010) 65369526
网　　址：www. peopledailypress. com
经　　销：新华书店
印　　刷：三河市华东印刷有限公司
法律顾问：北京科宇律师事务所　　(010) 83622312

开　　本：710mm×1000mm　1/16
字　　数：302 千字
印　　张：18.5
版次印次：2021 年 11 月第 1 版　　2021 年 11 月第 1 次印刷

书　　号：ISBN 978-7-5115-6875-5
定　　价：95.00 元

序

　　宗教与艺术关系问题，是艺术理论的一个重要内容。把宗教与艺术，放到整个人类发展历史上公正地看，就不难发现，宗教和艺术之间有着非常密切的关系，它们具有许多内在的同一性，两者相互影响。在宗教的传播过程中，各种艺术手段与宗教礼仪活动紧密地联系着，成了重要的辅助形式，这类服务于宗教的艺术也就是我们常说的宗教艺术。

　　宗教艺术是以表现宗教观念，宣扬宗教教理，跟宗教仪式结合在一起或者以宗教崇拜为目的的艺术。它是宗教观念、宗教情感、宗教精神、宗教仪式与艺术形式的结合。任何宗教艺术的根本目的是教化民众，是为宗教传播教义服务的，这是宗教艺术独特的职能。拜占庭神学家大格列高利（Gregory the Great）曾说过："在教堂里使用绘画和雕塑的诸多形象，为的是让那些不识字的人朝壁上看，至少可以读到他们书上无法读懂的内容。"相对于宗教哲学思想、价值观、世界观的传播工具，诸如文字、语言等，艺术有着其独特的载体作用。

　　匈牙利艺术史学家阿诺德·豪泽尔（Arnold Hauser）认为人类最初的艺术起源于巫术、万物有灵说或祭典。根据上述学者看法，原始装饰艺术显然都因为实际目的而产生，它可以满足原始人类不同的需要，如用纹样装饰身体、对图腾的崇拜、不安全感等，具有重要的意义。而在生产力极低下的原始社会，原始人类爱美的表现往往具有宗教意义，因此它的审美功利性大于艺术性。原始装饰中具有普遍意义的是"图腾"（Totem）。图腾原为印第安语，意为"他的家族"。它大约和氏族公社同时产生。在原始社会，每个氏族往往采用一种动物（或植物）作为本氏族的标志，并认为他们的祖先是由这种图腾演变而来，因而保护他们，使之生活发展，子孙繁荣。这是人们在生产力低下的情况下，把自然物人格化，并赋予一种想象的超自然的力量，以企求达到保护自己的作用。这实际也是一种原始的宗教崇拜。这种图腾，或被刺在身体上，或被绘刻在器皿和武器上，成为标志性的图案。它是最早具有实用意义的一种纹样。作为服务于宗教的装饰艺术，融入了浓郁的宗教色彩，不减其品格却更增添其风貌，其独特的艺术魅力与学术价值是文化艺术宝库中的一朵奇葩。

巴蜀地处中国西南，东临长江三峡，与云贵高原相邻，西连青藏高原，北临秦岭山区，是连接中国北方与南方的交通要冲，同时也是东南亚文化交流的重要枢纽。佛教自西汉末年由大月氏使者传入中国，东汉时开始在中原地区传播。几乎同时，佛教也沿着西南国际贸易通道，传至巴蜀地区。20 世纪 50 年代末，考古工作者就在四川乐山麻浩东汉崖墓的石门额上发现了一尊孤立的佛像（图序-1），类似的图像在四川柿子湾汉墓、彭山也有发现，几乎都为二至三世纪时代作品，是中国最早的几尊佛像。在北魏时期，巴蜀地区的佛教造像开始兴起，至唐宋时期，石刻艺术与摩崖造像已经达到兴盛阶段。

《现代汉语词典》："石刻：刻有文字、图画的碑碣等石制品或石壁，也指上面刻的文字、图画；石窟：古时一种就着山崖开凿成的寺庙建筑，里面有佛像或佛像故事的壁画和石刻等，如我国的敦煌石窟。造像是指用泥塑成或用石头、木头、金属等雕成的形象。"①"石窟"一词更能体现古代巴蜀造像的规模、丰富的内涵及文化价值。巴蜀石窟包括今四川、重庆境内的窟龛摩崖造像、石刻造像、石刻经文以及与宗教有关的各种石刻。所以，从概念辨析上看，将研究对象界定为"巴蜀石窟"较为准确。

唐代巴蜀石窟和摩崖造像兴盛发达，以广元、巴中（图序-2）为主的川北石窟群和以安岳、大足、潼南、资中为主的川中石窟群，窟龛密布，是巴蜀石窟精华的集中地。乐山、眉山、蒲江、丹棱、夹江等的摩崖造像群也闻名遐迩（图序-3）。唐末天下大乱，加之武宗和后周灭佛，北方一带寺院受到破坏，造像活动日渐衰微，而有"天府之国"美誉的巴蜀地区却以地方割据势力为屏障，遭受的打击较小。它依靠得天独厚的地理环境和经济条件于佛教造像史上别开生面。至宋、元、明、清、民国时期仍不断开凿新的石刻造像。其中以大足和安岳两地更为突出，大足、潼南、合川、江津等一批大佛就是陆陆续续建于此时期的。巴蜀地区的佛教造像历史长达一千四百多年，是中国南方摩崖石刻保存最丰富的地区。巴蜀石窟艺术具有民族艺术的代表性，文化品质的包容性，文化创造的广泛性，对巴蜀文化有独特的贡献。

---

① 中国社会科学院语言研究所词典编辑室. 现代汉语词典 第 6 版 工具书 ［M］. 北京: 商务印书馆，2012（06）.

艺术风格体现时代的趣味和文化倾向，艺术意蕴包含着文化的精髓，艺术的主张披露出文化的变迁，艺术的创新常常是文化革命的先兆，从艺术中透视的是文化最深刻最隐秘的信息。古代艺术文化的内涵和结构丰富且复杂，基本上包括器物、制度和观点等几个层次，其中，最核心的应该是价值观。而对于文化的普及，不能大谈价值，不能谈得很抽象。因为，器物背后都会包含着一种特殊的价值认同。而作为华夏文化的一个分支——巴蜀文化，源远流长，民风民俗自成系统，别具面目，但是如果没有我们高度程式化的川剧、没有水墨意境的巴蜀民居、没有儒释道兼容的宗教艺术，那么，所谓巴蜀文化也只剩下黑格尔所说的一堆"理念"而已。所以，古代巴蜀之文化架构，如果凭空从中抽出以石窟为代表的宗教艺术组成部分，那么，巴蜀文化必因缺失血脉生气而神情呆滞，无足可观。因为，文化是人类的一种生存方式。具体而言，文化是以价值观、世界观、审美观等思想和理论为核心的，以思维方式为内部特征，以行为方式为外部特征的人类的生存方式。

石窟装饰艺术作为佛教在中国发展的标志之一，代表了当时中国美术的最高水平，影响并推动了民间风俗的兴起与繁荣，是中国文化在石窟艺术中的集中反映。古代巴蜀石窟的"装饰"大多是古代工匠预先按照形式美的法则统筹规划"设计"，再通过视觉的形象传达出来的重要文化"形态"，也是普通人与宗教义理之间沟通的思维联系介质。这种文化形态很好地保留了巴蜀古代人民自己的宗教习俗、节庆模式、居住形式和思维方式等。同时，它也影响着人们的物质和精神世界，绵延至今。巴蜀石窟装饰在兼容并蓄地吸收了佛、道、儒三教文化艺术观念后，形成了以本土文化为主题的一种东方特有的隽永含蓄的美和深远的艺术境界，是一座活生生的装饰艺术宝库，从而极大地丰富了装饰语言，使其成为世界艺术史上光辉灿烂的一朵奇葩。因此，对古代巴蜀石窟装饰艺术的设计与形态进行较全面地梳理、总结和文化阐释，无疑具有重要的理论价值和现实意义。首先，古代巴蜀石窟众多题材的装饰纹样代表不同的佛教意义和文化内涵，每一个纹样的兴起、演变和消亡都体现着当时人们的精神理念。因而，笔者试图把古代巴蜀石窟装饰艺术放在全人类文化史的坐标中，以反映、观察其赖以产生和存在的文化生态。相应地，也探究其对巴蜀社会生活的影响，进而认识巴蜀社会历史的变迁。其次，古代巴蜀石窟均雕凿在细砂岩石上，岩石吸水率高，加之当今工业、交通、环境污染等，各种病害日渐明显，一些洞窟崩塌，精细雕刻品风化严重，一些精美的装饰图案已经看不到或渐渐模糊不清。为了使巴蜀石窟艺术保留下去，让世人可以长久地进行研究，并从中欣赏其艺术之美，在利用现代技术保护、维修以延长石窟寿命的同时，我们收集、保存巴蜀石窟装饰艺术的资料，加以整理、转换，予以出版，这也应当是保护古代巴蜀石窟艺术的有效方法。再次，古代巴蜀石窟装饰文化的核心价值体系蕴含和展现了兼容并蓄、宽容共存的包容姿态，坚韧不拔、与时俱进的开创精神，以及"自强不息""厚德载物"的传统美德，它所宣扬和倡导的惩恶扬善、警戒世人的道德要求，以及心主一切、百行孝为先的行为准则，与中国传统文化的核心价值观异曲同工。这也正与当今塑造"奋发向上、崇德向善"的价值观和实现"中国梦"的根本要求相契合。因此，笔者对古代巴蜀石窟装饰艺术背后的文化阐释和解读，力图使读者产生一些价值认同。

装饰作为艺术范畴内一个常用而又涵盖量大的专用词，有广义和狭义的区别。《现代汉语词典》把"装饰"界定为在身体或者物体的表面加些附属的东西使美观和专指装饰品这两方面的意义。李砚祖先生的《装饰之道》认为："广义的装饰主要泛指一些装饰行为和装饰现象，而狭义的装饰主要指装饰行为的结果，即'装饰艺术'之义，如具体的装饰品类、图形、纹样，等等。"① 本项目研究采用"狭义的装饰"定义，本专著介绍的重点，主要放在那些比较典型的装饰造型及纯粹的装饰图案设计等方面。

如果说，那些表现神像和佛教故事题材的造型艺术更多地在于功能性目的，那么大量的、作为纯粹装饰目的的纹样则体现了较大的审美性，其形式之丰富足以揭示出佛教图案中所蕴含着的审美意义。需要特别指出的是，石窟之中的装饰运用并非全然是佛教的，其中有不少内容仅仅是作为装饰而存在，因此这里所论及的佛教装饰也未必都具有佛教的特定含义，而是指佛教活动所采用的装饰。本专著旨在分析佛教文化氛围下，受其宗教思想影响形成的装饰艺术，因丰富多彩的宗教元素的托附而形成的独特视觉魅力。因此，在本专著中，笔者拟用文化场研究艺术"场效应"，即基于丰富复杂的、处在动态过程的整个文化环境的考量，探究古代巴蜀石窟装饰产生与发展的立体文化空间，探寻其内外交互因素的关系。

---

① 李砚祖. 装饰之道 [M]. 北京：中国人民大学出版社，1993：2.

美国德裔犹太学者，著名艺术史家潘诺夫斯基（Erwin Panofsky）将图像学阐释为相互融合的三个层面，即图像前的描述、图像的分析、图像学的解释。笔者将此方法运用到本课题的研究中，第一个层面是对图像的描述；第二个层面是以佛教经典为依据分析图像的母题，对基本内容进行解读；第三个层面是探究图像的象征意义及其文化背景。本着这样的学术理路，在前人研究成果的基础上，运用艺术文化学的范式，主要通过对以川北广元和巴中石窟、川中安岳和大足石窟为代表的古代巴蜀摩崖石窟装饰艺术设计与形态的研究，厘清古代巴蜀石窟装饰艺术的"设计"理念与过程，总结其本体"形态"类别、特征并进行文化诠释——力图从艺术的深层结构窥视文化，进而究其根源，找到共通性和规律，为设计者和艺术家提供创作灵感和创作源泉。

张乃千　肖宇窗
2019 年 8 月

插　图

序-1　四川乐山麻浩东汉崖墓石门额上的佛像
（中国乃至世界遗留最早的佛教石刻造像之一，高37厘米，右手施无畏印）

序-2　巴中南龛石窟

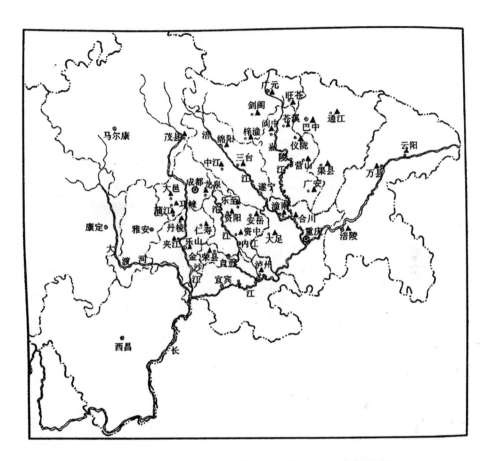

序 -3　巴蜀石窟分布图（摘自雷玉华《巴中石窟研究》）

目　录
CONTENTS

第一章

导　论

　　艺术，在中国古代，指的是六艺以及术数和方技等各种技能。所谓"六艺"，是指中国周朝的贵族教育制度，要求学生掌握六项基本才能：礼、乐、射、御、书、数。而"术数"指阴阳五行生克制化的数理；"方技"在古代指医经、经方、神仙术、法术等。在现代汉语中，"艺术"是一种通过塑造形象来反映社会生活而比现实更为典型的社会意识形态，如文学、绘画、雕塑、音乐、舞蹈、戏剧、电影、曲艺、建筑、语言等。归根结底，艺术是人对世界的一种精神把握的方式，人们通过艺术达到对世界的认识，也包含着人对自己的认识。

　　宗教文化在社会中的传播和发展对艺术有着直接的影响。首先，宗教的传播离不开艺术，运用艺术的手段传播和强化宗教观念，增强民族认同感，从而达到阐述生活的目的。"艺术到了最高阶段是与宗教直接相联系的。"① 也就是说，宗教"往往需要利用艺术来使我们更好地感到宗教的真理，或是用图像说明宗教真理以便于想象"②。其次，在人类社会历史发展中，有一个宗教艺术阶段——受宗教影响或控制，或为宗教服务的艺术阶段，其宗教观念对艺术思想和艺术表现形式有一定的制约。艺术上的差异大多是由宗教观念的差异所形成的，它既是文化发展的必要阶段，也是艺术发展的必要过程。同时，它本身也构成了文化艺术的发展。最后，宗教往往作为一种艺术形象呈现在世人面前。宗教艺术的传播和发展也需要人们的情感投入，宗教表现为对神的崇拜和虔诚，这取决于人们的精神幻想。

　　随着人类历史的发展，宗教应运而生，它构成人类社会文化的重要组成部分。在宗教传播过程中，各种艺术手段成为重要的辅助形式，与宗教礼仪活动密切相关。这种为宗教服务的艺术，也是我们常说的宗教艺术。"宗教艺术"主要指用来表达宗教信仰和生活的文学、美术、音乐、建筑等，它包括宗教绘画、

---

① 黑格尔著，朱光潜译．美学（第 1 卷）［M］．北京：商务印书馆，1979：105.
② 黑格尔著，朱光潜译．美学（第 1 卷）［M］．北京：商务印书馆，1979：105.

雕塑和建筑等。

一、佛教艺术概述

随着佛教的发展，印度古代佛教文化取得了很高的艺术成就。随着佛教的传播而至世界各地，并与当地文化相结合，它已成为当地民族文化的一个组成部分。古印度阿育王时代竖立的石柱顶部雕刻着狮子、大象、牛、马和宝轮等形态。当时，许多石塔都是为藏佛舍利而建造的，其四周围有石栏，并刻有浮雕图案。在巴雅（Bhaja）、贝德萨（Bedsa）、巴尔胡特（Bharhut）、迦尔梨（Karli）和桑吉（Sanchi）等地，早期的佛教建筑和雕塑达到了很高的水平。犍陀罗（Gandhara）佛教艺术借鉴古希腊、古罗马的精髓，创造了各种各样的释迦牟尼形象。印度引以为豪的"艺术宫殿"埃罗拉阿旃陀（Ajanta）石窟艺术一直脍炙人口。这些佛教艺术对亚洲国家产生了重要影响。

根据近年的考古发现，自汉哀帝元寿元年，大月氏王使臣伊存向中国博士弟子景卢口授《浮屠经》，之后有汉明帝梦金人，派遣使臣迎取佛像、传教士传教，翻译最早的佛经《四十二章经》，修建中国第一座佛教寺院洛阳白马寺至今，佛教在中国已有两千多年的历史。例如，在四川彭山墓葬中发现了东汉时期的佛教文物，江苏连云港孔望山的佛教摩崖雕刻也初步确认起源于东汉。

佛教传入汉地后，由于魏晋南北朝对佛教的大力弘扬，从帝王到平民都尊崇佛教，在大江南北修建了大量寺庙石窟。其中，山西大同云冈石窟建于北魏文帝时期，也是至今保存最为重要的石窟之一。其他石窟，如敦煌莫高窟和炳灵寺石窟，也相继开凿于这一时期，这为佛教向中国化的嬗变奠定了重要基础。隋唐时期，政治的稳定和经济的发展，加上皇帝的倡导，使中国佛教日益繁荣。特别是在唐代，皇帝实行佛、道并举的政策，设译经院，在京城和各州建官庙。当时，佛教僧侣受到高度重视，高僧和佛学者涌出。天台宗、三论宗、法相宗、净土宗以及禅宗等宗派也相继成立。北宋以后，中国佛教整体上趋于衰落。徽宗时期的扬道抑佛，以及宋儒理学对佛教的批判与排斥，对佛教的发展产生了消极影响。虽然元、明、清时期的统治者大多信仰藏传佛教，但这一趋势仍难以改变。

佛教并没有直接从佛祖的故乡尼泊尔传入中国，而是从今天的中亚和西域地区传来。主要有两条路线：一条是北线丝绸之路，途经阿富汗、巴基斯坦、新疆喀什、和田、吐鲁番、河西走廊；另一条是南线的海上丝绸之路，途经印度、斯里兰卡、缅甸和泰国。中国佛教可分为三大体系，即汉地佛教（汉语系）、云南地区上座部佛教（巴利语系）和藏传佛教（藏语系）。

佛教传入以前，中国的工艺美术已达到了很高的水平，精美的书法、绘画、制造工艺、纺织、建筑等在世界上享有盛誉。中国佛教艺术首先模仿印度，然后逐渐发展成中国的民族风格和特色。丝绸之路初期，新疆克孜尔千佛洞壁画和敦煌莫高窟北魏壁画受印度佛教艺术影响较大。随着佛教教义的传入，原生地的文化艺术或多或少会流入中国。同一题材的内容和表现手法不同。大乘佛教传入后，吸收了汉文化的优势，带动了造像、画像、寺庙、佛塔和石窟寺等艺术技术的发展，使佛教面貌焕然一新。梁朝时，著名佛教题材画家张僧繇创作了"张家样"；北齐时，曹仲达的佛教画创立了"曹家样"。后者画佛像，衣服紧贴全身，显露曲线，其创作风格，后人称之为"曹衣出水"。隋唐时期，佛教艺术被中国化。随着隋朝的统一和唐朝经济文化的发展，中国佛教发展到了鼎盛时期，出现了许多新的佛教宗派。佛教艺术充分反映了这些宗派的发展演变。隋唐时期，最具代表性的敦煌石窟艺术也进入了一个新的阶段，达到了印度佛教艺术与汉文化的完美融合，开创了敦煌艺术的高峰。吴道子在长安和洛阳两地寺观中绘制了三百多幅大型壁画，奇踪怪状，无有雷同；笔势圆转，所画衣带如被风吹拂，后人称之为"吴带当风"，以此称其高超的画技与飘逸的风格。雕塑方面，从北魏到隋唐，创造了以山西云冈、洛阳龙门为代表的大型石窟，具有鲜明的民族风格；唐代敦煌、麦积山彩塑更具中国特色。宋元以后，泥塑在佛教寺院中很流行，这也是中国佛教艺术所独有的。藏传佛教艺术，不仅与汉族地区的佛教艺术有着一定的渊源关系，而且受印度和尼泊尔佛教艺术的影响，风格独特。

佛教传播是文化交流的一种形式，同时也伴随着长期的文化兼并。相容性和排他性、实用性和超越性和谐共生。佛教包括两个方面：佛教思想和佛教行为，即教义和教仪。它们被具体化为宗教文化，记录在经典、戒律和其他经文中，在寺庙、石窟和其他建筑中得以表达，并被纳入庆典、仪式和其他活动中。后来化成和迁移到传说故事、服饰歌舞、图画造像，以至于民俗游艺、集市庙会。在中国，佛教一路传播的同时，吸收了全国各地的文化艺术，改进了教义，丰富了自己的文化形态和文化观照，在与中国几千年传统文化的交流和碰撞中，最终形成了独具特色的中国佛教美学，比如禅宗美学。可以说，佛教是对中国文化影响最大的外来宗教，而中国文化则是对佛教的最大回馈。

为了更有效地传播佛教教义，为佛教礼仪活动服务，艺术手段也成为佛教思想形态的物化形式，其中造型形式是最重要的艺术手段。佛教美术包括佛教建筑及其内部装饰，以及造型和各种与佛教有关的器物。

二、佛教装饰艺术及其演变

佛教装饰艺术的发展与佛教自身的发展密切相关。

（一）佛教装饰艺术

装饰艺术必须依靠客观的视觉形象来表达艺术的真实情感，佛教装饰艺术的演变是佛教自身发展的视觉体现，反映了中国美术文化和人们思想观念的变化。了解中国佛教装饰艺术是了解中国传统文化的重要方面。

根据社会学理论，艺术史学家阿诺德·豪索（Arnold Hauser）认为人类的原始艺术起源于巫术、万物有灵论或祭祀。据此观点，原始装饰艺术显然是出于实用目的而产生的。它能满足原始人类不同的需求，如纹样装饰身体、图腾崇拜、安全感等，具有重要的意义。在生产力极低的原始社会，原始人爱美往往具有宗教意义，因此其审美效用大于艺术性。在原始装饰中，图腾（Totem）具有普遍的意义。图腾，最初在印第安语中的意思是"他的家庭"，大约和氏族公社同时产生。在原始社会，每个氏族往往以一种动物（或植物）作为自己氏族的标志，认为祖先是由图腾繁衍而来的，使他们生存和发展，使他们的后代繁荣昌盛。这就是在生产力低下的情况下，人们把自然物拟人化，赋予自然物一种想象中的超自然力量，以期达到保护自己的目的。这其实是一种原始的宗教崇拜。图腾是最早具有实用意义的一种纹样，要么文在身上，要么绘在器物上，已经成为一个标志性的图案。

在印度佛教装饰艺术的早期，附属窣堵波（梵语 stūpa，佛塔，图 1-1）的装饰虽主要由本生和佛传组成，但作为主题中心的释迦形象并没有出现，只是用宝座、法轮、菩提树和佛足印来象征。起初，佛教是一种不关注造型艺术的实用宗教。在佛祖释迦牟尼涅槃之后，对释迦牟尼遗物的崇拜在信徒中盛行，特别是对收集这些遗物的窣堵波崇拜。佛教徒紧接着也开始了以佛塔的建造和装饰美化为中心的造型活动。

我们知道，任何宗教道德的传播都必须基于特定的礼仪场所，于是宗教建筑应运而生。宗教场合的装饰大多趋于"繁饰"，便于人们观看现实中最美的视觉形象，从而激发宗教情感。佛教建筑的典型代表是石窟、寺庙和佛塔。在这些礼仪场所，必须塑造崇拜对象，营造环境氛围。通过视觉形象，突出佛教教义及相关内容，使朝圣者进入其中时产生敬畏之情，营造一种造访佛国的错觉。因此，这些建筑里可以展示各种造型艺术手法，将雕塑、绘画和工艺美术的优势发挥得淋漓尽致。它们与独特的建筑空间环境相互作用，一种神秘的氛围油然而生。一般来说，这种氛围是装饰的结果，它处处体现着装饰艺术的魅力。

（二）佛教装饰演变

根据佛教在中国的发展演变，佛教装饰艺术可分为四个时期：育成期、发展期、高峰期和衰微期。

1. 育成期

在装饰的视觉形象中，最基本的是纹样。纹样是装饰表面的基本组成部分，也是后期图案构图的出发点。从一开始，中国文化就认识到并强调纹样的作用。早在史前新石器时代，就创造了闻名的彩陶文化（图1-2）；殷商时期的青铜纹样（图1-3）是"铸鼎象物，百物而为之备，使民知神奸"① 意识的产物。从春秋时期到秦汉时期的许多文物都表明，中国文化积极理解和把握纹样。"文"者，错画也，错而画之乃成文。则"文"之本义，乃是古代纹样，其后进而有文字、文采、文艺、文辞之义。故纹样实为文化之始。象形文字也是"错而画之"的东西，是从画到文的中介。可以说，中华文化中的"文"，正是由定型化的"纹"上升而来的理念记录。而"理""道"者，也源于纹路、纹理。在石器文明中，玉在中国最早出现。在制陶文明中，中国最先创造陶器。在农业文明中，只有中国最早培育出吐"线"织绸的蚕。这些与纹样有关的器物进一步说明了中国古代文化和纹样的起源。对于宗教的传播来说，结合中国文化的起源，纹样无疑是最有效的形象化形式。从某种意义上说，佛教传播的成功是纹样转换的成功。当宗教的内容和主题成为人们喜欢看到的纹样时，宗教教义就容易被接受。

早期的佛教装饰，由于时间太过久远，其装饰已无法目睹，我们只能从史料

---

① 出自《左传》："惜夏方有德也，远方图物，贡金九牧，铸鼎象物，百物而为之备，使民知神奸。"意思是说，在夏朝极盛时期，远方的人把地貌、地以及禽兽画成图，而九州的长官把图和一些金属当作礼品献给夏禹，禹收下"九牧之金"铸成鼎，并把远方人画的画铸在鼎上，以便百姓从这些图画中辨别各种事物。

和书籍中知道。据《后汉书西传》记载："世传明帝梦见金人，长大，顶有光明，以问群臣，或曰：西方有神，名曰佛，其形长六尺而黄金色，帝于是遣使天竺问佛道法，遂于中国图画形象焉。"另据《魏书释老志》说："自洛中构白马寺，盛饰佛图，画迹甚妙，为四方式。"又说："明帝令画工图佛像，清凉台及显节陵上。"从这些记载中我们隐约窥见以印度模式为基础的中国最初佛教装饰形态。

作为佛教装饰艺术的纹样，如何被中国文化所认可和吸收是一个问题。佛教传入中国之前，中国的装饰艺术已经形成了一种总体风格。例如，《考工记》对中国装饰纹样图案的规律、主题、造型、色彩和质地等提出了要求。汉代装饰的基本风格是铺陈而流动的。汉代艺术的祥云纹样就是这种装饰风格的代表。祥云纹样是仙境、理想与现实相结合的浪漫产物，可纵横铺排，又能自由布置，其形态可实可虚、可动可静、可作单色、可为五彩。其流动曲线和旋转交错结构的感觉方式是汉代图案的基本审美特征。

2. 发展期

魏晋南北朝是佛教装饰艺术发展的重要时期。留存至今的南北朝佛教装饰艺术可谓洋洋大观，让我们领略到了时代的风采。山西大同云冈石窟、敦煌莫高窟、洛阳龙门石窟的大部分是这一时期佛教装饰艺术的代表。总的来说，魏晋南北朝时期的佛教装饰艺术有三大特点：一是吸收了大量，甚至直接移植国外装饰艺术的题材和形式，如印度、波斯、希腊的装饰；二是具有深厚底蕴的汉文化与外来文化相互渗透和融合；三是反映南北朝时期汉地本土审美的特点。

从题材上看，佛教故事在装饰中占有重要地位，如天龙、金翅鸟、狮子、莲花等与教义有关的象征性内容随处可见。此外，作为一种纯粹的装饰，还有各种与教义没有直接关系的花草、动物、人物和景观等，特别是华丽的植物花卉装饰，在魏晋南北朝石窟装饰中异彩纷呈。其中，忍冬纹、缠枝纹、葡萄纹以及各种折枝花卉较为典型。可以说，大部分的植物花卉图案只是用来作为营造佛教仙境氛围的装饰。

以上装饰主题大多是随着佛教的传播而进入中国的。佛教传入中国之前，一些主题虽然在装饰中得到使用，但它们被佛教装饰广泛使用并发展成多种形式，莲花就是一个典型的例子。早在春秋战国时期，就有莲花题材装饰青铜器的先例，但数量少，造型意象；南北朝以来，莲花题材装饰大量出现，从写实到变形，形式多样，仅在云冈石窟就有二十多种莲花造型。莫高窟在这一时期的莲花装饰造型也十分丰富。这种现象的形成与佛教将莲花视为圣洁吉祥的象征有着直接的关系。

因来源不同，魏晋南北朝石窟的装饰纹样大致可分为两部分：一部分是汉代的遗物，另一部分是随着这一时期佛教的传播和商业交通而从不同地区传入的，其中相当一部分直接使用外来形态的原型，最典型的是忍冬图案。忍冬纹的来源至少可以追溯到古希腊时期，甚至更早的古埃及时期，后来影响了犍陀罗的佛教装饰。南北朝时期，广泛应用于佛教装饰中的忍冬纹几乎都是移植过来的，直到南北朝后期才逐渐改变。还有其他的缠枝纹、葡萄纹等。在现存的魏晋南北朝石窟雕塑中，我们可以看到一些用于石窟装饰的外来图案，如卷轴式柱头、兽形柱头、须弥座、莲座、束莲柱等造型，莲瓣、卷草、连珠、华绳以及莲花、飞天、宝珠、火焰、迦楼罗鸟（梵语 Garuda）等纹饰和其他图案，其中包含了罗马、波斯和印度的各种艺术元素，很难确定每种风格的确切来源。其中，对后世装饰影响较大、较为常见的有须弥座、覆莲座、束莲柱等造型，以及莲花、卷草、连珠等纹样图案。

在这一时期，除了中国的原始装饰和外来的装饰外，还出现了中外文化结合的装饰。其特点主要体现在装饰工艺和装饰造型上。例如，金翅鸟与传统的朱雀造型相似，佛塔也被设计成汉地重楼建筑的形状。南北朝的这种形式是中外装饰相互结合的早期阶段，尚未形成成熟的民族风格。如果隋唐民族化的形式已经完全成熟，那么一种新的民族风格正在孕育之中。这从最初的装饰造型部分可以看出端倪，它们并不是对最初外来风格原形的套用，而是在外来纹样图案和中国传统造型的基础上发生变化的。如云冈石窟忍冬纹的边饰由原来的三叶形发展成多边形，形状变得更加饱满圆润，结构变化也更加复杂多样，忍冬和莲花的组合形式已经出现。一些忍冬花叶间点缀着葡萄、石榴等果实成分，使视觉效果更加丰富活泼。花瓣自由多变和丰富多样的组合，对唐代著名的卷草纹的形成具有重要意义。自周汉以来，动物纹样逐渐被植物纹样所取代，并成为纹样领域的主流。日本学者长广敏雄曾把魏晋南北朝时期的装饰特色起名为"花的文化"①。

概括地说，魏晋南北朝时期，一般由纯粹的外来装饰、中国原始装饰和中

---

① ［日］长广敏雄. 蔓草纹饰的发展 大同石佛艺术论 ［M］. 日本京都：高桐书院，
1946.

外结合装饰组成这一时期的佛教装饰艺术。

3. 高峰期

隋唐政治稳定、经济发展、帝王倡导等诸多的有利条件，推动了佛教的发展，使这一时期的佛教装饰达到了高峰。隋朝是一个承前启后的时代，佛教装饰从题材、内容到表现形式基本遵循南北朝的特点。不同的是，从这一时期的佛教装饰中，我们可以看到民族风格发展的明显标志。虽然装饰的整体风格还是粗犷简洁，但一些组织结构上却有了变化，特别是缠枝式结构形态的装饰正在逐渐增多，并呈现出灵巧化、美观的发展趋势。装饰主题也逐渐摆脱了前代相对单一的局面，曾盛行一时的忍冬纹逐渐减少，取而代之的是莲花、忍冬、人物的组合，忍冬的叶子形状变得随意活泼，边饰图案中，涡卷式标杆结构灵活自由，很明显是忍冬叶的变化，枝叶飞扬柔韧，莲花穿插其间，莲花童子位于中间，整体印象是一种活泼流畅的气势和自由的情感表达。隋代佛教装饰的特点，从一个侧面使我们认识到佛教的中国化趋势，这为唐代佛教装饰民族风格的成熟奠定了良好的基础。

唐代佛教装饰可以说集历代精粹于一身，并发展出了一种完全民族化的新风格。它在汉地形成了一种新的佛教装饰形式，装饰主题更加丰富多彩，装饰风格更加典雅瑰丽。它也从一个侧面反映了这个时代和平、富强、繁荣的社会现实。唐代佛教艺术可分为初唐、盛唐、中唐和晚唐四个时期，每一时期的艺术特点都不尽相同，几乎与唐代的兴衰相对应。唐代佛教装饰总体上可以概括为以下特点。

首先，有各种各样的装饰主题。在唐代佛教装饰中，魏晋时期的忍冬图案几乎消失殆尽，动物题材也比以前少了很多。取而代之的是丰富多样的植物花卉题材，它们大多来自自然界，作为一种纯粹的装饰而存在，与佛教教义宣传的内容关系不大。在植物花卉题材中，莲花仍占很大比例，但其造型往往更为写实，常与其他植物花卉题材结合出现，形成独特的宝相花图案。独特的草型已经取代了忍冬的地位。草丛中有百花卷草、藤蔓卷草、自由卷草、牡丹卷草等。此外，还有葡萄、石榴、萱草、山茶花等各种名不见经传的植物花卉与各种装饰化了的团花图案相簇相拥，琳琅满目。在动物题材上，除了佛经中提到的动物外，还有蝴蝶、雁、鹤、孔雀、凤凰或其他鸟类，它们将生命的趣味融入装饰之中。此外，山水景观题材也被广泛运用。

其次，理想化和写实化的造型并行。唐代佛教装饰中的许多动植物造型趋于写实。例如，莲花通常有完整的根、茎、叶和花，这些根、茎、叶和花有序地散布在一起。甚至在装饰中融入了荷塘、鸭子、鸳鸯戏水等写实场景，展现了一幅真实的生活场景。然而，装饰的自然审美观念并没有削弱人们丰富的想象力，也没有阻碍人们追求理想美和发挥自由的情趣。相反，在这个时代，中国古代工匠师创造了一种举世闻名的、可以作为中国古代装饰的纹样图案传统象征——卷草纹，在海外被称为"唐草纹"。这种装饰形态似花非花，似叶非叶，伸展自如，翻卷流动，如滚滚波涛，一泻千里，这是一种非常理想化的审美创造，具有强烈的时代特征。

最后，装饰风格丰富饱满。唐代佛教装饰风格与同时代世俗装饰风格基本相同，体现了一个时代的整体审美趋势。虽然唐代不同时期的装饰风格有所不同，如早期的风格比较美，中期的风格丰富饱满，后期的风格简单，但总体而言，与其他时期相比，其最大的特点是富丽堂皇，圆润饱满。这一特征的表现主要来自构图、造型和色彩三个方面。

就构图而言，大多采用满铺的手法，主骨式多为S形，显得丰富而不呆滞，流淌而不纤弱。中唐时期，敦煌莫高窟的一幅边饰图案，S形主骨若隐若现，滚滚的草状波涛几乎占据了整个空间，它的流动趋势给人以满而不塞、充满灵动的感官印象。与北魏忍冬边饰相比，其个性十分鲜明。

在装饰造型方面，唐代多采用圆弧线、厚实丰满的造型，这与魏晋时期的卷草纹、人物纹、动物纹的造型有很大的不同。这一时期，牡丹等花卉，佛教飞天等人物，飞龙游凤等动物都给人以流畅、完整、充满活力的观感印象。

在色彩的运用上，唐代的装饰风格也比以往丰富了许多。工匠们经常采用褪晕的手法，表现出丰富的色彩层次，使装饰明快、凝重、瑰丽，而充满人间情趣的天国则装饰得五彩缤纷，鲜艳而不俗气，典雅而不朦胧。真可谓至善至美，达到了佛教装饰艺术的顶峰。

4. 衰微期

佛教装饰在唐朝达到历史的顶峰后，自宋元以后逐渐衰微。

晚唐以后，佛教作为一种宗教已经衰落，但儒、释、道的融合不仅成为一种政治需要，而且成为一种文化思潮。佛教文化完成了中国化的进程，融入了中华民族的文化。比如佛教题材的莲花，最初是涅槃所在地，是回归本真的环境。然而，在中国佛教装饰中，却以柔韧的形象代表着贞操和高贵的美德。因此，莲花这个母体文化的主题被赋予了一种新的、更浪漫的解释，并在佛教纹样图案中被长期使用。莲花图案最早发现于春秋战国时期的器物上，如河南新郑出土的莲鹤方壶（图1-4）有一个莲花形的盖子。佛教传入中国后，根据中国传统的形象和审美观念，将印度王莲的佛教莲花座进行了中国化改造，艺术风格开始改变。在瓷器的早期，莲花图案的花瓣薄而长，末端较尖。后期花瓣丰满，花瓣尖端突起。这也是外来文化和中国传统模式相结合的一个例子。在日本等一些民族文化中，由于文化转型的缺失，莲花作为佛教衰落后"死亡"的象征而为人们所忌讳。

从历史发展的角度来看，这是一个非常正常的现象。如果从当时的现实来看，主要有两个原因：一是佛教作为一种宗教信仰，其社会地位日益被多种因素削弱。尤其是南宋以后，官方对佛教的限制，对儒学的批判和排斥，使佛教日益衰弱。此后，佛教装饰也受到很大影响。二是人们审美注意力的转移。人们对装饰的兴趣更多地集中在与日常生活密切相关的世俗生活内容上，如陶瓷、丝织、居住环境等。这种审美重心的转移，无疑削弱了佛教装饰进一步发展的势头。虽然中国佛教装饰在宋代以后逐渐式微，但对中国装饰艺术的发展仍有影响，对其他艺术的发展也有积极意义。首先，题材比较丰富，植物花草题材有所拓展。其次，其他艺术门类的发展也受其影响。宋代中国花鸟画的成熟和发展，与佛教装饰艺术的影响有关。

宋元以后，几乎所有风格化的佛教饰品都有文化诠释或理性解读。中国民俗文化中的"福、禄、寿、喜"等象征意象，采用了多种纹样图案，或进一步形成了"同心""万字""方胜""连理"等民俗纹样图案形态。值得一提的是"如意"图案。与佛教图案相关的如意纹相当广泛，实物形象是明清时期一种叫作"如意"的玩物。它的基本形状是一个大大小小的两个云状曲线，中间有一个停顿转折的圆滑波线状联结。不难发现，"如意"正是"祥云"与"卷草"的结合体。如云头上、中、下三个停顿，如一波三折的卷草状的曲线，构成了整个如意造型。它表现了人们对曲折、空灵、回转、停顿等审美趣味的追求。如果说从汉代"祥云"纹饰到唐代的"卷草"是一种不确定的被动的文化吸收，那么从"卷草纹"到"如意纹"的发展则是一种清醒而主动的文化转型。祥云图案是主客观的统一，外国宗教文化必将以新的形式出现。然而，从"物理"的角度来看，这种新形式最有可能突破物质与自我的原始平衡，"卷草"就是这一过程的反映。"草"是实体，"卷"是意象，装饰的重点是外部形式的结构和分解。唐代以后，在更高的认识层次上达到了新的统一。"如意"装饰是更新与统一的产物，体现了文化层面对精神与心态的追求。

三、巴蜀石窟艺术的文化生态

文化生态学（cultural ecology）是美国学者 J. H. 斯图尔德（Julai H. Steward）于 20 世纪中期最早提出的，他主张从相互作用的各种变量（自然、社会和人）中把握文化演进的规律，借此探寻不同文化产生、发展的特殊形态和模式。文化生态系统是"文化与自然环境、生产生活方式、经济形式、语言环境、社会组织、意识形态、价值观念等构成的相互作用的完整体系，具有动态性、开放性、整体性的特点"①。一个区域内各种文化共存互生的良好生态体系正如自然界的生物链，在内部机制上是息息相通的。艺术生态是指影响艺术生存的动态的"外部环境"②。艺术与自然环境、社会环境及文化背景的关系是密切联系的，彼此之间既互相影响，又相互促进、相互制约，一定的自然环境、社会环境及文化传统可以视作艺术产生与发展的重要的文化生态基础，彼此之间的关系又是全面的、动态的、联系的、发展的。③ 石窟艺术也是隶属于宗教艺术中的一种，石窟寺、摩崖造像及其装饰也一定会受到艺术生态多种因素的影响，如比较适用于造像的山体崖面、当时流行的开窟造像的风气、宗教因素的强烈驱动和相对稳定的社会经济和民生条件等，而巴蜀之地兼具各种条件。古代巴蜀石窟艺术的形成不只是适宜的自然地理环境，与其社会历史的底蕴、宗教自身发展规律、地方经济的繁荣、高度发达的造像技艺等综合因素也有着密切的联系，这些因素相互影响，共同形成了石窟的艺术文化生态基础。

（一）特殊的地理位置

汉哀帝元寿元年佛教开始由古印度传入我国，其后佛教相关文化开始由北向南缓慢发展，一直等到东汉末年佛教才真正和我国文化进行融合，而这一融合的过程，巴蜀地区扮演了重要的角色。自古以来巴蜀地区是北方丝绸之路即张骞通西域所开辟的高山峡谷丝路与南方丝绸之路（主要指云南四川贵州等地对外的交

---

① 何光锐. 闽南文化生态区咋保护 [N]. 福建日报, 2007 – 06 – 26.
② 姜澄清. 中国艺术生态论纲 [M]. 兰州: 读者出版集团, 甘肃人民美术出版社, 2009.
③ 唐家路. 民间艺术的文化生态论 [M]. 北京: 清华大学出版社, 2006.

通要道，茶马古道也在此之列）的交会之所，同时也是佛教传法的重要区域。东汉以后，中原战乱，巴蜀大地成了中央朝廷前往西域的必经之地，与此同时西域僧人和汉地僧人频繁来往于乐山、彭山、蒲江、成都、绵阳、茂汶等地。佛教传入巴蜀的路线主要呈南北走向，在南北每个方向上又分出二途，成都成为四达南北的总绾。从高空俯瞰，它的图形就仿佛西王母头上的戴胜（有羽冠，嘴细长而稍弯，羽毛大部分为棕色的鸟），不经意地落在了巴山蜀水之间。

成都北上有两条路线，一条称作"秦蜀驿道"，从成都开始向东北方向前进，途中经过绵阳、剑阁，越过终南，直达两都（长安和洛阳），传说中是秦始皇之时开辟的官道。另一条称作"河南道"，得名于其经过的河南王吐谷浑的领地河南国，从成都西北方向北上，经过汶山、松潘古城，翻过岷山，进入青海和甘肃省内的湟水流域，直接与西域丝绸之路相连。一直到汉末桓灵二帝乃至南朝，这段路都是佛教入蜀的重要通道。《高僧传》卷三记载：昙摩蜜多（梵名Dharma – mitra，译名法友，魏晋时期佛教僧侣，翻译家），罽宾（汉朝时之西域国名）人，世号连眉禅师。"少好游方，誓志宣化，周历诸国，遂适龟兹。""常以江左王畿，志欲传法，以宋元嘉元年辗转至蜀，俄而出峡，止荆州，于长沙寺造立禅阁。……顷之，沿流东下，至于京师。"不光西域僧人，汉地僧人想要前往西域求经问法或者从西域归国，也多以蜀地作为通道，所谓蜀道。《高僧传》卷七记载：释慧叡，少出家。"常游方而主学，经行蜀之西界……游历诸国，至南天竺界，音义诂训，殊方异义，无不必晓。"后还，止建康乌衣寺，宋元嘉中卒。《高僧传》卷十三又载：释法献，"宋元徽三年，发踵金陵，西游巴蜀，路出河南，道经芮芮。既到于阗，欲度葱岭，值栈道断绝，遂于于阗而反"。《梁书》卷三十《裴子野传》中提到的"岷山道"（该《传》云：是时西北徼外有白题及滑国，遣使由岷山道入贡），就是当时位于西北地区的滑国（亦即历史上的西域）与南朝通好的川西北道路。晋时称这条道路为"汶山道"。"从今汶川、茂县经叠溪至今松潘的路径，大致就是晋时的汶山道。"①

由成都南下与北上相同也有两条路线，一条从东南方向顺岷江而下直通武阳（彭山），经过宜宾，沿着湍急的长江水流，穿过三峡，直达当时的江陵即现在的湖北荆州。之后再从江陵继续向东，越过荆楚之地到达江南鱼米之乡，转道北上

---

① 龙显昭. 巴蜀佛教的传播、发展及其动因试析 [J]. 西华大学学报（哲学社会科学版），2009（12）：32.

直抵襄阳城进入中原之地。这条道路顺着江水将岷江开源之所的都会城市成都和长江中游的中心城市江陵连接起来，所以也被称为"成都—江陵道"。而且这条道路不光只是在陆上可以奔驰，也可以循江借舟踏浪而前，所以也有"江道"之名。另一条即从成都进入云南地界的"川滇道"，这条道出成都后也分为东西二道，其根据方向被称为川滇东道和川滇西道。川滇东道是从成都向南进入彭山，走犍为僰道，向南经由云南昭通抵达昆明。川滇西道则从成都西南方向出发，经过临邛（邛崃），取道西昌到达云南大理，向西最远止于永昌（保山）。

佛教在中国的影响一直在慢慢扩大，受到影响最大的便是巴蜀地区。作为西域与中国佛教交流的交通要道，不只是汉地僧人，众多西域的高僧也来到巴蜀之地讲经布道。《高僧传》卷三《疆良耶舍传》说他"西游岷蜀，处处弘道，禅学成群"。《续高僧传》卷八《宝象传》说，梁僧宝象，安汉人，在涪江弘法，"开化道俗，外典佛经，相续训导，引邪归正，十室而九。……便有衔义怀德者，舍俗出家"。久而久之，本地的佛教信徒也开始逐渐增多，更有甚者因为研习佛法而出家为僧。至梁朝时，仅西川益州地区的僧尼即已增至万余人。[①]

（二）肥沃的宗教土壤

四川是容易使人产生神秘感的地方。四川广汉三星堆就曾经出土过以人首鸟身（图1－5）的神灵为原型的三具凸目尖耳大铜面像。三星堆人也存在着相对完整的信仰体系，司掌天空的神祇为太阳神，地上有主管人间的神祇，此外，也许还有一位掌管云雨水气的神祇。三星堆三具人首鸟身的神祇，与道教早期的天、地、水"三官"有着相似的职能，它们之间可能存在着某种源流关系。老子认为宇宙最本源的东西就是"道"，并比喻为形象的"水"，他认为天与地由水而生，即天地由道而生。古蜀之地能够成为早期道教形成的重要地域也许可以归于这里有着这样神秘古老的宗教氛围，以及相对浓厚的教众基础。

印度佛教传入中国的序章，从两汉开始，当时印度佛教的影响被局限在帝王之家，只有王公贵族才能够接触到佛教的内容，他们把它视作和黄老之学类似的炼丹制药之类的方术，佛教的菩萨和佛祖也被看作类似道教的神仙团体。在《西游记》的前身《大唐三藏法师取经记》里也可以看出类似的观点。作为神仙，自然有其功能，许多佛教形象出现在墓室内作为冥器装饰来祈福，求保

---

① 《高僧传》卷七《释道汪传》云"郫州边荒，僧尼出万"。

佑。早期的佛像在巴蜀地区的许多遗址和墓葬里都有体现，比如彭山区东汉崖墓，汉墓出土的铜质摇钱树等。此类遗址却很少在中原或者北方地区被发现，巴蜀地区却有不少。古代巴蜀人和荆楚地区都有很强的宗教观念，当地的人们相信鬼神和巫术，有着异于其他文化地域的独特信仰观念。

建窟造像这一现象产生的主要因素是僧侣与民间的宗教信仰。兼具两者的巴蜀大地一度兴盛过早期的佛、道二教，各朝都有著名的僧人在巴蜀之地频繁活动，唐代的就有宝逻、道基、惠振、道一、知玄等一些外籍和川籍高僧。《续高僧传》记载，慧韶在川诸寺讲论，法席盛，听者众。唐玄奘受戒前就在成都听过宝逻讲《摄论》、道基讲《杂心》、惠振讲《犍度论》。这些高僧的活跃，无疑对佛教在巴蜀的传教与发展起到了推动作用。因此，石窟艺术也跟随佛教发展的脚步相应得到发展。安岳石窟创始人之一唐朝中原高僧玄应就曾在四川地区研讲佛法经义，在此期间，他动员当地民众出资，创造设计了千佛寺、卧佛院、圆觉洞等处摩崖石刻造像。唐末宋初大足宝顶石窟的辉煌，则和大足密宗传人智宗和尚赵智凤的敏锐直觉、科学布局设计分不开。

与此同时，地方民间的宗教信仰，得到了唐代朝廷和地方官府的大力支持，也促进了石窟寺的发展。安岳卧佛院石刻佛经《一切经论目录》记载，唐高宗曾下令官员验校新旧经目。从统治者的角度来看，宗教是一种能影响和控制人民的精神手段，利于其稳定反抗群体，稳固自身的统治。于是，大规模的捐资造像，大修寺庙，以谋求神灵保佑，祈求国泰民安的"邑会"自上而下产生了，甚至不少民众都自发参与捐资和祈祷。

可以说是在古代巴蜀大地肥沃的宗教土壤上滋生了蜀地独有的石窟艺术。

（三）绵延的造像缘由

20 世纪 40 年代至 50 年代中期，在四川乐山麻濠崖、柿子湾东汉崖墓内先后发现了佛像。"1942 年，在四川彭山县江口镇东汉崖墓中出土了一件佛像插座（泥质灰陶，编号为 M166：14），高 21 厘米，圆形底座有模印龙虎争璧，座上有一坐佛二站立胁侍，现藏南京博物院。"① 此阶段出现的都是佛教图像，依附于墓室而存在的，还未有石窟造像的形式。但是，佛教图像的出现，证实了巴蜀地区在东汉时期已有佛教传播的踪迹。

----

① 刘长久. 中国西南石窟艺术 [M]. 成都：四川人民出版社，1998：2.

"蜀之为国，肇于人皇，与巴同囿。至黄帝，为其子昌意娶蜀山氏之女，生子高阳，是为帝；封其支庶于蜀，世为侯伯。历夏、商、周。武王伐纣，蜀与焉。"① 此记载证明巴蜀与中原早有联系。由于受到北方中原石窟雕塑的影响，北魏孝文帝时期，巴蜀地区也开始出现类似于中原石窟雕刻的石窟雕凿。现存的隋代佛、道造像，主要见于广元、巴中、浦江、绵阳和潼南等地。泊至初唐，巴蜀虽曾有一些军事行动，但未发生过大规模的战争。总体来说，蜀中经济繁荣、社会相对安定。"安史之乱"，唐玄宗避蜀，并且不少文人、艺士、高僧和巧匠等文化精英跟随皇帝迁往蜀地。巴蜀地区的文化艺术在这一情况下发展得极为顺利，巴蜀的石窟艺术也借此进入极盛时期。中晚唐，因武宗灭佛，僖宗逃蜀，中原石窟一蹶不振，造像之风再次转向长江流域的巴蜀。五代十国，名家咸集于川。两宋时期，川北和川西石窟已渐凋零，而以川中的安岳和大足为代表的石窟艺术殊荣于寰中。直到元、明、清至民国仍有石窟建筑出现，总计可以认为蜀地有长达一千四百年的石窟造像史。据不完全统计，巴蜀石窟和摩崖造像分布八十余县（区）市，数百余处，造像数十万躯。其演进历程体现了从民族化到地方化，从宗教的神性到民间人性的嬗变。

从巴蜀石窟群的形成与佛教自身的发展来看，除了广元石窟开凿于南北朝之外，巴中和川中石窟大多是盛唐及以后的产物。广元和巴中石窟曾受中原造像影响较多，川中石窟艺术兼具中原和川北风格，地方和时代特色愈加鲜明。密宗的传入和流布给川中石窟开凿带来新的生机和活力，特别是以柳本尊为代表的"川密"的崛起，使巴蜀石窟日益自成体系。安岳、大足石刻在佛、道、儒三教造像并存的同时，也融入了当地的世俗文化。将三教文化、民间风俗和传统艺术汇集于一体，生动地展示了中华民族传统人文精神的新意。

以上可以清晰地看到，石窟造像艺术由北方向川北，再向川中南发展的历程。

（四）发达的地方经济

摩崖造像往往凿于悬崖峭壁上，技术难度高，资金花费大，时间耗费长。资阳半月山大佛从唐德宗贞元九年开始就投入修建（也有认为是贞观十七年开始修凿的），直到南宋高宗绍兴元年川南居士梅修率石刻大师周义等人才为大佛

_____

① 晋·常璩《华阳国志》。

凿眉目，经历了唐、五代、两宋，耗时超过三百年。乐山大佛也历时近一个世纪，花费"亿万金"。而地方经济财力对巴蜀摩崖石窟开凿的大小、规模和模式等有关键性的影响。

巴蜀之地具有富饶的自然资源，气候温和，物产丰富，加上没有大的水患和战乱破坏，自古以来就被称作天府之国。在秦朝灭亡之后的楚汉相争中，刘邦以及其后来建立的汉王朝以四川为依托构建了强大的汉帝国。至西汉中后期，四川俨然成为全国最富庶的地区之一，农业和以丝织业、茶叶等为基础的手工业，以及煤、铁、盐等基础产业都比较发达，丝毫不逊色于中原地区。正如严耕望所说："史公《货殖列传》述巴蜀物产之饶，但尚未称成都为'一都之会'，《盐铁论》亦未列入'天下名都'。至西汉末年，蜀郡已为全国人口稠密地区之一，成都一县著籍民户七万六千余，仅次于长安；加以工商发达，已得与洛阳、邯郸、临淄、宛（今南阳市）并列为天下五都，为当时长江流域唯一之第一等大都市。"到了唐代，巴蜀的社会地位和经济地位在全国都相对靠前。以成都为中心的四川地区，其经济和文化都达到了空前的繁荣。当时，成都仍旧是全国著名的工商业城市，有"扬（扬州）一益（成都）二"之称。晚唐、五代和两宋时期以农业为主的封建经济更为发展进步，商业性越加浓烈；再加上朝廷政权逐渐取消对商业政策上的限制。巴蜀的经济社会更加繁盛，秩序的相对安定，发达的场镇经济也增强了社会财力。

此外，巴蜀之地从两汉开始，就已经形成了相对完备的地主土地所有制，高度集中的封建土地制度使得蜀地豪门巨富增多。广大民众也有相对宽裕的经济能力以便投入大规模的宗教石窟造像活动。可以说是稳定的社会和富庶的民众将宗教石窟艺术推向了兴盛。

巴蜀石窟造像全部以政府名义直接投资的相对较少，大多是社会各阶层共同投资营建的。如乐山大佛的雕凿也先由佛教人士、官员与政府合建。从川中石窟供养人的社会背景分析来看，有贵族、官员、商人和平民等个体。他们不能从事像大同云冈和洛阳龙门石窟那样规模宏大的组群工程，通常是在崖壁上开较浅的中小龛，选定一定题材，一户一龛，工期短，群体多，集中地毗邻而凿，从而形成一定规模的摩崖石窟。富户建较大窟、塑较大像，普通百姓凿小龛、刻小佛供奉。大规模的摩崖道场则是宗教人士汇聚各方财力物力，经多年规划营建而成，如大足宝顶大佛湾。

（五）高超的工匠手艺

巴蜀地貌以丘陵为主，沟壑纵横，天然岩石丰富，石质细腻较硬。受此地貌影响，在古代巴蜀地区，尤其是长江嘉陵江、岷江、沱江及涪江等主要河流沿岸，先民们便形成了在沿江山崖上开凿洞穴作为逝者魂灵安息之地的习俗，即东汉时期的巴蜀地区的丧葬方式之一——崖墓，其分布广，规模大。根据学者研究统计，仅在乐山一地，便已发现崖墓上万座。在彭山地区，仅是岷江两岸，现存便有近三千座崖墓。在三台地区，崖墓也是数以万计。其传播分布路线几乎和巴蜀摩崖石窟一致。崖墓开凿较多的地方，人们对石料的使用比较熟悉。崖墓的营造多是有计划进行的，从选址布局、形态处理、技术手段等方面，表现出高超的空间布局艺术和成熟的雕刻技术特点。这无疑极大地助长了民间凿石之风，也为以后摩崖石窟的开凿积累了经验，奠定了丰富的艺术与技术基础。

据考证，佛教在东汉时期便已传入四川地区，且在发展过程中，逐步与四川本土原有信仰甚至是当时的南方巫术结合在一起。之后在南北朝时期，佛教盛行造佛像的风气，加上四川当地地形地貌的影响，信徒们也开始在岩壁上开凿佛龛、建立石窟。此时，巴蜀雕塑工匠得到重视，如在石窟中有一定数量的造像工匠的名字、职位或分工题记，这和北方石窟寺只记载出资人、工程营造监管高管、高僧不同。从安岳、大足一带的摩崖石窟的题记中可以看出，窟龛的营建有较严密的体系管理，是职官组织具有一定技术力量的工匠们，经过严格的选址规划，历经复杂严谨的工序，各工种分工协调完成的工程。此外，雕刻工匠常常异地经营，把摩崖石窟营造技术传播到他乡，从而使得摩崖石窟造像艺术形成一定的风格。如安岳与大足两地石窟艺术风格有颇多相似之处，其原因就是部分龛窟造像出自同一工匠家族之手。

巴蜀石窟出现不少唐末五代雕造的精品，绝非偶然。到唐朝晚期，尤其是黄巢起义后，一直到北宋早期，中原地区一直处于较为混乱的状态，而四川因为地形封闭，受外界影响较小，得以在乱世中仍然保持了较好的发展，社会始终较为平稳。受此影响，大量原居于长安、洛阳等地的大德高僧、艺士文人、能工巧匠翻越秦岭巴山来到了四川盆地，"衣冠之族多避难在蜀"（《资治通鉴》）。大量人才依托此地的经济基础和文化传统，使巴蜀大地成为文化领先的地区，将四川的文化、宗教和宗教艺术推至发展的高峰，也为宗教艺术领域注入了新空气。广元、巴中两地正好处于当时四川与外界来往的交通要道"金牛道"与"米仓道"上，受外界影响较早。因此，也较早地受到佛教造像风气的影响，开始在当地开凿石窟；成都地区建造寺庙、佛像的历史可以追溯到南北朝时期，到唐宋时基本达到巅峰，一度成为佛教在中国的文化传播中心，其影响向北甚至达到了甘肃的河西走廊最北端的敦煌，向南则传播到了南诏大理（今云南大理）。迄今为止，四川盆地的石窟寺观、摩崖造像的分布与数量在全国范围内都是最高的，其中所体现出来的宗教类型与题材内容极其广泛，同时，即使在北方及全国其他地区石窟造像之风日渐衰落的背景下，四川石窟造像也保持了相当长时间的发展并在后期达到高潮。其中具有广泛代表性的广元石窟、巴中石窟、安岳石窟和大足石窟等在中国佛教及艺术上都占据了极为重要的地位。

整体而言，巴蜀石窟艺术的辉煌建造，反映出古代巴蜀工匠高超的技术手艺，也充分地彰显了其和北方石窟可以分庭抗礼的艺术特色。

（六）君王的个人喜好

汉建元二年至元朔三年，张骞奉汉武帝之命出使西域，远至大夏（今印度地区）。在此地，张骞曾看到出自巴蜀地区的布匹、竹杖等物。说明早在西汉时期，中印之间在民间层面便有了往来。在同一时期，中国还从海上开辟了航道直达印度东海岸，与当地开始了较为频繁的联系与交流。汉哀帝元寿元年，大月氏王使伊存口中国授博士弟子景卢以《浮屠经》（佛典）。永平年间，东汉明帝感梦求法，派中郎将蔡愔、秦景，博士王遵等十八人去西域访求佛道，取回《四十二章经》和佛像图样。据记载，汉明帝的兄弟楚王刘英是中国第一个信奉佛教的人，中国也由此有了大量的佛教信徒；到东汉末年桓、灵二帝时期，佛教在中国的传播进入兴盛时期。当时，人们将佛教当作一种类似道家术法的方术。在这一普遍认知的情况下，佛教为了更好地传播教义，也假借老子出关化胡的典故扩大其在中国的影响。因此，汉桓帝将黄帝、老子、佛陀三人供奉在一起，史称"诵黄老之微言，尚浮屠之仁祠"，把沙门视同方士。佛教及其造像自东汉时期传入巴蜀之后便逐渐在各个领域传播开来。

魏晋南北朝时期，我国南方佛寺由于君主崇信佛教从而发展兴盛。《续高僧传》中的十六国佛寺一共有二十八所，其中蜀郡有安乐寺、龙渊精舍、三贤寺、郫县中寺。蜀地受梁管辖达五十二年之久，而由于梁和北魏君主崇信佛教，寺院覆盖由北至蜀，由此，也带动了巴蜀地区造像的发展。在成都万佛寺遗址发掘出土的万佛寺石刻造像，其开凿年代最早可以追溯到南朝宋文帝时期，是迄今为止四川地区年代最为久远的有确切纪年的佛像。从这些造像来看，题材已非常广泛，有净土变、释迦牟尼佛像、弥勒佛像、观音像等。此外，在巴蜀地区还出现了佛道造像，在成都龙泉驿大佛岩发现的北周孝闵帝文王佛道二尊像碑便是其中的代表。

自隋唐以来，中央统治者的一再倡导，以及巴蜀与江南、中原等地的经济文化交往日益频繁，得以让佛教广泛传播并使佛教造像兴盛。隋代，帝王笃信宗教，奉佛教为国教，这促进了建寺造像活动。从现存的广元巴中石窟造像之中可以找到隋代的造像，如位于广元皇泽寺大佛楼的第五十一号龛造像（图1-6）和巴中西龛的第十八号释迦说法龛（图1-7）。

唐代，除了唐武宗外（武宗喜好道教），其余二十个皇帝（包括武周，不算哀帝），都对佛教有不同程度的提倡和推广[①]。道教在唐代更是因为依附统治者而得到了空前的发展。唐代君王两次入蜀，客观上推动巴蜀石窟造像的进一步繁荣。唐代君王两次入蜀虽属避难，但是随行所带丝毫没有怠慢，随行画家颇多，以至出现"举天下之言唐画者，莫如成都之多"[②]。"蜀虽僻远，而画手独多于四方。"[③]"唐二帝播越及诸侯作镇之秋，是时画艺之杰者，游从而来。"[④]这些画师在巴蜀地区的主要创作题材中就包含了宗教雕塑创作。该时期的石窟造像分布很广，包括广元、巴中、安岳、大足、阆中、剑阁、茂县等地。此时，巴蜀地区流行"天道将改，将有老君子孙治世"的说法，由此出现道教始祖太上老君的石刻造像。"在射洪县北金华山上。东晋陈勋学道山中，白日仙去。梁天监中建观。有唐明皇所铸老君像……"[⑤]这一时期，巴蜀地区石窟造像日趋成熟，在中国石窟艺术之中变得逐渐绚烂夺目。

五代时期社会动乱，人们祈求脱离苦难，巴蜀地区石窟造像蔚然成风。当然，在这一大的社会背景之下，民间造像会偏向于救苦救难或者希望通过营寺造像洗涤自身罪恶的心理。从造像题材中可以发现内容多为观音、地藏菩萨。

---

① 宋·文同《丹渊集》卷二十二《彭州张氏画记》："蜀自唐二帝西幸，当时随驾以画待诏者，皆奇工。故成都诸郡寺宇，所存佛、菩萨、罗汉等像之处，虽天下能号为古迹多者，画无如此所有矣。后历二伪（即前蜀、后蜀）至国初，其渊源未甚远，故称绘事之精者，犹班班可见。"
② 宋·李之纯《大圣慈寺画记》。
③ 宋·邓椿《画继》。
④ 宋·黄休复《益州名画录·序》。
⑤ 宋·祝穆《方舆胜览》。

到了两宋时期，国家统一，赵宋王朝采取了"先平西川"的战略，灭掉后蜀，遂而把社会比较稳定和经济比较繁荣的巴蜀地区作为人力、财力、物力供应的大后方。这一时期巴蜀地区石窟造像达到鼎盛时期，丰富多样。不仅有三教的石窟造像，还有禅宗题材石窟造像，例如大足宝顶大佛湾第三十号龛牧牛十颂图（图1-8）和合川涞滩二佛寺摩崖造像（图1-9）。

由此可见，佛教之兴起衰败，与历朝历代君王的个人喜好和统治阶层的政策扶持密切相关。巴蜀地区石窟造像及其装饰的兴盛因不同时期君王的喜好和需求而获得源源不断的动力。

（七）安定的社会环境

宗教的演进与同时代的社会政治密不可分。不同时代的统治者有着各自的社会治理行为，这对于佛教的有效传播和石窟寺的开凿产生了很重要的影响。毫不例外，熠熠生辉的巴蜀地区石窟造像及其装饰艺术，代代相续，脉络清晰，与不同时代的社会政治环境密切相关。

在汉及魏晋时期，佛教造像未能像唐宋时期在巴蜀之地全面盛行，可能有很多方面的原因，其中最重要的原因就是巴蜀当时的社会政治未能为宗教的有效传播提供良好的环境。

在唐朝建立之初以及盛唐前后，社会经济得到长足的发展，人民生活安定，在富足生活之余，开始追求精神层面的享受，再加上唐朝早中期历代帝王对佛教的崇敬，佛教在多方面影响下得到了极大的发展，而佛教艺术也伴随着佛教本身的发展进入了繁荣期，这一时期留下了诸多佛教艺术作品，如莫高窟九十六号窟"大佛殿"便兴建于唐武周证圣元年。

盛唐以后，人民创造的财富，多为封建地主阶级所霸占，这就使阶级矛盾更加激化。唐代末期安史之乱，又破坏了社会经济，大量的农民成为地主的佃户、客户、逃户和稳户，在户口总数中占了很大的比例。统治者为了减少逃亡，施行了"两税法"。这更巩固了地主买卖租佃制的土地关系。而农民、庄客经常变换主人，实际反而促进了人身依附关系的松弛，导致经济、文化发展缓慢。

到了晚唐，特别是安史之乱爆发之后，唐王朝的统治彻底进入了衰败期，社会环境动荡不安，统治日渐腐化，上下阶级对立，农民起义在唐朝中部、北部地区频繁爆发，加快了李唐王朝的灭亡，从而沉重地打击了地主阶级，彻底扫清了门阀士族的残余势力，为后来两宋新局面的出现创造了有利的条件。安史之乱主要在大河南北，而东南、西南并未受到严重的蹂躏，西南的巴蜀、东南的吴越、西北的张掖地区所受影响则相对较小，社会也相对较为稳定。所以，晚唐以来这三个地区与中原地带屡遭战火、生产破坏的局面是有所不同的。因而在这一段时间，中原地区佛龛大都停止开凿，而西南巴蜀地区中晚唐时期仍然开凿了大量的佛教窟龛。

（八）包容的文化性格

巴蜀地区的文化包容性非常强。一方面是因为具备独特的地理条件，另一方面则是秦、楚文化对当地社会文明的巨大影响。

巴国与蜀国两个古老的王国早在商周时期便已经建立发展，在战国时期，秦惠文王灭巴、蜀。至此，巴蜀地区"不与秦塞通人烟"的状态被彻底打破，川渝地区正式被纳入中原版图。但据出土文物及史料考证，巴蜀文化是一种与中原文化迥异的独特文化。据史学家研究，四川盆地内自夏代后，一直是以成都平原为中心的古蜀国控制的区域，形成了自成一体的古蜀文化系统——即使不计新石器时代末期的宝墩文化，也先后经历了三星堆文化、十二桥文化、新一村文化和青羊宫文化（巴蜀文化）的发展过程，这一过程连续、稳定且持久。四川盆地文化传统的高度稳定，使得秦灭巴蜀后的相当一段时间里，这一地区的文化仍然以其确定的方向和惯性继续存在。从蜀地历史来看，蜀不仅是一个古代诸侯国的名字，也是生活在这一地区的族群的名字，尽管蜀地在历史上经历了不同的文化时代，经历了不同的王朝统治，但蜀这一称号却始终得以延续，正因为地缘文化的稳定性，才有包括石窟艺术在内的四川独有的区域文化特色和艺术价值。

通过研究巴蜀文化的发展，发现巴蜀地区在发展过程中与外界文化的交流主要是通过人口的流动来实现的。人口流动的方式又有两种：一是中原地区人民避乱迁入巴蜀一带，同时将外界文化带入巴蜀一带，与当地文化交融；二是巴蜀本地人员离开巴蜀，进入中原等地学习生活等，返回巴蜀后将外界文化在巴蜀地区传播开来。而巴蜀文化中秦、楚文化元素的出现主要是受地理因素影响，巴蜀地区东与楚国接壤，北与秦国隔山相望，加上秦国发动战争统一巴蜀地区，更让巴蜀文化与秦楚文化有了巨大的交融。由此可见，巴蜀地区在较早时期便与外界发生了交流，并呈现出了较大程度的开放与包容。地缘文化的开放性，反射到石刻艺术之上主要表现为以下三点：一是造像活动频繁，二是造**像题材丰富，三是雕刻技术精湛。**

插 图

图 1-1 窣堵波（12 世纪 印度）

图 1-2 新石器时代 舞蹈纹彩陶盆

图 1 - 3　商晚期　青铜兽面纹三足鼎

图 1 - 4　莲鹤方壶

（春秋，1923 年河南新郑李家楼郑公大墓出土，故宫博物院）

图 1 – 5　人首鸟身青铜像

（高 12.1 厘米，身长 4.5 厘米，残宽 3.9 厘米。商，1986 年广汉三星堆遗址二号坑出土，四川广汉三星堆博物馆藏）

图 1 – 6　广元皇泽寺石窟第五十一号龛

（主佛像高 1.81 米，肩宽 0.46 米，隋代，左侧壁主佛与弟子、菩萨）

图 1 - 7　巴中西龛第十八号龛

（龛高 1.9 米，宽 1.5 米，深 1.2 米，隋，释迦佛与弟子菩萨像）

图 1 - 8　大足宝顶山大佛湾石窟第三十号龛牧牛十颂图

（牧童高 1.35 米，牛高 1.1 米，身长 1.92 米，南宋，第一图）

图1-9　合川涞滩二佛寺西岩第十五号龛

（达摩像高1.73米，慧可像高1.46米，僧璨像高1.49米，南宋，右侧上方第一祖达摩禅师、下右侧第二祖慧可禅师、下左侧第三祖僧璨禅师）

第二章

石窟装饰艺术设计特征与思想

石窟装饰艺术在石窟寺中扮演着多种角色。"装饰纹样的本身可以是设计的主体……以某种装饰设计'填充'一个空间的概念是与用这种装饰覆盖物体表面各个部分而使之转化的概念不相同的。在第一种情况里，作为填充的装饰设计只是共享承载物体本身的意义，在第二种情况里，装饰可以改变载体最终的功能。"[1] 中国石窟艺术源远流长，几项考古调查和几篇文章都无法概括。究其原因，中国石窟艺术体现了世界几个伟大民族的智慧、审美观念和价值尺度，它是几个古老国家的文明相融合的成果，所以石窟的装饰设计艺术蕴含着丰富而独特的文化内涵。

一、装饰设计特征

（一）题材内容的广泛性

佛教的装饰题材十分丰富，可归纳为以下类型：

第一种类型为符号类，常见的有莲花、大象、狮子、宝珠、金刚杵、佛教"八宝"[2] 以及密教的"六字真言"[3] 等。如动物、植物、器物或文字这些符号都象征着佛的事迹和教义。比如"莲花"有暗含佛的说法，另有"纯洁"的内涵；"大象"意味着佛的降生，也有"祥瑞"的内涵；"金刚杵"具有降魔护法的意义等，这些题材是很好地概括佛法的符号。当然，这些象征佛法的符号中莲花纹样图案同样被广泛地应用于建筑之中，柱础、佛座、藻井、佛幡中是较为常见的，而且变化多端，各不相同。甚至在佛教以外的各类世俗建筑中也能看到佛教符号的身影，比如最常见的缠枝莲、单枝莲、仰覆莲、束莲等图案。

---

① Oleg Grabar（奥列格·格拉巴尔）. The Mediation of Ornament（装饰的媒介）[M]. Princeton：Princeton University Press，1992：41.

② 王建舜. 云冈石窟艺术审美论 [M]. 北京：中国社会科学出版社，1998.

③ 阎文儒. 中国石窟艺术总论 [M]. 桂林：广西师范大学出版社，2003.

第二种类型为人物类，如天王、力士、伎乐天女等，在佛教装饰中擅长利用这些人物形象烘托出佛界的气氛，营造神秘、庄严之感。比如在佛寺中多见的千佛阁、万佛楼这一类建筑，都采用在墙壁上放置各种小佛像的方法来渲染佛堂气氛。

最后一种为建筑类，通常选取佛帐、橱以及天宫楼阁突出天界的景色。

随着中国艺术的逐步发展，人们开始按照中国传统形象和审美观对佛教装饰纹样进行再创造。中国古代工匠掌握了佛教装饰纹样转化的要领：以流动的回转曲线为纹样的基本构图，将中国传统的审美观念融入外来佛教题材中，形成一种新的风格，问题就会迎刃而解。起初为了降低改造难度，都是选择造像中一些容易改造的局部或者环境来进行的。例如衣纹、背光、座台、环境和法器，或改画天象、天人。

显而易见，这些改造受到中国传统"祥云"的审美理念的影响。例如，早期佛像背光多用火焰纹，早期法器多选择喷火的摩尼珠（梵语 cinta^-maN！i，又称如意宝珠），早期天人多重视转折的躯体与飘荡的衣饰，天象多有云气日月，等等。其中，"卷草纹饰"的影响力当之无愧。从唐代开始就较为频繁地使用变化多端的"卷草纹饰"，作为对佛教纹饰本土化融合最具有代表性的纹样。佛教中的植物与饰物，例如莲花、忍冬、菩提、华盖、法轮和璎珞等，其表象与中国传统的造型模样与审美要求并不符合，必须加以改造，而"卷草纹"正是诞生于这个时期的新纹饰，很难确凿地说它取材于哪一种物象。因为卷草纹既不属于中国传统的物体造型，也不能反映出印度佛教的特色。但是它那蜿蜒缠绕的花枝叶蔓，却表露出祥云的气质、佛物的情态，它既有曲线缭绕的空灵，又有流转的韵律，且保持婉柔敦厚的静谧，别有一番韵味。它是吸收外来宗教的特色再加之以本土化的改造，普适而有特点的佛教装饰纹样。卷草纹的出现并非偶然，它标志着佛教融入中国文化的高峰期的到来。随着石窟艺术的发展，外来的火焰纹、卷草纹的形式也开始发生变化。它们从原始石刻相对僵硬的形态逐渐变得灵动，在中国传统装饰中逐渐具有云气纹、水波纹那种行云流水般的飘逸风格。

（二）感情色彩的象征性

佛教艺术中用来隐喻和扩大其联想境界的不单是某种含义的图形，还包括采用一些感情色彩明显的颜色进行装饰。根据佛经所述，世界上所有的事业都在"息""增""怀""伏"的范围之内。其表现方式为："息"表示温和，颜色一般为白色；"增"表示发展，颜色一般为黄色；"怀"表示博爱，颜色一般为红色；"伏"表示凶狠，颜色一般为黑色或蓝绿色。再简言之，白色代表着息和增，红色代表着怀和伏。例如，多面神面部皆饰红、白、蓝三色；护法神饰蓝色；魔鬼及异教徒皆绘黑红色。有的护法神殿内是黑底的壁画，烘托出了阴森、恐怖的气氛。

在佛教装饰的影响下，一些世俗的非宗教专用器物装饰也在悄然地发生变化，将宗教性孕育其中，不同程度地反映了一定的宗教性。例如，一些日用陶瓷往往装饰有佛教的象征性内容，如莲花、忍冬、狮子、大象和八宝。但是，直接用佛做装饰的很少，用佛教故事（佛本身故事、佛教故事等）装饰的更少。

（三）工艺技法的时代性

作为汉地佛教盛行和大繁荣的南北朝时期，留存下来的佛教装饰可谓气势磅礴，蔚为大观，让我们领略到了时代独特的宗教艺术风尚。魏晋南北朝时期佛教的发展为其中国化进程奠定了基础，而到了隋唐时期，佛教装饰艺术日趋成熟，同时，这一时期也是中国古代装饰艺术发展史上的又一高峰。唐代佛教装饰可以说是前代伟大成就的集大成者，并发展完全属于民族的新样式。从装饰主题上看，更加丰富多彩，装饰风格更加富丽堂皇。宋元以后，佛教装饰逐渐式微，但其对中国装饰艺术发展的影响仍然巨大而深远。中国花鸟画的形成和发展与佛教装饰的影响有关。在浩瀚的中国古代佛教装饰中，有无数内容。还有许多在石窟和寺院里的佛教装饰图案没有提及，它们营造出一种神秘的氛围，雕塑、绘画、工艺美术等各种造型艺术手法在其中得到充分发挥。

如果以中国佛教装饰的工艺技法作为判断依据，通过考古和文献资料可以知道，彩绘壁画和雕塑早在汉代佛教传入中国以前就已经存在，而不是佛教传入后的新型产物。但不可否认的是，佛教的兴起也推动了这些工艺技法的发展，并达到了一个新的高度。因此这些工艺技法在一定程度上与佛教的兴起与发展有着密不可分的关系。常见的彩绘壁画，是采用手工绘制的方式在石窟或寺院内的壁面上绘饰以各种与佛教有关的或纯粹的装饰内容。其制作步骤可以概括为：第一步是做底，即做墙面。早在中国佛教装饰兴起之初，汉灵帝时应劭的《汉官仪》就曾写到"胡粉涂壁，青紫界之"。在早期的石窟建造中，壁画的底子大多采用粗泥掺麦秸、谷糠和只用黄土。第二步锤击密实平整，壁面多较粗糙。但是从隋唐时期开始,就选择泥中掺入麻筋之类。晚唐的石窟壁面还要涂上薄薄的石灰,有的还在第二层加入胶和沙,做底工艺技术也越来越精湛。第三步在基材完成后,可以用毛刷在上面画画,在壁面先用朱色勾出样稿,再用黑色修正,最后着色完成。壁画的彩绘主要采用勾线平涂的方法,所以画面有着较强的装饰感。

在众多的雕塑手法之中,彩塑是我国石窟艺术中独具一格的手法。除纯粹的泥塑外,同样富有创造力的还有石胎泥塑彩绘。由于我国的石窟有的是开凿在砾石上的,属于水成子母岩类,石质松碎,不宜精雕细凿,因此民间艺术家们常常在砾石胎外采用泥塑装銮,以捏、塑、贴、压、削、刻等多个步骤进行塑造,才诞生了绚丽多姿的佛像和浮雕式的壁面装饰,然后再用点、染、刷、涂、描等手法施以色彩,泥塑装銮才算完成。

总之,由于佛教艺术带有宗教性质,所以在其境界中不免具有神秘性、意向性、整体性、内在性等特征。佛教艺术不仅可以满足不同的人对精神方面的不同需求,也决定了其境界的把握是非逻辑阐述的直觉思维趋向。

二、设计思想要旨

"心"在古代中国文史哲中代表一切意识活动。佛教以"心为众妙之本",认为宇宙万象皆心所现,"识外无境",故人称佛教乃心教、佛法即心法。可以说,古代石窟装饰设计无不与"心"有关,无不可与"心"攀缘,可谓"万缘于心,皆由心造"。下面,以大足宝顶山大佛湾摩崖石刻造像群的装饰设计为例,阐述"心法至上"乃石窟装饰设计要旨。南宋名僧赵智凤主持营建的大足宝顶山大佛湾摩崖石刻虽圆融各宗,但整个造像群装饰设计却自成系统——在雕凿中注重不同性格人物的五官造型、体态动式等外部特征与其内在的联系,务求传神写心。

(一)"一切诸法以心为本"

佛教格外注重心法,各派各宗都有心法传承,且无不视其为至高之法,故有"佛教乃心教,佛法即心法"之说。佛教认为,"心为众妙之本"[1],"一切诸

---

[1] 智顗《法华玄义》;湛然《法华玄义释签》(精装本,卷三),香港佛经供应处,1963年,第1844页。

法以心为本"①，宇宙万象皆心所现，主张"识外无境""本心是佛""法随心生"等。在基本的原始佛教经典中有佛陀对众出家修行者所说"心持世界去，心拘引世界，其心为一法，能制御世间"②的记载。"一心能生一切万法，演出无边义趣，展即遍满法界，还摄种种法义，归于一心。"（宋永明延寿禅师辑《宗镜录》第二十五卷）"中国佛教关于心的含义，既和中国固有哲学、印度佛教各有相同之处，又有着重要的差别，中国佛教学者虽然接受了印度佛教关于心的论说，但他们是按照中国人的方式接受的，一般不以'六识'说来说心，而是以心来泛指众生的精神主体，这个主体也是众生的本体，乃至宇宙万物的本体。"③

　　继承了印度大乘佛教主要流派——空宗心物观的中国禅宗认为一切物皆由心所造，真正的存在是"心"，"心生则种种法生，心灭则种种法灭"④；将自然从时空孤离，化为比喻性的意象，归于心造的境界，即心境或意境。中国禅于齐梁间在高僧志公（大乘禅）和傅大士（维摩禅）的影响下而形成原始宗风，至唐宋达到前所未有的高峰。傅大士诗云："道冠儒履释袈裟，三教原来总一家。"（《销释真空宝卷》）真可谓提倡儒释道三教融合的先驱者。傅大士著名的参禅佳作《心王铭》（亦称《心王论》）所阐述的心性论是后世禅学的核心和源头。《心王铭》认为"人心'体性虽空，能施法则'，认为见心就能识佛。如'莫言心王，空无体性。能使色身，作邪作正'。再加'心性离空，能凡能圣。是故相劝，好自防慎'"。⑤居士陈义孝所撰的《佛学常见辞汇》中曰："万法都是从心中生出来的，心就是万法之王，故称心王。""心之主作用，对于心所之伴作用，而谓为心王。心王者，总了别所对之境，心所者，对之而起贪嗔等之情也。密教以之为金刚界之大日如来，心所即心数为其眷属。此心王心数之差别，吽字义以大日为心王，余尊为心数，十住心论等以五佛为心王，余尊为心数，守护国经等以九尊为心王，余尊为心数。但依主伴无尽因果不二之义，则无论何尊，总以中央配于法界体性智，故九会四重之圣者得各为心王也。涅繁经一曰：'头为殿堂，心王居中。'大日经三曰：'安住心王，等同虚空。'成实

---

① 《苏婆呼童子请问经》卷中；《大正藏》卷十八，第 726 页。

② 《杂阿含经》（"四部阿含"之一）卷三六。

③ 方立天. 中国佛教哲学要义（下）[M]. 北京：中国人民大学出版社，2002：269.

④ 《大乘起信论》；《大正藏》卷三十二，第 577 页。

⑤ 《景德传灯录》卷三十。

论十六曰：'处处经中说心为王。'俱舍论六曰：'此中心王极少，犹与五十八法为俱有因。'四念处一曰：'心者心王，异乎木石。'"① 这些观点与提倡修身养性的儒家也无多大出入，因此，著名哲学家北京大学任继愈先生也认为禅宗的"这种心性修养方法，影响到后来宋明儒教修养心性的方法至深"②。南宋宝顶山摩崖石刻有众多与傅大士影响有关的造像，则在一定程度上可以看出南宋时期禅风的嬗变和赵智凤对禅宗的倚重。

密宗从 8 世纪后在中国内部走向衰落，近乎绝迹，唯在两川有较大发展。在大足宝顶山振兴密教，智慧的赵智凤不能不借重时兴的禅宗。宝顶山摩崖石刻以密宗题材为主，其次是禅宗题材，就是明显的例证。在赵氏统一主持下，造像则性格差异明显，工匠师注意探索不同性格人物的五官造型、体态动式等外部特征与其内在的联系，务求传神写心。宝顶山大佛湾摩崖造像群中，表现心法集中而鲜明者有《缚心猿锁六耗图》《六道轮回图》《观经变相》《牧牛图》和圆觉洞等。特别是前两者，即《缚心猿锁六耗图》和《六道轮回图》是宝顶山大佛湾佛教心法哲理的两大主要支柱。

（二）"心性之旨"之"锁六耗图"

佛教认为，实相的智慧，是真正的妙药。"自惑生自苦，苦乐不离心。"③人应当用智慧调整自心，在明白痛苦、无常和空性是一切的本性之后，我们就不会向外驰骋，耽著"五欲"，从而远离蒙昧，获得内心的宁静和安乐。故《大庄严论经》第十五卷中说："智慧宜调心，勿令着五欲。"宝顶山大佛湾《缚心猿锁六耗图》乃弘扬"戒心自律"，以达"心性之旨"的佳作。

位于宝顶山大佛湾北崖编次第十九号的《缚心猿锁六耗图》石刻造像简称"锁六耗图"（图 2 - 1）。整部造像高七点九米、上宽三点六米，刻像二十多身，偈颂三十件计六百八十七字，顶额刻"缚心猿锁六耗"六个大字，左右两端分别竖刻"傅大士作"与"弥勒化身"。

图上一圆龛，龛内结跏趺坐弥勒佛像。佛头两侧有一段铭文："天堂及地狱，一切由心造。作佛也由他，披毛从此得。"揭示蕴含"了识自心""万缘发于一心"等佛教教理的造像思想。

---

① 丁福保译. 佛学大辞典［M］. 北京：中国书店出版社，2011：432.
② 任继愈. 弘忍与禅宗［J］. 佛学研究，1994（00）：36 - 39.
③ 《妙法圣念处经》卷五；《大正藏》卷十七，第 432 页。

　　佛龛下有头饰鬌发、袒胸裸腹一行者跌坐于莲台方凳之上，即弥勒化身像。鬌发人怀抱宁静躺卧的小猴（喻心），其心窝分左右各出一道毫光，意指其"心"已不为外界所干扰。鬌发人所坐的莲台下，刻有六条绳索，各缚一种善走能奔快飞的动物（犬、鸦、蛇、狐、鱼、马）。这些动物相应代表"六耗"（也称"六窗"，即眼、耳、鼻、舌、身、意，是感应外界的"六个窗口"，是感觉器官和思维器官的总和。又称"六根"），而与"六耗"相对应的是"六境"（"六尘"，即色、声、香、味、触、法）。由"六耗"作用于"六境"，相应便产生"六识"（眼识、耳识、鼻识、舌识、身识、意识）。人若放纵"六耗"和"六境"，"便会像尘埃一样污染人的'六识'，使之浸入迷住真性，让人出现'心猿意马'的境况，产生诸般烦恼和痛苦"①。因此，只有缚住"六耗"，才能免除"六境"的干扰，使"心"得以宁静。故龛壁有"锁六耗诗"：

　　　　"眼耳鼻舌身共意，暗使心神不自由；若能锁得六耗住，便是神仙大觉修。"

　　　　又有"论六耗颂"曰：

　　　　"堪恨随身六耗鬼，奔走飞腾何日止；从前贪爱执迷人，好引心神都是你。"

　　　　行者坐凳正面刻有华严四句偈：

　　　　"若人欲了知，三世一切佛，应观法界性，一切惟心造。"

　　　　行者左壁刻"心猿颂"：

　　　　"牢缚心猿脚，壮锁六贼根，心神得清净，福乐自然清。"

　　　　又"咏乐诗"：

　　　　"乐是无疆福，福乃善由因，超凡入圣道，尽在此心修。"

　　　　行者右壁刻"咏苦诗"：

　　　　"苦厄人皆惧，灾祸有谁争，想非天地赐，心恶自然生，若了心非心，始得心心法。"

　　　　图下部刻：

　　　　"独坐思维赡部州，几人作业几人修。不因贪爱因名利，不为新冤为旧

①　黎方银. 大足石刻［M］. 西安：三秦出版社，2004：148.

仇。意逐妄缘如野马，心随境转似猿猴。多缘执此迷真性，致使轮回不肯休。"

又"咏心歌"：

"心心心，难伏难擒，形象不大，难度浅深；收之则吉应，放之则祸侵。智明通大道，浊乱起邪淫。静则万神皆助，动则众魔来寻。若将真心为至宝，何愁本性不成金。"

再又"咏心偈"：

"方寸心非心，非浅亦非深。宽则遍法界，窄则不通针。善则生福乐，恶则祸殃侵。苦乐多般事，皆缘一寸心。"

以上文字都强调了主观精神——"心"的巨大作用。赵智凤把这铺图安排在大佛湾"观经变"（"天堂"）与"地狱变"图之间，意为上"天堂"，下"地狱"，乃至成佛，都在于"心"。

赵智凤面对现实社会的人欲横流，交相争利，人心浮躁，世无宁日，深感难以教人知自心，难悟心性之奥秘，更难由凡入圣，故令人惋惜地在"锁六耗图"的下部又十分醒目地刻了"相识满天下，知心能几人"十个字径盈尺的大字。由此可见造像者弘扬佛法的沉重责任感、觉醒众生的决心和造像宗旨。

《缚心猿锁六耗图》无论是造像或铭文，都强调的是"心性之旨"。所体现的心法要旨与傅大士《心王铭》的核心思想"了本识心，识心见佛""是心是佛，是佛是心""欲得早成，戒心自律""净律净心，心即是佛""般若法藏，并在身心"的主张是完全一致的。其理论凸显了禅宗南宗宗旨，即"净心，自悟"，"净心即心绝妄念，不染尘劳，自悟即一切皆空，无有烦恼，能净能悟，顿时成佛"①。

（三）"六趣唯心"之"轮回图"

佛教认为一切有生命的东西，如不寻求"解脱"，就永远在"六道"中生死流转，永无终期，即"六道轮回"。《大乘义章》曰："此之六种，经名为趣，亦名为道。所言趣者，盖乃对因以名果也。因能向果，果为因趣，故名为趣。所言道者，从因名也。善恶两业，通人至果，名之为道。地狱等报，为道所诣，

---

① 范文澜. 唐代佛教［M］. 北京：人民出版社，1979：90.

故名为道。"因故,"六道"亦曰"六趣"。《妙法莲华经》序品(第一)曰:"尽见彼土六趣众生。"《涅槃经》二十五曰:"以心因缘故,轮回六趣具受生死。"

大足宝顶山大佛湾南崖东端,编次第三号的《六道轮回图》又名"六趣唯心图"和"六趣生死轮",俗称"六趣轮""轮回图"(图2-2)。此铺摩崖造像,高七点八米,宽四点八米,是赵智凤据唐代僧人义净所译之《根本说一切有部毗奈耶》卷第三十四经文而造①,所刻内容和形式与经文基本相同。

此图上方刻三世佛,中央立一高大的无常大鬼(亦称转轮圣王),四川人称之为"无常鬼"。此乃"色界无常"这一抽象概念具体化、人格化而成的形象。"无常"是佛教哲学范畴中的一个名词概念。我们如若把空间、事物缩到极限时就会发现世间万事万物都是刹那变化、刹那生灭的,佛教把这种瞬息万变、刹那生灭叫作"无常"。"无常鬼"怒发倒竖,怒目獠齿死咬轮盘,双臂有力紧钳一个直径为二点七米的圆形生死巨轮,表示让它来掌握生死轮回,以示大千世界万事万物皆不永恒,众生于轮中之渺小无常和业力不可逆转,即业力所致的报应、遭遇不以众生意志为转移。

轮分四层圆圈组成,内层中心刻结跏趺坐的鬈发修行者,从心窝处发出六道毫光,把轮分为六个部分。毫光上刻有很多佛和菩萨像,以此展示"六趣唯心"等教义。这是典型佛教唯心主义哲学理论的反映,表示"万缘发于心,一切由心造"。即众生一切善恶行为都由思想意志所推动,发什么样的心,就导致造什么样的业。"心能造作一切业,由心故有一切果。如是种种诸心行,能得种种诸果报。"②由于业力的性质不同,所得的报应也就各不相同,来世就会在不同境界之中轮回。佛教从来不认为宇宙间有任何操纵生命的力量存在,众生的一切皆由自己的业力所致。发善心就造善业,得好报;发恶心就造恶业,得恶报。根据众生生前的业因差别,在轮回中共有"六道"转生的趋向,分别为"天道""阿修罗道""人道""饿鬼道""地狱道""畜生道"。

在佛教教义中,"四圣谛"(苦、集、灭、道)是关于导致众生有生死轮回之苦的主要学说,也是关于生死和涅槃的因果的理论。再有就是"十二因缘说",它进一步阐释了社会的不平等和人生痛苦的原因。《方广大庄严经》卷第

---

① 黎方银. 大足石刻[M]. 西安:三秦出版社,2004:97.
② 《正法念处经》卷二十;《大正藏》卷十七,第114页。

十二曰:"无明缘行。行缘识,识缘名色,名色缘六入,六入缘触,触缘受,受缘爱,爱缘取,取缘有,有缘生,生缘老死,忧悲苦恼。"就是说,由于人们的无知,唤起了"贪"和"爱",因贪爱而引起恶行,进而产生痛苦,痛苦又加重无知,这就形成因果轮回的苦海。"由心杂染便堕地狱乃至傍生贫穷之苦。"① 在这一逻辑链条中,"贪"和"爱"被视为众毒之首。故"六趣轮"右上方刻颂偈曰:

"三界轮中万种身,自从贪爱业沉沦。"

为强调这一观点,轮盘左下方有一官一卒,以手扶轮,面呈贪婪之色,表"贪";轮盘右下方刻有一手抚着生殖器的赤身裸体的猴子,一边瞅着后面的少女表示"爱"。两组雕像共拱巨轮,"以此说明'贪'(心)、'爱'(心)导致轮回不休,业力决定着众生的命运和趣向"②。

此图以具体可视的形象,表述了佛教"因果论"的人生观,阐述了佛教"万缘发于心""六趣唯心"和"众生皆有佛性"等基本教义。沉重而严肃地向人们揭示了"六趣唯心""贪爱作业""生死轮回"等生死命题,使人感知"心"的存在和于人生之重要。

(四)"练心要旨"之《观经变相》

佛教认为,十方三世有无数佛,每佛都有各自居住或应化的国土,"在微尘中,见亿佛刹"(唐王维《赞佛文》)。"佛刹"即"佛国"。因佛国清净无染,故也称"净土"。净土宗是自唐以来一直保持着旺盛生命力的佛教宗派之一,其特点是简单易行。修学此宗不需通达佛经、广研教乘,也不需静坐专修,只要信愿具足,一心念佛,始终不怠,临终时就可往生西方净土。在众多宣扬净土思想的佛经中,关于阿弥陀净土(也称"西方净土""西方极乐世界")的经典数量最多,尤以《佛说阿弥陀经》《观无量寿佛经》和《无量寿经》影响最甚。佛经主要是通过神话般的描述,描绘了西方净土中尽善尽美的人情伦常,无与伦比的衣食住行和气候物产等。《佛说阿弥陀经》有如是描绘:"从是西方,过十万亿佛土,有世界名曰极乐。"云:"其国众生,无有众苦,但受诸乐,故名极乐。"又云:"极乐国土,有七宝池,八功德水,充满其中。池底纯以金沙布地,四边阶道,金银、琉璃、玻璃合成。上有楼阁,亦以金银、琉璃、玻璃、

---

① 《苏婆呼童子请问经》卷中;《大正藏》卷十八,第726页。
② 黎方银.大足石刻[M].西安:三秦出版社,2004:101.

砗磲、赤珠、玛瑙而严饰之。池中莲花大如车轮,青色,青光;黄色,黄光;赤色,赤光;白色,白光;微妙香洁。"经文又说:"彼佛国土,常作天乐,黄金为地,昼夜六时,天雨曼陀罗花。常有种种奇妙杂色之鸟:白鹄、孔雀、鹦鹉、舍利、迦陵频伽、共命之鸟。是诸众鸟,昼夜六时,出和雅音。"① 由于西方净土的诸般美好和修炼法门的简便易行,使净土法门受到人们极大的关注,并被历代高僧所推崇。

在净土诸经典中,《观无量寿佛经》② 以其"义理深邃,境相胜妙,一心妙观,理事圆融"的特质而见重。本经以"是心作佛、是心是佛"为宗,这二语是观想念佛、观像念佛与持名念佛所依据的基本原理。认为自性理体即是佛,心外无佛、全佛是心,今以此具佛的心来作佛(或观想西方依正庄严,或观弥陀丈六金身,或持念佛名),直截了当,无欠无余。正如永明延寿禅师云:"一念相应一念佛,念念相应念念佛。""是心是佛"表性德(本觉),"是心作佛"表修德(始觉),修德有功,性德方显。始觉契合本觉,直趋究竟觉(成佛)。《观无量寿佛经》的主要内容是"十六观法",即把心思集中于一处,排除诸般杂念,真心想于西方净土十六种奇妙景象的修行方法。此属于观想念佛,分别为日想观、水想观、地想观、宝树观、宝池观、宝楼观、华座观、像想观、阿弥陀佛观、观世音观、大势至观、普观、杂想观、上辈生想观、中辈生想观、下辈生想观。"十六观法"反映的是"练心要旨"。佛教认为,真正修行,就是要历事练心。净土宗第三祖善导大师,以前十三观为"定善",后三观为"散善"。所谓定善,即息虑凝心摒除杂念,以定心所修之善;散善,即以散心所修之善。

大足宝顶山大佛湾第十八号龛《观无量寿佛经变相》(亦称"西方净土变",图2-3)依据《观无量寿佛经》开凿于南宋,位于大佛湾北崖中部。龛宽二十点二米、高八点一米、深三米,刻像面积一百六十多平方米,其规模之大,堪称全国同类题材之冠。在布局上,此龛主要采取了饱满的横卷式构图。上部刻"西方三圣"(阿弥陀佛、观音菩萨、大势至菩萨)和西方极乐世界盛况。

---

① 姚秦三藏法师鸠摩罗什译《佛说阿弥陀经》。
② 佛教史上又称此经为《观无量寿经》《无量寿佛观经》《无量寿观经》或《十六观经》,简称《观经》。

"十六观法"布列在中部左右壁转角处。下部为"三品九生"图像。① 龛内刻巍峨楼阁,层叠栅栏。又因为佛教认为往生天国的人,荷花化身,高雅圣洁,不染红尘,故在龛内还刻有众多莲花童子,或争坐莲台,追逐嬉戏;或面壁而跪,攀于栏边,天真可爱,活泼可亲,无垢无染。精巧的雕琢,琳琅满目的形象为我们展现了当时人们理想中的西方极乐世界。

《观无量寿佛经变相》中"十六观法"像没沿袭《观无量寿佛经》和其他石窟群中刻绘的观想像,而是以十六位不同阶层的世俗男女或比丘像取而代之。为便于世俗信众理解每"观"中数百字的深幽难解的经文,赵智凤浓缩其要旨,删繁就简,改为二十字颂词,使较冗长的经文言简意明,一目了然。而相对来说,对西方极乐净土的美好盛况却缺乏渲染,远不及该地区开凿于唐代的北山佛湾同一题材的二百四十五号龛,甚至通常具有的"未生怨"故事都没表现出来。显然,此龛经变相在内容的表现上以反映"练心要旨"的"十六观法"为重。

(五)"调伏心意"之《牧牛图》

佛陀认为,心是万物之灵,身体只是心之附属,"若离心意者,此身如枯木,是故当调心,心调形自正"②。意即人如果离开了心念,身体犹如槁木。所以,我们首先要修心,一旦心意得到了控制,外在的形象自然会端正。宝顶山大佛湾《牧牛十颂图》(图2-4)以十牛十牧十组图像,"以牛喻心、以牛喻佛、以心喻佛、以牧牛喻调伏心意"③,是喻禅宗修习观的宗教艺术杰作。

佛门中以牛喻心,以牧牛喻参禅证悟由来已久,早在印度佛教初期阿含部已有以牧牛十二法喻比丘之修习的表现。④佛教传入我国后,西晋三藏法师竺法护所译《佛说水牛经》和西晋法炬所译《佛说群牛譬经》这两部经典,概言以牛喻佛、喻菩萨和比丘之修习。自此以后,以牛喻修习之经轨,在我国广泛流传开来。符秦建元二十一年兜怯勒国沙门昙摩难提译《增壹阿含经·放牛品》

① 所谓"三品九生"是佛教把进入天国的人按其行善积德、智慧资粮的差异,分为上、中、下三品,每品又分上、中、下三生,表示阿弥陀佛将根据众生不同的修行程度,按不同待遇接引其往生西方极乐世界。

② 马鸣菩萨著,北凉天竺三藏昙无谶译《佛所行赞》(亦云《佛本行经》)卷一"入苦行林品第七"。

③ 胡良学.大足石刻禅宗《牧牛图》管见〔J〕.佛学研究,1997(00):60-68.

④ 《大正藏》卷二《牧牛经》及《增一阿含经·牧牛品,第四十九》。

和姚秦三藏法师鸠摩罗什译《佛说放牛经》两部佛经，大同小异，主要言牧牛有得失十一法，喻比丘修习得失十一法，最后言比丘成就十一法。如此经典，不一而举，皆是有名的以牛喻禅观之修习。这些佛典的广泛传播，为禅宗《牧牛图》提供了绘画刻石的佛教经轨，亦为大足宝顶山大佛湾《牧牛图》提供了理论依据。

《牧牛图》位于大佛湾南崖西段，编次第三十号龛，共分为十二组，依山傍势，图文相配，曲折起伏地刻在最高处宽四点五五米、最低处宽二点九米、长三十二点五米的崖壁岩表上，雕刻未牧、初调、受制、回首、驯服、无碍、任运、相忘、独照、双泯等，人牛穿于山水林泉之中，造型生动，宛若一曲田园牧歌，展现一派田园风光，充满自然乐趣。此图是赵智凤以北宋"元祐中为礼部员外郎，出知润州"① 杨次公（杨杰）的《证道牧牛颂》为雕塑的主要蓝本而造。

《牧牛图》就是阐释佛教禅宗修心养性，喻行者调息调心之佳作，形象地表现修行者，领悟佛法，调伏心意，降服心王，由凡入圣的渐悟过程。整幅图像无一佛一菩萨，抛去心外所谓权威——佛和菩萨，而求诸自我心性。

第十二组"圆月图"，图上部刻一圆月托于云上，下部刻一莲花于几上，莲花上立一方碑，碑偈曰：

"了了了无无所了，心心心更有何心。了心心了无依止，圆昭无私耀古今。"

又曰：

"人牛不见杳无踪，明月光寒万象空。若问其中端的意，野花芳草自丛丛。"

此乃雪峰义存弟子益州普通山普明禅师《牧牛图颂》十颂中最后一颂。从结构上看，又为《牧牛图》的结束语。

所谓"圆昭（照）""明月"是以自然之月喻《唯识论》的心法八识（眼、耳、鼻、舌、身、意、末那、阿赖耶）中的七识末那识、八识阿赖耶识，并由阿赖耶识转化为大圆镜智，以之照耀无始无终的"古今"，照耀无边无际的万象万物。偈语总体是展现修行者从受"三毒"之染，贪爱缠缚，心猿意马的烦恼

---

① 《四库全书总目》作"元丰中为礼部侍郎，知润州"。按杨杰为《杨歧会老语录》作题词，有"元祐三年立春日，无为子杨杰书于望海楼"。据《清一统志·镇江府二·古迹》"望海楼在府治后，宋蔡襄题曰'望海'，后改为连沧观"。望海楼既在镇江（润州），故《总目》作"元丰"者有误。

中，勤修戒、定、慧，清心寡欲，领悟禅机，直至无挂无碍，悟色界无常，物我两忘的境界，深刻地揭示出修行者不同次第的领悟和心态。

"了字歌"与《心王铭》中的"了本识心""了此安心""了此本心"非常相似，从此也可以看到傅大士的影子。

（六）"以听映心"之圆觉洞

禅宗认为，对自然的感受源于心境的体悟，意境的本质在于以心感物。对心灵的触动，不仅靠视觉，也能够通过听觉来实现，因"听"而入"境"。

宝顶山大佛湾圆觉洞（图2-5）位于南崖西段，编次第二十九号窟，这是一个深凹山体的平顶矩形窟，深十二米、宽九米、高六米的人工洞窟。"圆觉"，即"圆满觉悟"之意，取意于《大方广圆觉修多罗了义经》（简称《圆觉经》），所讲述的是佛祖与菩萨们关于圆觉法门的问答。赵智凤在设计营造圆觉洞时，集装饰、排水、采光于一体，始终运用"听"这一抽象主题来营造其心境，充分显示出赵智凤"以听映心"的设计主题和经营"听境"的才能。

圆觉洞入口窄小，近四米长的甬道仅一米多宽，犹如一个消音器，起到较好的隔音作用，无论外界如何嘈杂，石室内却依然宁静，正是"梵宫寂静人稀到，石砌禅房绝尘埃"[1]。狭长的甬道还具有遮减光线的功能——窟中正面的佛像，两侧的大士，以及四周的山水云海、毫光瑞彩统统隐没在昏暗里。从明媚的窟外进入幽暗的石室，视觉功能在环境由亮至暗的急剧变化中减弱，而听觉能力自然增强，这一变化将观者的感官从视觉自然而然地过渡到听觉上来，"听"在不经意间就被强调出来，人的思维随着听觉的延伸而延伸——虚空的世界油然而生。老子曰："五色令人目盲，五音令人耳聋，五味令人口爽，驰骋畋猎令人心发狂，难得之货令人行妨。"[2]圆觉洞利用声音和光线的屏蔽来遮除"五色"与"五音"，因空而静，由暗而虚，虚静的物境为进一步营造虚静的心境埋下伏笔。

幽暗的石室内，一束光线如射灯般透过窟门上方的矩形天窗投照进来，定格在佛案前"问法"菩萨的跪像上；两侧十二大士也都是垂耳倾听、悉心体会的静谧神态，整个坛场笼罩在"听禅"与"悟禅"的气氛中，心境因环境的静穆而虚空。在这里，匠师们巧妙地运用了光线的变化，以幽暗的背景衬托明亮

---

[1]　宝顶山大佛湾圆觉洞甬道内壁"赐进士重庆府通判豫章游和书"所镌题记。

[2]　《道德经·德经》第十二章。

的主题，使观者的视觉注意力集中在"圆觉问答"的主题雕像上，不由得随着雕像的"听禅"而侧耳，循着雕像的"悟禅"而思考——以"无声之听"实现心境的静化。

圆觉洞窟顶四季都有浸水渗入。"滴答！滴答！"的水声使观者不由得侧耳注目——渗水汇入山石云气中的游龙之口，滴入龙头下面石刻老僧高擎的钵盂中，再经由暗沟排出窟外。赵智凤与匠师们却不满足于简单地将水排走，而是巧妙地加以发挥："老衲托钵"，"水钵相击"，故意产生滴水之声，犹如大自然在叩击木鱼，划破黑暗带来的死寂，从而收拢正在顾盼的遐思，引导听觉空间的延伸，直入心灵，营造出心境的虚空。

"听境"之美就在自然的实境向心灵虚境转换的过程中展开，以听映心来营造心灵的虚静。在实虚转化中，声音的触动则起到催化的作用，进而引发遐想空间，思维伴随声音的传播而超于物境之外，游于心境之中，"既使心灵和宇宙净化，又使心灵和宇宙深化，使人在超脱的胸襟里体味到宇宙的深意"①。

佛教所讲的"心"是指人的思维功能，而不是物质的脏器。"云何人心？谓思念利他。"② 人心的道德行为功能和其他功能都是以思维为基础的，因此人心与思维本是同一个意思，只是表达方式不同而已。"一切法中，心为上首，若善知心悉解众法。种种世间皆由心造，心不自见。若善若恶悉由心起。"③ 人们普遍承认人心对事物的决定性，但人们却往往不能驾驭自心，更缺乏对心的系统认识和净化方法。本文通过对心性理论的阐释，可知佛教对人心的认识是系统的。

赵智凤在大足宝顶山大佛湾主持营建的三十余部摩崖造像，无不与心法有关，无不可以心法攀缘。他反复强调"心"的重要性，主要因为宋代佛学渐衰，而以儒学思想为核心的理学大兴。总之，佛教集理学于一体的"心为万物之主""万缘发于一心""天堂及地域，一切由心造"的唯心主义世界观，及其所宣扬的"心性"和由"心"引起的业报轮回，以及道家"虚无"的哲理，共同构成了大足宝顶山大佛湾摩崖石刻造像群的思想主题——"心法至上"。

---

① 宗白华．艺境·中国艺术境界之诞生［M］．北京：北京大学出版社，1999：151.
② 《大毗卢遮那成佛神变加持经》卷一；《大正藏》卷十八，第2页。
③ 《胜天王般若波罗蜜经》卷二；《大正藏》卷八，第697页。

插　图

图2-1　大足宝顶山大佛湾第十九号龛《缚心猿锁六耗图》

（龛高7.9米，上宽3.6米，下宽1.9米，南宋，弥勒化身赵智凤坐像）

图2-2　大足宝顶山大佛湾石窟第三号龛《六道轮回图》

（主像高5.2米，轮回图盘直径长2.7米，南宋）

图 2 - 3 大足宝顶山大佛湾第十八号龛《观无量寿佛经变相》全景

（龛高8米，宽21.6米，檐深3米，西方三圣半身像，中央阿弥陀佛半身像高3.45米，肩宽3米，胸厚0.75米，南宋）

图 2 - 4 大足宝顶山大佛湾第三十号龛《牧牛十颂图》（局部）

（牧童高1.08米，南宋，第五、六图）

图2-5　大足宝顶山大佛湾第二十九号龛圆觉洞（局部）

（圆觉菩萨座高1.2米，像高1.3米，肩宽0.55米，胸厚0.25米，长跪菩萨像高1.3米，座高0.8米，南宋，右壁圆觉菩萨群像：右起，普贤、金刚藏、清净慧、辨音、普觉、贤善首及长跪菩萨）

第三章

巴蜀石窟装饰纹样设计与形态

在形态特征上不同宗教的装饰也不尽相同，因为其受到多种因素影响。大的方面可以从宗教建筑地域的选择入手，也可以从专用物件的设计入手，每个宗教都会有自己的选择。这与其教义所主张的干预世俗社会以及西方政教合一，甚至与其有些历史事件及政策也是息息相关的，如神权凌驾于皇权。但中国的佛教则不同，在佛教教义中有着浓厚的避世脱俗倾向，所以在石窟寺院建筑地域的选择上，多青睐人烟相对稀少的荒山野林，比如山西大同云冈石窟、甘肃敦煌莫高窟、天水的麦积山石窟，还有位于江苏南京的栖霞山等。在装饰的具体形态上，中国的石窟寺院装饰以彩绘、石刻、泥塑、木雕以及金银铜铸、玉雕为主，彩绘主要用于建筑内部壁面用结构部件的装饰，雕塑以佛像、菩萨像为主，也有的以浮雕形式替代壁画。还有许多是带有综合性能的，譬如在石胎外进行泥塑，再在外表施以彩绘等。但装饰纹样是石窟中装饰艺术上最吸引人的最突出的形态。纹饰最能体现普遍审美观，纹饰的产生早至新石器时代远古人民创造的"彩陶纹饰"，无论是动物、植物，还是几何纹饰，都距今已有上万年的历史，作为人类研究历史不可或缺的部分，也是人类文化的重要组成元素，因受到人类的思想和人类社会的生产生活因素的不断影响而变幻着，反之又影响着人们的生活。

一、石窟纹样

纹样，通常也称为图案、花纹、装饰纹样，这类由特殊的形态组成的一种装饰符号，是 20 世纪初由日本引入的产物，传统的叫法为"藻饰""纹样"。在美学定义上，也指以美化物体为目的实行的装饰，它包含纹样、符号、色彩以及器物造型等①。装饰图案在《辞海》里的解释为："广义指对某种器物的造型

---

① 关有惠. 敦煌装饰图案 ［M］. 上海：华东师范大学出版社，2010.08：13.

结构、色彩、纹饰进行工艺处理而事先设计的施工方案，制成的图样，通称图案。有的器物除了造型结构，别无装饰纹样，亦属图案范畴（或称立体图案）。狭义指器物上的装饰图形和色彩而言。"总之，"纹样"是装饰图案的一个组成部分，属于图案的一个方面。丰富的装饰图案是按照一定的结构原理，在改变之后，抽象地形成规则化、定型化的图形模式。

总体来看，纹样大致可以分为两大类——自然纹样和人工纹样，有写实、写意、抽象等表现手法。大自然的纹样图案基本来自自然界各种形态（如植物、动物、山川日月和人物等纹样图案），把自然界的各种形态巧妙地用增强、削弱、转变、增添、求全的方法进行艺术化处理，归纳概括变化出高度装饰性的图案纹样形态，使之比现实生活中的自然形态具有更美更典型的表现。人造纹样的形态来源于日常生活与生产，是由人们通过点、线、面组成的具备审美价值的图形，一般概括属于几何图形，也有将若干几何图形与自然形态相融合，构成一种半抽象形态的。几何纹样被用作主纹样，主要有连珠纹、直条纹、弦纹、横条纹、斜条纹、云雷纹、三角雷纹、菱形雷纹、百乳雷纹、曲折雷纹、网纹、方圆纹、万字、柿蒂、仙纹、如意、方胜、龟背、瑞花、锁子等。它们的形态在每个时期都呈现出不同的风格，但都非常鲜明、典型。

无论身体的装饰，还是器物表面的装饰（包括建筑装饰），都是人们思想精神文化的具体表现，哪个时期的纹样都表现出民族文化的精神特征。从图像学或符号学角度而言，纹样自身拥有一定的象征意义，若忽视器物上的装饰价值，那纹样将是无意义的抽象线条的排列组合。人类生活中很重要的一个部分就是装饰，从原始社会起，人类就知道去装饰他们的身体和其他方面，而增进人类装饰认识的缘由和动机有很多。荷兰学者赫恩曾经说过：装饰大多是实用的，而不是审美。此外也有德国学者格罗塞指出：全部原住民大半的艺术品，都不是从单纯的审美动机出发，而基于实用目的，审美的需求仅仅是满足次要的愿望。所以说原始装饰的实际意义远远大于审美。

佛教最重要的艺术题材固然是对佛像的崇拜，如来、菩萨、罗汉便是佛教崇拜的第次偶像。偶像崇拜会衍生出对佛传与佛法的崇拜，各个偶像的经历、法力、功德等又能演化出各类佛传和佛法效应的故事来。偶像崇拜还会导致对圣地和圣物的崇拜，摩尼珠、法轮、经幢等法宝，菩提树、莲花池等环境，五色鹿、孔雀与猿猴这类动物，此外金刚力士、伎乐天女、妖魔鬼怪、罗刹夜叉、刀山火海等，都是编撰出来的佛界神话图像。石窟装饰纹样是为这些对象做装饰的基本图案。对石窟装饰纹样的研究，各学科之间有不同的方向划分。它们可按功能分为佛像衣饰、环境装饰、佛物法宝装饰等；通过不同纹样种类分成动物纹样装饰、植物纹样装饰、人物故事纹样装饰等。按照普通花样学的法则可分为动物、植物、自然物、几何纹、传记的花样等。此外还有文字花样等。还有，从南北朝时期建筑史的角度来看，石窟装饰大致分为建筑结构方面的装饰以及其他花纹装饰两大类。石窟建筑结构装饰主要体现在环绕窟壁的龛形，窟口类似龛形的装饰，棋盘格子的藻井图案和三角垂幛的装饰，佛像方面的背光、宝盖、狮子座等庄严的表现。后者花纹装饰方面，有莲花纹、卷草纹、动物纹、树木、山岳纹等。

　　巴蜀石窟兴盛于唐宋时期，其纹样组合的图案是洞窟建筑、造像和壁画连接在一起的纽带，它们衬托出作为石窟主体的塑像和壁画，同时也具有自身的独立形态，是巴蜀石窟佛教艺术的一个重要成分。而且，与壁画和造像相比，图案纹样的描绘限制较少，可以使艺术家未得施展的技艺在这里充分表达。因此，巴蜀石窟的图案纹饰丰富多变，纷繁复杂，并且不断吸收新的营养，历久不衰，创造出新的形式。巴蜀石窟装饰纹样从类型来划分，以植物、动物、人物和几何纹样为主，其艺术形态主要表现在龛窟（龛楣、藻井、柱式），陈设（家具、地毯）和器物的边饰上，以及造像的背光、服饰、头饰等各个空间部位，在形、色、质上表现出不同的感受。以下主要从考古学的年代学的角度，结合普通花样学来考虑，有演变的或有年代学意义的装饰纹样为主分类分期，如造像装束、建筑装饰，园林景观中的植物纹、动物纹，背光中的火焰纹、联珠纹、飞天纹、兽面纹等。

二、植物纹样

（一）概述

　　在中国早期，装饰纹样通常是动物纹样、几何纹样、神灵和神话动物和云彩纹样，植物装饰图案尚不成熟。佛教传入中国后，植物纹样成为佛教石窟装饰的主题。因此，佛教可以征服中国各个阶层人士，尤其是在唐代。这段时期，出现了大量的忍冬、莲花、石榴等佛教植物的装饰图案，并创造了"宝相""卷草"等图案，进一步增强了宗教艺术的表现力。在佛教装饰艺术的影响下，植物装饰图案只有与本土审美观念相融合，才能被人们认可和接受，并传播到艺术的各个领域。

由于早期佛教反对偶像崇拜，为此就更注重各种与佛陀相关的遗物，如佛陀的舍利、佛陀过去生活或一生所到过的地方，以及菩提树、婆罗树和莲花等，它们象征着佛陀的智慧和品格。因此，这些植物和它们的图案成为当时佛教徒纪念佛陀的最好方式。

古印度各地在阿育王时代（图 3-1）充满了佛教的光芒，佛教艺术得到前所未有的发展，形成了繁荣的局面。纪念柱、石窟和佛塔三大佛教艺术形式犹如粒粒珍珠点缀在王朝的土地上。印度北方邦萨纳特考古博物馆阿育王柱柱头（图 3-2）是孔雀王朝雕刻艺术最著名的代表作品之一。柱头主体由四只威武雄壮、强劲有力的圆雕狮子组成，造型准确，形态清晰，对称均衡，头、颈、胸的毛发像火一样排列，眼睛呈三角形，显示出纯波斯风格。此外，还有大象、奔马、犍牛和老虎的浮雕。然而，最美的是柱头下规则而华丽的倒立莲花装饰雕刻，有着古地中海建筑的影子。莲花在佛教中占有至高无上的地位，据说摩耶夫人手握无忧枝，用自己的肋下生产了佛陀。佛陀出生时便是满地鲜花，他行走七步，步步生莲。因此，莲花和软枝一直是印度佛教植物装饰纹样图案中的重要主题。如今，阿育王柱柱头已成为印度国徽的图案。

阿育王之后，佛教虽然失去了它作为国家宗教的地位，但佛教艺术并没有消失，而是出现了优秀的佛教艺术杰作。比如巴尔胡特（Bharhut）塔（图 3-3）和桑奇（Sanchi）大塔（图 3-4）。它们将神兽、神灵、本生和佛传故事统一在佛塔门坊上，开了佛塔象征性艺术结构的先河。早期佛教艺术的几个主题在它们所代表的早期佛塔艺术中被呈现出来。

首先是神灵氛围。"佛教是在充满宗教神话氛围的土壤里生长的。它的扩大传播需要把原有的宗教神话因素重新解释和纳入自己的体系中来。这样，当人们接受佛教的时候，既可以作为一种新信仰，也可以作为旧信仰中本有因素的新发现来接受。"① 在这里，药叉神、药叉女神等被纳入神灵自己的系统之中。在巴尔胡特塔北门的左侧雕刻了一尊满身珠宝的药叉女神，她懒洋洋地依附在一棵开花的树干上，用一只手攀住枝头盛开的花朵，用一只脚勾住树干，仿佛

---

① 张法. 佛教艺术 [M]. 北京：高等教育出版社，2004：26.

纤足一触，树木就会开花。这使人们认为她是古代印度神话传说中的药叉女（Shalabhanjika）。她优美的身姿和繁茂的生命树强烈地表达了古代印度生殖崇拜的造像形式。她被誉为印度本土宗教的代表。巴尔胡特的艺术表现出强烈的大地和生命意涵。作为装饰的蔓草植物，呈现出强烈的线条扭曲感和强大的生殖力和生命力，以植物本身的姿态表现为装饰纹样图案，给观众带来强烈的视觉冲击。在印度的原始宗教观念中，每一个生命体都应该与整个自然和大地一起呼吸和共享，以保持和谐而旺盛的生命力。因此，无论是植物、花卉、动物还是人物都力求形成一条生动活泼的曲线，这源于印度的传统意识形态，并在很大程度上影响了印度本土植物装饰艺术中的蔓草纹、莲花纹样图案。

建于阿育王时代的桑奇大塔，其整体结构更加光彩夺目，集塔、门坊、雕塑于一体。桑奇大塔的雕刻风格既保留了印度传统的装饰风格，又吸收了希腊和波斯的装饰手法，与萨尔纳特石柱相比，它进一步体现了印度本土传统与外来文化影响的融合。在法轮、莲花等神物的雕塑中，也与传统的形态与内涵有着明显的区别。在桑奇大塔门栏的装饰上，印度本土风格的莲花装饰也更为明显。这个纹样图案有着明显的希腊波浪骨架，但它长出了清晰而真实的莲花。花瓣丰满敦实，增强了莲花的力量感。莲枝不是真的直的，而是用遒劲有力的 S 形骨架结构来表现的。这种强调力量和厚度的表现手法与印度文化中的生命崇拜有很大关系。这种 S 形卷藤骨架，生长出莲花等花卉植物，并点缀有珍禽、异兽等动物的装饰画。中国魏晋时期的莲花、忍冬纹图案和隋唐时期的唐卷草中也有，但有不同之处。

巴尔胡特塔繁缉的浮雕装饰最精致。除了以象征手法雕刻着在世时许多佛陀的本生故事外，围栏板上还雕刻着许多用旋涡形藤蔓纹样包裹的单独的画面，以及顶部以团花形式出现的俯视莲花图案。这些图案与巴尔胡特丰富美丽的外观完全协调，充分体现了印度传统美学中重视生命动态的基调。像巴尔胡特一样，这些装饰都是象征性的表现手法。佛陀的存在仍然以空宝座、脚印和宝伞等符号来表现。"形成神灵氛围的神灵与神物只是佛教艺术诸因素中的两个条件，它们与本生故事一道服务于佛陀的主题。佛陀是中心，佛教艺术的象征性就凸现出来了。"[①]

---

① 张法. 佛教艺术 [M]. 北京：高等教育出版社，2004：48.

后来，印度佛教植物的装饰图案在时间和空间上经历了贵霜王朝和笈多王朝两个时代以及贵霜王朝的犍陀罗（Gandhara）、马图拉（Mathura）、阿马拉瓦蒂（Amaravati）和笈多王朝的马图拉（Mathura）、萨尔纳特（Sarnath）四个地区。

贵霜时期的三个地方代表了佛教艺术的三种风格或三个方向。

首先，印度北部的犍陀罗。它位于希腊、波斯和中亚文化的国际交汇处。2世纪初，贵霜国王迦腻色伽统治时，佛教蓬勃发展，形成了东西方结合的"希腊—神教"风格的"犍陀罗"艺术。此时，在新的佛教宇宙学中，佛陀完成了从一个受人尊敬的引导信徒自救的凡人到救世主和神的转变过程。为了满足这一需要，一个新神的形象很快就被创造出来了。例如，在犍陀罗时期，印度北部的许多寺庙建筑都有明显的古希腊和古罗马装饰，希腊爱奥尼亚式柱头得以保存。在这些柱子的柱头上，刻有爱奥尼亚式的卷轴、叶子和矛的花朵装饰，连珠线脚和螺线浮雕。底座还设有凹弧形和凸圆形脚线。这些石刻纹样图案不是印度的，而是纯希腊的。作为古希腊风格的证明，犍陀罗艺术有着典型的希腊人外观（图3-5），衣饰是通肩式的希腊长袍，还有频繁出现的莨苕（acanthus）叶饰、棕榈饰古典圆柱，这一切都表明希腊艺术曾经大面积地席卷过这片土地。[①]

其次，位于北部和中部之间要道上的马图拉是印度婆罗门教、佛教和耆那教三大宗教的交流中心。因此，佛教植物装饰图案的设计融合了三教的特点，将美感提升到前所未有的高度，从而弘扬了印度的本土精神。

最后，位于南部的阿马拉瓦蒂是佛教大小乘诸派争夺胜利的地方。与犍陀罗和马图拉相比，它在佛教植物装饰图案的构成上表现出高超卓绝的特点。

4至7世纪的笈多王朝被称为印度美术史上的黄金时代。它有两个主要的艺术中心：马图拉和萨尔纳特，著名的阿旃陀石窟（图3-6）的主体部分就是在这个时期建造的。当时的造像美学以一种静谧的内在基调取代了前期所表现的激情张力，标志着绝对的精神超越。随着佛教的广泛传播，它直接或间接地影响着东南亚、中亚、东亚等地，佛教造型艺术的影响甚至大于犍陀罗艺术。在笈多时期造型艺术中，莲花和蔓草的华美是登峰造极的。尤其在背光的造型上，

---

① 汪燕翎. 佛教的东渐与中国植物纹样的兴盛［D］. 四川大学，2004：46.

更是镌刻着极其丰富的莲花和蔓草的变化。现在在新德里国家博物馆里，4世纪末或5世纪初雕刻的佛陀立佛（图3-7）被称为最完美的印度古典雕像。佛身背后的背光设计别具一格，这是一个巨大而精致的圆形浮雕，虽然它华丽复杂，却没有喧宾夺主之势。圆心附近有一朵莲花盛开，从一排排扇形的棕榈叶、一条条华丽的卷草和被珠宝缠绕的狭窄区域放射出来。

佛教艺术向东方传播后，这种来自笈多的绚丽背光不断发展，产生了许多新的图案。例如，在龟兹，有火焰形、椭圆形和内部极其富丽的莲花、唐草和飞天装饰图案。后来，龟兹图案流传到云冈、龙门、敦煌等地，对中国佛教植物的装饰图案产生了很大的影响。

建于笈多王朝的阿旃陀石窟，从雕塑到壁画，再到藻井天花，以及门相石柱门柱，都有丰富的植物装饰纹样图案。它构图大胆，风格活泼，充满生命的活力，代表了印度传统艺术的独特色彩。比如阿旃陀石窟的莲花藻井，里面有密密麻麻的蔓草、剑叶和从莲花枝头长出来的小花，比喻强烈的生活冲动，透露出印度本土宗教的味道。这些雕塑虽然是佛教题材，但与敦煌壁画中的莲花藻井相去甚远。

总之，贵霜王朝的犍陀罗和笈多王朝佛教植物的装饰纹样图案对中国产生了深远的影响。前者因其地域与我国接壤而较早沿丝绸之路传入新疆，在中国早期佛教植物装饰纹样图案中留下明显痕迹，最后沿丝绸之路东进，直接对云冈石窟产生影响。笈多王朝与中国隋唐时期基本同步，交往频繁，其精致、细腻、富丽风格的佛教植物装饰图案在唐代广泛流传。

在古印度笈多时期的佛教中，美学精神已经得到启蒙，当时的古典美学也取得了巨大的成就。古印度佛教美学在崇尚世俗生活的同时，强调精神解放。人们在信仰宗教和怀念世俗的同时，也出现既幻想解脱又执着人生的两面性。他们在追求理性的同时也崇尚肉欲；他们既尊重禁欲苦修，又不否认情爱欲望。印度古代佛教美学的二重性在佛教植物的装饰纹样图案中表现得最为明显。以莲花纹样图案为例，由于气候和环境的原因，莲花在古印度大量栽种。其崇高的纯洁性引起了人们对美好身体的渴望，代表了古代印度原始的生殖崇拜。因此，莲花也频繁出现在世俗艺术中。同时，莲花也是圣人、佛陀和修行者理想涅槃的象征。因此，印度土生土长的莲花大多是若干层莲瓣，根茎粗大，枝叶弯曲呈S形，让人感觉极为自然流畅。为了表达静穆庄重的佛教思想，背光和藻井中的莲花层层开放，形态饱满而规则。在犍陀罗艺术的早期，古希腊艺术中的古典形态反映在印度佛教艺术中，许多希腊纹样图案被模仿。例如，希腊装饰的主题棕榈、莨苕频繁出现在犍陀罗艺术中，但无论是莲花纹还是卷草纹都略显冷漠、生硬，没有表现出高贵、朴素、静谧、伟大的审美理想。但早期代表印度古代艺术的马图拉美术，并没有体现大乘佛教静谧安详的精神内容，而是过分强调身体肉欲的表现。但到了王朝时期，精神与世俗高度统一，佛教精神学说所倡导的宁静、和谐、超脱在笈多时期的植物纹样图案中得到了完美的呈现。

佛教自汉代传入中国直至魏晋南北朝，由于其被广泛地推崇，加之道家玄学思想的盛行，对当时的石窟装饰纹样也产生了巨大的影响。汉代流行的云纹、狩猎、捕鱼、打斗、车骑等装饰图案逐渐消失，并开始转变为以植物为基础的装饰纹样图案。这一时期佛教的基本纹样图案有飞天、缠枝花纹、莲花纹、忍冬纹等。在龛窟的门楣、龛沿或佛像背光中发现卷草纹的装饰纹样图案，这象征着对佛教轮回永恒的追求。诸葛铠先生指出，在装饰艺术的发展历程中，南北朝是秦汉与隋唐的分水岭，而这一划分的重要意义就在于"花卉母题的悄然崛起，并逐渐代替神兽母题而成为装饰的主流"[①]。随着植物纹样的大量出现，先秦至汉以来发展到顶峰的动物纹样图案逐渐被植物纹样所取代。日本学者长广敏雄曾将南北朝的装饰特色命名为"花的文化"。莲花和蔓草等植物纹饰的出现，确实是在动物纹饰一向占主流地位的中国纹饰史上划时代的变化。

在这个时期，工匠们借用一些外来的纹样图案和艺术风格，通过复制和模仿来制作植物纹样图案。例如，最初出现在希腊的主要装饰纹样图案忍冬纹和掌状叶纹。"这种自由弯曲的植物纹样，早在迈锡尼时期就已应用于装饰目的。可以说，迈锡尼是产生连续波型卷草以及 S 形间断卷草纹的摇篮。"而古希腊人，"一方面赋予这种纹样主题以完美的形式美，另一方面，唯此，才是希腊人独特的功绩——创造了在各个纹样间非常流畅的结合方式，即希腊人创造了有韵律节奏的线条美"[②]。里格尔（Alois Riegl）在他的研究中如是说。

后来，由于亚历山大的东征（Alexander's Anabasis），这种装饰风格被带

① 诸葛铠. 佛教艺术对中国装饰花卉的影响 [J]. 艺术研究, 2004 (02)：51.
② ［奥］阿洛瓦·里格尔. 风格问题——装饰艺术史的基础 [M]. 长沙：湖南科学技术出版社, 1999：59.

到中亚。经过东罗马（Byzantine Empire）、波斯萨珊王朝（Sassanid Empire）和印度犍陀罗（Gandhara）佛教艺术的改造，它比古希腊的原型更加自由和简洁。两汉、魏晋南北朝时期，大量佛教植物装饰纹样图案沿丝绸之路传入中国。西汉卜千秋墓壁画中的忍冬纹就是最早的一例纹样图案。还有莲花纹样。佛教传入中国以前，从《诗经》到《汉乐府》的民歌中都出现过描写莲花的诗篇。在佛教的发源地印度，由于其传统的审美意识，莲花也被视为一种信仰和象征。因此，莲花纹样成为中古装饰的一大时尚。南北朝石窟的中心，几乎无一例外是一朵盛开的大莲花。例如，自忍冬纹传入中国以来，在南北朝时期，中国以丰富的几何图案设计经验，将忍冬纹转变为相互穿插、变化多样的边饰纹样。在石窟装饰的人字坡上，忍冬纹与莲花纹、鸟兽相组合的图案大面积出现，呈现出全新的意境和自由生长的S式。

总体上看，南北朝时期的佛教植物纹样装饰艺术主要有以下特点：一是大量汲取，甚至是直接移植了外来植物装饰纹样的题材和形式；二是深厚的中国传统文化与外来文化相互融合、渗透，例如此时佛教植物装饰纹样题材中花卉元素的增多；三是体现了战乱频繁的社会背景中，产生的对思辨智慧追求的时代审美特征。①

隋代是一个承上启下的时代，它时间较短，文物不多，但此时的装饰纹样却具有其鲜明的时代特征——向民族化风格发展。尽管在装饰的总体风格上仍以粗犷、简练为主，但在一些装饰的组织结构上却出现了变化，尤其是缠枝式组织的装饰纹样逐渐增多，并显现出灵巧、优美的发展趋势；装饰题材方面也逐渐摆脱了前代比较单一的状况。曾盛极一时的忍冬纹日趋减少，取而代之的是任意活泼的莲叶、忍冬、人物组合。② 这一切似乎预示着佛教植物纹样装饰艺术新时代的到来。比如，此时有迹象表明，缠枝忍冬纹的格局已变为唐卷草，莲花和忍冬越来越聚合在一起，莲花也越来越复杂多样，忍冬也越来越简单和概念化，然后退到陪衬的位置。但整体结构不严谨，莲花的变化尚未定型，荷叶与忍冬侧面的设计也不协调。总之，它没有形成统一的风格，而是呈现出产生新的民族化新纹样的趋势。隋代，莲花纹克服了简单、拘谨的桎梏，产生了变异的莲花纹样图案。也就是说，莲心逐渐缩小，单花结构以多面均匀取代多

---

① 倪建林．中国佛教装饰［M］．南宁：广西美术出版社，2008：7－8.
② 倪建林．中国佛教装饰［M］．南宁：广西美术出版社，2008：13.

层结构，并形成鸡心形、桃形、如意形等花瓣形状。这种新的设计手法，突破了几千年的写实传统，开始走上佛教植物装饰图案的创新之路。从隋代敦煌千佛洞的纹样可以看出，它不仅不同于北魏的粗犷，也不同于北朝末年的细腻灵巧，更不同于唐代的丰满圆润，而是自成一体，清新明丽，有明显的创造独特风格的迹象。

隋大业十四年三月，李渊在长安废杨侑称帝，建立了一个新的统一的唐王朝，中国封建社会开始进入了全盛时期。在文化方面，不仅道教、儒学等中国固有文化不断发展，而且许多外国宗教进入中国并获得官方支持而开始盛行起来，其中佛教发展最快、最强大。因此，作为佛教艺术之一的佛教植物纹样装饰艺术也取得了令人瞩目的成就，在中国装饰纹样史上留下了浓墨重彩的印记。无论是在题材、造型、结构组织，还是审美风格上，都深受外国装饰艺术的影响，形成了自己鲜明的特色。

唐朝在与外国文化交流中引进了大量的植物种类，并得到广泛的推广。除了王室进口的植物外，许多文人、雅士、达官贵人还从域外购买了许多植物品种，以供他们娱乐和玩赏。此外，来唐朝定居的外国人带来了许多独特的植物品种，以表达他们对家乡的思念。因此，外来植物的栽培在唐代相当普遍。在雨水充沛、自然条件优越的江南地区，甚至出现了"海花蛮草连冬有，行处无家不满园"的景象①。

此外，随着佛教向东方的传播和中国化，佛教正日益影响着中国人的生活。老百姓信仰佛教，期待在人间也出现莲花遍地绽放的佛教天堂般美好的世界。如谢费在《唐代的外来文明》中查询古文献后发现，隋唐时期民间栽培的莲花有白莲、红莲、黄莲等；并指出，作为佛教超自然的幻想之物——青莲，在唐代的文献中却声称可由人力培养出来②。由此可以看出，唐人幻想西方极乐世界之花也能在自家的花园里绽放，使佛教的圣物——莲花走向人们的世俗生活。

在唐代的各个文化领域，都有着不同于上一代的创造性和兼容性。这种多元化的氛围作用于不同的领域，包括佛教植物的装饰图案，使它们不断融入唐代的异域情调，创造出既符合时代发展趋势，又彰显自身独特个性的新图案。

---

① 张籍：《全唐诗》卷385《送侯判官赴广州从军》。
② ［美］谢费．唐代的外来文明［M］．吴玉贵译．北京：中国社会科学出版社，1995：279－280.

　　植物装饰纹样在唐代的装饰艺术舞台上已经成为主角，表现在佛教植物装饰纹样领域，是它在源于宗教的基础上，挣脱了宗教和封建等级的束缚，更加亲和于世俗生活①。因此它有了大胆的创新，迎来了一个新的时代。例如，因为唐人爱花，更爱牡丹，曾有"雅称花中为首冠""牡丹独逞花中英""看遍花无胜此花""天下更无花胜此"等诗句。因此，图案类型从中唐开始突破以往的局限，增加了牡丹、莲花、海棠、芝草、葡萄等，在表现手法上也由装饰走向写实，兼收并蓄，产生了色彩丰富、装饰性强的新图案，呈现出百花争艳的景象。同时，动物装饰纹样逐渐退居从属地位，开始了以植物花卉装饰纹样为主体的时代，这对中国佛教装饰图案的发展和中国人的整体审美意向产生了重大影响。

　　唐代佛教植物装饰纹样题材丰富多样。在唐代佛教植物装饰纹样中，魏晋时期的忍冬纹几乎消失殆尽，取而代之的是丰富多样的植物花草纹样图案。其中，莲花仍占很大比例，且大多与其他植物花卉题材结合出现，从而形成独特的宝相花纹样图案。独特的卷草取代了忍冬的位置，衍生出百花卷草、自由卷草、牡丹卷草、藤蔓卷草等新花样，还有葡萄、石榴、首草、茶花与各种不知名的花草和各种极具装饰感的团花纹样。

　　唐代佛教植物装饰纹样在写实的基础上追求理想的审美造型。例如，当莲花在许多地方出现时，它的根、茎、叶和花都是完整的，错落有致而穿插有序。甚至一些真实的场景也被移入佛教的装饰中，比如莲花池塘、鸳鸯戏水……展现在世人面前的是真实生活的一幕。然而，自然美学并没有削弱唐人丰富的想象力，也没有阻碍人们对理想美的追求和对自由情趣的展示。

　　唐代佛教植物的装饰纹样风格富丽、饱满、灵活，与同时代的世俗装饰纹样风格基本一致，它反映了一个时代的整体审美趋势。虽然唐代不同时期的装饰风格不同，如早期的装饰风格之秀美工整、中期的富丽丰满、后期的单纯简约，但作为一个整体与其他时期相比，其最大特点是富丽华美、圆润丰满、灵活多样。具体表现在以下几个方面：

　　构图上。多以连珠式、对称式出现，满铺的形式居多。骨架多为 S 形，豪华、灵动而不纤弱。例如，唐朝的许多卷草纹图案不是按照二方连续或四方连续的规则排列的，而是任由其随意地翻卷。花和叶的造型前后相连，它们灵活

---

① 　张晓霞．中国古代植物装饰纹样发展源流［D］．苏州大学，2005：94．

多变，从不重复。这更有利于在形式上表现气势和情感，在审美情趣上满足唐人追求自然生命力的审美态度，从而促进唐代佛教植物装饰纹样瑰丽风格的形成。

造型上。首先，多采用与魏晋风范迥异的圆弧线，使造型厚重饱满。例如，唐代的莲花纹大多是丰满圆润的花瓣或圆珠。这种圆浑造型趋势，反映在佛教植物的圆形团花和其他装饰性花瓣或叶子的造型演变上。例如，卷草纹的花叶由琐碎变为丰满，而非团花造型却也以枝、叶、花、实的簇拥来呈现饱满的形象，这些都为唐代的圆浑造型增添了色彩。密集的构图与圆浑的造型相得益彰。在唐代佛教植物的装饰纹样中，有卷草纹花头的花蕊和不断重叠的卷叶，以及其他纹样图案中由圆点组成的一些不知名的花串，都给人一种饱满的感觉。即使在一些稀疏的构图结构中，密集底纹也经常被用来做陪衬。其次，运用重复的线条或纹样来营造装饰节奏和层次的气势，带来多变的节奏效果。与团花端庄稳重的结构相比，卷草的气势更为强劲，这使得中国造型艺术中线的特色更加突出。波浪汹涌，枝回叶转的造型是唐人浪漫豪放性格和开放激扬精神的最好体现。

色彩上。唐代的装饰风格比以往丰富得多，这可能是受到自然生活中植物树木色彩的启发，也可能是受到外来文化的影响，也可能是由于人们思想观念的解放，开始在装饰领域寻求变化，凸显色彩的自由、活泼和亲密感。工匠们也善于运用各种色彩对比统一的原则，经常用褪晕的方法表现出丰富的色阶，并经常在色彩上用金银装饰，使装饰形态明快而华丽，而充满人间情趣的天堂世界则装饰得五彩缤纷，华丽而不庸俗，典雅而不朦胧。可以说它是至善至美，美不胜收的。这一技术体现在以金银色为主的多色、对比、光晕等的运用上。

这一时期，工艺技术的飞速发展为佛教植物装饰纹样的发展提供了物质和技术基础，满足了人们对装饰的新意念和高要求。同时，在唐代佛教植物装饰纹样中，我们也多次看到，为了追求装饰效果，工匠们大胆地任意组合、嫁接不同主题的纹样。这些非同寻常的组合形式不仅给人以趣味性，而且体现了唐代佛教植物装饰纹样灵活多变的风格特点。

从总体上看，唐代植物装饰纹样具有丰富多彩的装饰主题，典雅瑰丽的装饰风格，反映了这个时代和平、富强、繁荣的社会现实和开放、活泼、自由的文化精神。

　　宋代装饰纹样图案繁荣发展，是我国装饰艺术集大成的时期。在《华严经》中，有"众宝为林，香草遍地，间饰明珠，处处盈满各种香华"的说法。在宋代，植物纹样改变了隋唐的奔放风格，装饰纹样以写实为主，具有古朴、简洁、洗练的艺术特色，呈现宝相花、菊花、莲花、龙凤等吉祥纹样图案。田自秉先生把唐代的工艺美术风格总结为"情"，宋代总结为"理"。"理学"是宋代时代精神的核心，其渗透进了哲学、艺术乃至社会的各个方面。[①] 在它的影响下，石窟装饰纹样出现了许多范式，直接影响到元、明、清时期的纹样。

　　总的来说，我国古代装饰艺术中植物纹样的发展具有以下特点：

　　其一，早期植物装饰纹样仅用于其他纹样的搭配，数量很少；植物装饰纹样在魏晋南北朝开始流行，标志着中国装饰艺术史上的一个重要转折，自晚唐以来，植物花卉纹样图案已成为装饰的主流。植物纹样图案的兴起和发展与中国绘画艺术中花鸟画的发展基本同步。

　　其二，不同时期的植物纹样图案在装饰主题和风格上有所不同。战国秦汉时期的植物纹样朴素；魏晋至唐时期的植物纹样融入外来文化，色彩丰富，装饰性强；宋、元时期的植物纹样讲究写生，自然清新，格调高雅；明、清以来的植物纹样具有吉祥的寓意，更具程式化的特点。

　　其三，中国植物纹样的兴起和发展相对较晚，这主要是因为中国装饰艺术有着很强的象征性。魏晋至隋唐植物纹样的突然繁荣，一方面是艺术发展的必然规律所致，另一方面是由于当时特定的社会环境，包括佛教艺术在内的西方文化在中国的传播发挥了重要作用。

　　最后，象征主义在中国装饰艺术中一直扮演着重要的角色，植物纹样图案也不例外。从早期的瑞草到明清的寓意纹样，吉祥如意是一个常新的主题。[②]

　　（二）形态及设计意蕴

　　1. 忍冬纹

　　"忍冬纹"这个名字最早诞生于日本，后来传入中国，在中国又叫"金银花图案"。忍冬纹是忍冬草的一种变异图案，其形态和特征与忍冬草有很大差异。忍冬草是一种蔓生草本植物，这在诸如《本草纲目》《政和证类》《农政全书》

---

① 田自秉. 中国工艺美术史［M］. 北京：知识出版社，1985：257.

② 袁宣萍. 论我国装饰艺术中植物纹样的发展［J］. 浙江工业大学学报（社会科学版），2005（01）：91－95.

等书中都有所记载。《辞源》的注释为："忍冬，药草名。藤生，凌冬不凋，故名忍冬。三四月开花，气甚芬芳。初开蕊瓣俱色白，经二三日变黄，新旧相参，黄白相映，故又名金银花。"忍冬纹的形状与金银花的花和叶大不相同。因此，这个名称是主观的，很难看出忍冬草是否源于中国。事实上，并不是所有的装饰图案都有真正的原型，大多数装饰图案是美化、理想化和艺术处理的结果。忍冬草在冬天不会枯萎凋谢，它的生长繁殖和迅速蔓延的特点象征着佛教的广泛传播，是佛教中常见的装饰纹样。它有大量的二方连续图案，有广泛的应用范围，如造像衣纹边饰、莲台座、背光等。

忍冬纹还广泛应用于建筑雕塑、绘画、刺绣、陶瓷、金属、漆器等装饰中。有学者认为，古希腊艺术中经常表现的"棕叶"图案是这一时期流行的忍冬纹的前身。"棕叶"图案随佛教传入中国后，忍冬纹造型变成了波浪状形态。忍冬纹对中国古代平面设计有着重要的影响，唐代流行的唐草纹、缠枝花的图案就是由此演变而来的。

2. 卷草纹

卷草纹是唐代通过西亚传入中国的一种流行的装饰风格。它被大量地用于佛教装饰品上，如龛窟、寺庙、雕像等，故又称"唐草纹"。它是在忍冬纹和缠枝纹的基础上，结合中国人的传统和审美取向，特别是先秦以来云气纹所体现的审美趣味而创造的一种具有中国特色的植物纹样。卷草纹的特征是连续的波状藤蔓结构，配以卷曲肥硕的叶片和华美的花朵，丰厚饱满温婉多姿，其奔腾流动之势，给人优雅、华丽和蓬勃的审美感受。

从春秋战国到秦汉，中国装饰艺术走向自觉的一个重要分水岭就是云气装饰所体现的内在精神，它具有流动感，虚实结合，婉转自如等内在精神品质。把握这种曲线的抒情性和转折流畅的节奏感，就像中国文学中的"赋""比""兴"，更贴近于对性情的表达和对意象趣味的追求；而作为佛教植物题材的忍冬纹的传入恰恰为这种游无定所的云气找到了形象的依附，两者合璧而构成闻名于世的"卷草"样式。① 早期卷草纹主要由忍冬藤蔓和莲花图案混合而成。忍冬纹除了单叶连续还有双叶对称，以交叉枝或波浪形图案为骨架。此时，忍冬纹与棕榈叶、莨苕叶和葡萄叶纹样也很难分彼此，而且纹样图案相对简单。

---

① 倪建林. 从忍冬到卷草纹［J］. 装饰，2004，12：61.

隋代，忍冬纹逐渐减少，莲花纹增多，并出现了连珠、人物和动物等题材。当唐卷草变得极其自由、丰富和复杂的时候，大量的花卉出现在卷草边饰中，如莲花、团花、石榴、牡丹、葡萄等组成华丽的卷草，而鸟类和动物穿插散布其中，即所谓"百花卷草""自由卷草"等。此时的卷草以花卉为主，以藤蔓为辅，花型饱满，叶脉旋转，形式繁复华美，极具装饰效果，也充满了世俗生活的生气①。卷草图案的主体结构是一条S形波浪曲线，上面装饰着其他吉祥植物的花朵、果实、枝叶。它的波浪和分散的连续性象征着生命的力量，创造了难以形容的韵律美感。这样一来，既符合以植物花草来粉饰宗教的要求，又合乎中国人长期以来形成的审美习惯，可谓中国装饰艺术史上一次了不起的创造②。这种卷草后来被引入日本，并产生了许多变种。而日本人把它统称为"唐草"，尽管存在一些笼统和混淆，但唐卷草对世界的影响是显而易见的。

3. 折枝花

"折枝"是中国花鸟画的表现形式之一，画花卉不写全株，只选择其中一枝或若干小枝入画，故名。"折枝"一词最早见于《孟子·梁惠王章句上》："挟太山以超北海，语人曰：'我不能'，是诚不能也。为长者折枝，语人曰：'我不能'，是不为也，非不能也。"朱熹在《孟子集注》中评说这一段："折枝，为长者折枝，以长者之命，折草木之枝，言不难也。"也就是说，这里的"折枝"是折下树木枝条的意思，比喻轻而易举。在装饰设计中，往往是用某一种花和植物的一个枝或一部分来单独或连续使用。它广泛运用于佛教石窟和西方基督教教堂装饰中，也就是我们所谓"折枝花"。大多数装饰中的折枝花是经过一番形式化处理的。中西方的不同之处在于唐代的大部分花枝都采用了不对称的均衡性结构，这种结构是自然的、具有动态美感的。然而在西方基督教装饰中使用的折枝花大多采用对称形式，严谨有序，似乎具有更强的装饰性。另一个不同点是，中国唐代的大部分折枝花是由枝、叶和花组成的，而欧洲大部分是以枝叶的形式出现的，花朵较少。唐代佛教折枝花的装饰图案对当时的世俗工艺装饰产生了很大的影响。

---

① 袁宣萍. 论我国装饰艺术中植物纹样的发展［J］. 浙江工业大学学报（社会科学版），2005，4（1）：93.
② 倪建林. 从忍冬到卷草纹［J］. 装饰，2004，12：61.

4. 莲花纹

莲花，是中国传统花卉。《尔雅》中有"荷，芙渠……其实莲"的记载，古名芙渠或芙蓉，现称荷花，盛开时花朵较大，结果时可观赏，可食用，叶圆、形突，春秋战国时曾用作饰纹。自佛教传入我国，便以莲花作为佛教标志，代表"净土"，象征"纯洁"，寓意"吉祥"。莲花因此在佛教艺术中成了主要装饰题材。尤其在南北朝时期，随着佛教的广泛传播，极为流行。在石刻、陶瓷、铜镜和彩绘上到处可见。表现形式有单线双线、宽瓣、宝装、凸面、正面、侧面、单独、连续、单色、彩色、镂刻和雕凿，变化众多。以后历代亦较盛行。是古代常用的寓意图案之一。有十几种别名，如芙蓉。从《诗经》《楚辞》起，一直受到人们的喜爱和歌颂。

印度自古以来就崇尚莲花。在佛教诞生之前，婆罗门教就有传说认为伟大的婆罗门国王大梵天王诞生在金色的千叶宝莲花上。佛教出现后，它便与莲花结下了不解之缘。印度人通常把莲花分为四类：绿色、黄色、红色和白色。白色莲花被称为"芬陀利"。著名的佛经《妙法莲花经》有频繁的表述：佛国称为"莲界"或"莲花世界"；佛像可称"莲像"；寺庙称为"莲舍"，或"莲境"；和尚的袈裟称为"莲服"或"莲衣"；法帽边缘配置称"莲瓣"……《大悲经·卷三》："见有千枚诸妙莲花，一一莲花各有千叶，金色金光大明普照，香气芬熏……如此劫中当有千佛出兴于世。"[1] 唐代善无谓《大日经疏》卷十五："若是佛，谓当作八叶芬陀利白莲花也。"《阿弥陀经》说，极乐世界"池中莲花大如车轮，青色青光、黄色黄光、赤色赤光、白色白光，微妙香洁"。莲花几乎成了佛的代名词，也是佛教的象征。相传释迦佛降生时，即有莲花相伴。因此，莲花在佛教的遗址、建筑和造像中随处可见，似乎启迪了众生，只有当他们像莲花一样纯洁，出淤泥而不染，才能得到解脱。莲花被佛教赋予了这个特殊代表的伦理意义，它已经成为清洁和吉祥的象征。佛教以莲花象征着"净土"，莲花经常在佛教经典中表达出来。《无量清净尘经》："无量清净殿，七宝地生莲花上；夫莲花者，除尘离染，清净无瑕。"

莲花与佛教的密切关系已是佛陀净土的象征，简言之有两个原因：一是与莲花的特性有关。莲花的"出淤泥而不染，濯清涟而不妖"赢得了佛教信众的

---

[1]　大正藏：第十二册 ［M］．台北：中华电子佛典协会，2008：958．

无上崇拜。莲花的特殊属性与世界上的佛教信徒希望远离世俗尘世污染的愿望是一致的。二是早在佛教诞生以前的印度，莲花池塘即成为避暑胜地，莲池绿水阴秀，带来清凉，莲花芬芳四溢，使人心肺顿觉凉爽。古代印度很早就有崇拜莲花的习俗，莲花经常被用来描述漂亮的女孩。如《罗摩衍那》说："悉多有位女郎长得仪容秀美，浑身却像涂上污泥的莲藕，闪光的美容从不显露。"① 此外，佛经上说：在释迦牟尼诞生之前，皇宫御苑有八种瑞相，百鸟群集，鸣声相悦，四季花卉一同盛开。最为奇怪的是，一个像轮子一样大的白色莲花突然在宫殿的大池塘里长出。当白莲花长出之时，恰恰是释迦牟尼降生的时间。此时，一千道金色的光线从花的舌根中闪过，每一缕金光都变成了一朵千叶白莲，每朵莲花上都坐着一个盘膝足心向上的小菩萨。佛教把莲花视为圣物，寄托着佛教弟子的希望。莲花成为佛教艺术的主要装饰纹样图案，并广泛应用于石窟艺术。所以，印度的佛教也是第一个把莲花作为装饰图案艺术之地，如无忧王时代石柱上的莲座、犍陀罗时代石刻上的莲花图案。

在中国早期佛教雕像的材料和论述中，莲花常被视为佛教传入中国的重要源头和依据。佛教传入前，莲花虽然长期以来被中国人当作审美对象，但佛教的流行促进了其形象的神圣化，并赋予其特殊的精神内涵，从而广为流传。中国的佛教在莲花纹上的寓意源自莲花那不显露的冷静和克制的精神，以及出淤泥而不染的优良品质。在印度，早期莲花纹样图案的种类不是很丰富，而在被引入中国后，受各种文化的影响，在文化与宗教的激荡和交融中发生了各种变化。莲花被赋予圣洁神圣的象征，莲花装饰被广泛用于艺术设计。

5. 宝相纹

宝相纹的出现是基于隋代的变体莲花，它以严谨的格律体为骨架，巧妙地将各种天然花卉融为一体，似是而非，花瓣呈放射状层层交错排列，叶子上绽开一朵莲花，牡丹花苞里生着一只小石榴等。莲花花瓣像如意云头一样饱满，其核心或叶子上常常镶嵌着宝珠纹，色彩丰富而凝重。到了盛唐，它更趋于华丽，多层次的重叠，设色分深、中、浅的韵法。以花中套花的手法吸收了牡丹花、山茶花、石榴花、石榴、葡萄等，主题更加丰富多彩。使宝相花成为唐代最常见最华美的花卉纹样图案。在浑厚庄重的中国风格中，透出了轻快活泼的

---

① ［印度］蚁垤著，季羡林译. 罗摩衍那［M］. 北京：人民文学出版社，1980.

情调，比汉代纹样柔媚清新。它有秦汉铜镜那样严谨的结构，有中国古老柿蒂花式的如意形莲瓣，又有东罗马、波斯金银饰品镶嵌珠宝的装潢。从此后中国人对宝相花的热爱历经千年而不变①。

宝相纹是佛教艺术中常用的一种花卉纹样图案，象征佛、法、僧三宝。在佛教中，它有"普度众生"的意思。南宋范成大有"一帘芳树绿葱葱，胡蝶飞来觅绮丛。雪白荼蘼红宝相，尚携春色见薰风"的诗句。《元史·舆服志一》："士卒袍，制以绢䌷，绘宝相花。"

6. 树纹

在佛教的装饰中，树木的造型也是多种多样的。除了与佛教内容密切相关的菩提树②之外，许多用于表现自然景观的树木纹样图案也非常美丽。大部分都经过画家夸张和提炼，不仅具有不同树木本身的特点，而且简洁明快，装饰性强。

史迹等题材中，虽然许多树形纹样图案在整个作品中并没有作为装饰的主体，但它们表现出趣味横生和独具匠心的形态。就其形式而言，树干和分支以突出其势为主，不同的树木做不同的处理，如柳树、松树、杉树等树干和树枝因生长特性不同而不尽相同。树叶的表现大胆、夸张、概括，其中一些联簇的处理成圆形、火焰形和团云形，分布在枝干上；另一些则以大单叶的形式表现了成簇的叶群，简洁而富有装饰性。

此外，佛教装饰中植物花卉主题还有很多诸如葡萄、石榴、萱草、茶花以及各种不知名的花卉植物。

（三）巴蜀石窟中植物纹样

在巴蜀石窟中，有各种各样的装饰图案及其精美的植物造型。其中有大量的冠饰、衣饰和边饰，如丰富生动的卷草纹、丰满华丽的团花纹，以及忍冬纹、莲瓣纹、牡丹和曼陀罗等。各种植物纹样动静结合、长短错落、疏密有致、繁而不乱、曲直方正。在形式上，它采用高低衔接、左右交叉、有规律的变化或反复延续；在内容上，它给人以丰富的形体结构变化和明暗层次，具有明显的节奏感，给人以视觉上的美的享受。在巴蜀石窟的植物装饰形式中，冠饰最为

---

① 诸葛铠.唐代外来纹样民族化的几点看法（续）[J].装饰，1983，6（7）：53.
② 菩提树：也叫阎浮树，音比立、娑婆树，被称为"觉树""道树"，或称"四大圣树"，它们与释迦牟尼成佛事迹有关，在我国早期的佛教艺术中被广泛使用。

典型。冠饰（corolla）是指造像中的头部装饰，一般使用在菩萨和天众的形象
上，赋予人们不同于普通人的华丽、高贵和非凡的气质。植物纹样在冠饰造型
中起着重要的作用，这一点在"此菩萨天冠有五百宝花，一一宝花有五百宝
台"① 这句话中可以充分感受到。巴蜀石窟中的观音、大势至菩萨，大多戴着
由各种花草组成的精致高花冠。其形态大致由花簇、花瓣、花蕊与藤叶交织而
成，形式简洁但不简单。整体布局比较复杂，但没有堆积如山的感觉。如大足
北山佛湾第一百三十六号窟中，有几尊观音头冠（图 3-8），有的花簇珠串，
组织复杂美观，造型细腻清晰，醇厚而富有装饰意义；有的花瓣造型美观，形
态突出，造型清晰可辨，可谓精致和独特，所以这是令人惊奇的。服饰是指造
像的衣纹、饰物和璎珞等。在巴蜀石窟的服饰中，多数植物造型精美，装饰简
单，线条流畅，概括性强，装饰物少。造型美学主张端庄肃穆、内敛稳重，追
求超凡脱俗的思想境界。在巴蜀石窟的菩萨座基、龛楣、窟顶和陈列品中，有
各种形式的花草造型，强调造型的程式化、精致化和适当的穿插，使人感受到
动态的气流和空间的错落感，强调装饰的美。如唐代巴中南龛石窟的龛楣装饰
（图 3-9），多为山花、蕉叶和佛道帐所覆盖，由莲花、璎珞、卷草、忍冬组成
的曲线相互交叉、结合，富丽又典雅。与龛中造像的简单组合相比，它们起到
了互补和对比的作用。

　　安岳是中国古代佛教造像较集中的地方，它以唐代造像的雄伟和宋代造像
的精致而闻名，其植物装饰纹样也十分丰富。

　　在安岳石窟中，绝大多数都是边饰纹样（围绕一定形状来美化物品边缘的
装饰）。例如，卧佛院第五十九号经文窟（图 3-10），有三面雕有经文的墙壁，
左右两侧雕有浮雕忍冬纹图案；顶部框边上雕有飞天两尊，彩带环绕；在飞天
之间雕有香炉筐，底架上刻有伎乐、飞马等六格浮雕。三面墙的下缘饰有卷草
纹，每一组花蕊中都有一个坐着冥想的小佛像，画面很生动。卧佛院第六十一
号释迦佛说法龛，壁龛底部刻有博山炉，炉口刻有卷草图案。在上面，我们可
以看到经文石窟开凿的时间，即"开元廿三年"，因此，这种壁龛植物装饰图案
属于唐代风格。另一个例子是，卧佛院第六十二号唐代释迦佛说法龛，内龛壁
的过梁上刻着卷草纹。其次是连续纹样（按照一定的骨架由单个图案构成的图

---

① 宋·伟先《无量寿经》。

案，有规则或不规则的连续显示，其形式分为带状的二方连续与面状的四方连续)。在唐代，安岳石窟植物装饰纹样中，发现大多为二方连续纹样。二方连续是从单一图案到单一图案的连续重复排列。一般有垂直、水平、圆形和半圆等排列方法。特别值得一提的是卧佛院第六十八号释迦佛说法龛，其内龛壁底部的外左右角有两个石狮，中有供养人二身，龛壁的过梁上刻有卷草图案，内有装饰。玄妙观唐碑被逐字铲除掉，损毁严重，然而，石碑周围的卷草纹依然清晰可见，呈倒 U 字形排列，此卷草纹以基本单位循环呈现，有正反两方面的效果，且尊重人们的视觉审美习惯，富有节奏感。又比如玄妙观第六、十、十三号龛的门楣上，第六号是莲花石榴图案，后两个是卷草纹图案。两者都属于二方连续纹样，具有强烈的秩序感和节奏感，呈现出凹凸、虚实适度，疏密有度的视觉美感。图案形状随龛壁内雕刻内容的变化而变化，统一整体，节奏对比，层次对比，主次对比，局部服从于整体。而卧佛院第五十三号龛卷草纹采用垂直排列，左右对称，对称统一的形态设计。

安岳石窟中的莲花纹样大多反映在佛像的莲花座、背光和法器上。在安岳石窟中，绝大多数莲花纹样都是用荷花剪影、荷叶、莲茎、莲蕾等组合雕刻而成，衬托出佛教氛围，营造出完整的视觉体验。安岳石窟中有唐代莲花座的窟龛有：卧佛院第三十一号弥勒佛说法图。弥勒佛双肩上有两根莲花枝，分布在左右两侧的龛壁上，并把莲花枝托化佛六身。二力士圆光的左侧出现了两条莲花枝，每一条莲枝都各托化佛三身。卧佛院第七十三号经文和千佛窟，千佛为座像。千佛之中，每一位都在右肩伸出一朵莲苞，形状优美。李老君结跏趺坐在玄妙观第七十七号龛中心须弥莲座上。卧佛院第三十号龛（图 3－11）内有四层莲花，呈桃形莲花瓣状。从下到上每层有九片莲花瓣。莲花瓣面积逐层增大，向上生长。莲花下部是卷草适合纹样。总的来说，它有很强的视觉效果。如卧佛院六十八号释迦牟尼说法龛、卧佛院第四十五号千手观音龛（图 3－12）、卧佛院第六十四号凉州瑞像（图 3－13）、卧佛院第七十号释迦龛、千佛寨第二十八号释迦说法龛、玄妙观第十一号老君龛、玄妙观第十二号四天尊龛（图 3－14）和千佛寨第三十号八菩萨龛等。其中，卧佛院第六十四号凉州瑞像龛，它的底座像一朵盛开的莲花，两层，每层有六片花瓣，这与其他莲花座的不同之处在于：花瓣的方位。卧佛院第七十号释迦龛，有不同风格和形式的莲花座，包括双层莲花的莲花座、几何图形和卷草纹组合；只有双层莲花的莲花座，没有其他装饰；莲花座上下各一层，共两层，无其他装饰。这与玄妙第十二号四天尊龛、千佛寨第三十号八菩萨龛尤为相似。玄妙观第十一号老君龛，老君坐在五楼莲花座上。它的两层莲花瓣向下，底部有四只狮子支撑着莲花台。特别独特的是，千佛寨第二十八号释迦说法龛内的每一个小佛像，都是一个莲花茎与莲花，排列组合整齐，莲叶消失。除了卧佛院中地域变相龛外，主像并没有坐或站在莲花台上，而是左脚踩在盛开的莲花上。特别精彩的是，雕塑家淋漓尽致地刻画了即将盛开的茎、叶和花。此外，圆觉洞第三十七号佛道合龛，分上下两层，上、下层用荷叶装饰，同时，荷叶还具有分隔空间的功能。唐代安岳石窟莲花座以桃形莲花瓣为主，丰满硕大。

在巴蜀石窟中出现团花的典型龛窟有：玄妙观第十六号龛门楣上有六朵鲜花，但这里有两层鲜花，底层是圆的，另一层是四瓣莲花。如卧佛院第一百一十六号三身佛及佛塔窟等，都装饰有浅浮雕团花、卷草图案。卧佛院第五十四号三身佛龛，左右壁龛楣上刻有团花。圆觉洞第七十一号天尊龛（图3-15），龛楣饰六瓣团花。千佛寨第五十一（图3-16）、五十二号窟的门楣上有六瓣团花，中间一朵，两边各两朵，共五朵。在中国传统文化中讲究"天圆地方"，这也使得圆形纹样图案成为石窟装饰中常见的样式，常用于背光、底座、龛楣和壁龛边缘。像卧佛院第六十四号龛凉州瑞像颈后背光上也用了五朵团花。卧佛院第七十号、第八十二号释迦佛龛，圆觉洞第七十一号天尊龛，千佛寨第五十一号、第五十二号、第五十六号窟（图3-17），卧佛院第六十八号释迦说法龛也有类似的形态。可以看出，唐代安岳石窟的团花不仅出现在背光上，而且出现在龛窟的门楣和造像的底座上，这与弘扬佛教教义，引导众生皈依佛教有着密切的关系。然而，敦煌莫高窟第二十三号窟（图3-18）与唐代安岳石窟圆觉洞第七十一号天尊龛却有着相同的特点：它们都是由六片花瓣组成的团花。不同的是：首先，在莫高窟第二十三号窟顶部有大团花，有六片多个裂口的圆形叶子，在每一片圆叶中还有一朵三片叶子的小莲花。在团花的中心还有一朵六片叶子的小莲花。可以说，花中有花花不尽。其次，团花的位置各不相同，在莫高窟第二十三号窟西龛的顶部出现团花。再次，莫高窟第二十三号窟团花以青绿勾线，黑、红色交错，鲜明、稳重、多变。安岳石窟圆觉洞第七十一号天尊龛的团花中出现了天然的石色。最后，卧佛院第三号龛造像（图3-19）中，释迦牟尼佛两手伸开，眼睛微微闭上，躺在左侧；头扎成螺髻，耳朵上戴着花耳环，头枕莲花枕。这里，荷花的使用不仅是生活化的，也是艺术化的。由此可见，雕塑家不仅熟悉佛教经典，而且热爱生活。经过以上整理，我们可以得出结论：唐代安岳石窟的莲花仍以宗教哲学为基础，莲花图案在形式和内涵上更具包容性和适应性。

在安岳石窟艺术中，主要继承了前人的成果，莲花座图案也向简练、规范、程序化转变，稍有突破。安岳石窟五代莲花装饰图案主要呈现在圆觉洞第十三号（图3-20）、二十二号（图3-21）、二十三号（图3-22）、二十八号、五十九号（图3-23）、六十号龛（图3-24）的莲花座上。其中，圆觉洞第十三号龛明王像的莲花座底部以三分之一的莲花瓣排列，中间层用云纹装饰，顶层为莲花台。圆觉洞第五十九号西方三圣龛，莲花座下似乎放着四颗莲子，非常特别。圆觉洞第六十号地狱变相龛中主像虽然是踩在莲花上，但与唐代的雕刻工艺有很大的不同，不同之处在于荷花、莲蕾、莲叶、莲茎的雕刻都是抽象的，不够写实，具有很强的装饰意义。另外，所有的图案都不能直接展示，需要一点想象空间，数量庞大。此龛与圆觉洞第二十二号三身佛龛相比，二十二号莲花座的花朵似乎刚刚长出来，左右对称，充满生机。圆觉洞第二十三号佛道合龛更具特色，造像后面，荷叶弯曲、舒展、交错，看不见莲花。

宋代安岳石窟植物纹样也受当时理学思想的影响，主要表现在以下几个方面：形式规范化。宋代装饰的一个特点是在纹样中穿插、点缀。这种模式倾向于写实。如圆觉洞第十四号窟莲花手观音像龛（图3-25）、圆觉洞净瓶观音和阿弥陀佛龛、圆觉洞第十号窟释迦牟尼像龛（图3-26），在龛壁上装饰植物花卉图案。上述植物、花卉图案的出现，反映了此时石窟艺术的世俗性和现实性。雕刻家们把抽象的图案变成了熟悉的花草图案，并逐渐减少了对卷草图案的使用。华严洞窟大般若洞三教合一窟（图3-27）中有卷草纹的图案。洞内的左右两边分别是儒道创始人的坐像，左右壁雕刻有三层造像，顶部雕刻有十童子，中间雕刻有二十四诸天，底部雕刻有十八罗汉造像。不过，除了宗教历史文化景观外，古代雕塑家还雕刻了供奉佛菩萨的神台。这里的卷草图案与以往不同，主要体现在卷草图案与吉祥神物的结合上。雕刻家还把祥云一起刻在这里，有大有小的模式，仿佛引入视野的图案活了。它们相互渗透、相互衬托，形成植物装饰图案的一大特色。

华严洞石窟（图3-28）以密宗题材为主，儒、释、道三教同刻在一个石窟中，这在中国石窟中也是少见的。这些造像分布在左、中、右石窟的墙上，中部的是华严三圣，左右墙上刻着十位菩萨和五十三位善财童子求法图，造像比例匀称，姿态优美，个性鲜明，服饰丰富，符合中国传统审美情趣。石窟中间和两壁造像下方雕刻的装饰图案达到了很好的装饰艺术效果。装饰图案的运用和意象的组合体现了世俗化和本土化的特点。在宋代，文人追求隐逸，喜爱自然山水花鸟，造像师们受到此风尚的影响雕造出了"诗情入画"的纹样图案。此外，用以表达士大夫精神品格的四君子，以及与城市生活场景相结合的纹样图案也被雕刻在其中，具有更加通俗、亲切的情怀和生活氛围。晋代诗人陶渊明"采菊东篱下，悠然见南山"的诗句表现了对淡泊名利的文人的追求。正如宋代理学家周敦颐所言："菊，花之隐逸者；牡丹，花之富贵者也；莲，花之君子者也。"华严洞佛像神桌上雕刻着十八幅装饰图案，雕刻家们在此雕刻了荷花、石榴、牡丹、菊花、梅花、兰花、竹子等宋代推崇的四君子题材的民间生活场景，别具一格，也体现了宋代花鸟画对写实绘画的追求。每件作品都采用适合纹样方式，经过设计，雕刻家把不同的形状自由活泼地组合在一起，形成一种平衡感的石窟艺术形态。

植物牡丹出现在安岳圆觉洞第十号窟的左右壁上，主要颜色是蓝色、红色和绿色，图案比较逼真，而且雕刻方法也不符合正常的视觉雕刻过程，而是随性自由地摆放。在华严洞的顶部，有桃形的莲花瓣和卷草形态。圆觉洞的大盘若洞内左侧刻有植物、人物等图案，充满生活气息。

安岳宋代莲花纹样图案，主要有以下表现。

一是莲花底座。主要表现在毗卢洞第八号柳本尊十炼图窟（图3-29），幽居洞柳本尊三身像龛，毗卢洞第十九号观音经变窟紫竹观音像，华严洞正壁以及左右壁造像，圆觉洞第十四号窟莲花手观音像。尤其是千佛寨第二十四号西方三圣窟（图3-30）莲花座上的莲花瓣数量较多，莲花瓣的形状比其他石窟要小。圆觉洞第十号释迦牟尼像不是站在一个莲花台上，而是两脚站在相隔的两朵盛开的莲花上，有一种普度众生的感觉。在华严洞大般若洞三教合一窟中，释迦牟尼像左手边有菩萨结跏趺坐在三层莲花瓣莲花台上，可以直观地看到莲花的花蕾和花茎。但是为什么这里没有荷叶呢？这需要进一步研究。这里华严洞内共雕刻华严宗十大弟子①。每一尊菩萨的脚下都有两朵荷花，一大一小，面朝左右两边，荷叶有些微张开，有些伸展，有些尖端卷曲，它们都被云彩衬托着，仿佛在飞翔。有的菩萨用右脚踏莲蕾，有的用左脚踏莲蕾，有的根本不踏，雕刻艺术值得称赞。此外，在毗卢洞紫竹观音菩萨的左侧出现似供养人的造像，两腿跪在莲花上，两边装饰着两朵莲花蕾，顶部有火焰纹，与众不同。

二是莲花香台。在茗山寺中香台不仅有相同的动物纹样组合，而且与植物纹样相匹配，如莲花或其他花草图案。而且雕刻的部位和形状都不一样，可见雕刻师的勤奋和用心。

三是团花背光。千佛寨第二十四号西方三圣窟等团花背光，部分头部受损。在桃形背光的中间有一朵六瓣的团花，在左边和右边分别有两朵五瓣的团花。正如人们所说，当菩萨行动，十方世界震动时有五百亿宝花，仿佛极乐世界。②在中国传统文化中"一身五心"指的是很多杂念，这是佛陀希望众生都能摆脱思想束缚，最终修成正果的寓意。

四是柱子基座。孔雀洞进门时有四根石基柱，最突出的是左边的基底座。四朵莲蕾将绽放，分别面向四方，两朵荷花用中国结装饰。由此可见，当时的雕刻师可以做到精美的雕造。另一个例子是位于孔雀洞后面的报国寺中的经目石塔（图3-31），莲花被刻在每根石柱的底部。这种雕刻方法与组合形式，旨在增加佛教氛围。与茗山寺莲花柱基不同，茗山寺有四种类型。第一，总共有两层，上层是十二瓣莲花，下层是六面石柱，刻有花卉和动物图案。第二，也有两层。上层是十二瓣莲花，花瓣不肥硕，但很结实，下层六面无图案。第三，上层没有莲花，下层六面雕有花鸟。第四，上层没有莲花，下层只有三朵，其中一朵没有图案，另两边刻着马和植物图案。

五是器物莲花。莲花代表圣洁和宁静，不仅是佛教八大吉祥图案之一，也是道教暗八仙纹③之一。比如安岳石窟毗卢洞第八号柳本尊十炼图窟，文殊菩萨手里拿着荷叶。圆觉洞第十四号窟莲花手观音手里抱着莲蕾。千佛寨第二十四号西方三圣窟位于阿弥陀佛右侧，在大势至菩萨的肩膀上生莲蕾。在华严洞的

---

① 从外到内、从左到右，依次是：贤善首菩萨，普觉菩萨，观音菩萨，清净慧菩萨，金刚藏菩萨，圆觉菩萨，净诸业障菩萨，威德自在菩萨，弥勒菩萨，普眼菩萨。

② 宋先伟. 无量寿经［M］. 北京：大众文艺出版社，2004.10：285.

③ 八宝纹亦称"八吉祥"，具体包括法轮、法螺、宝伞、白盖、莲花、金瓶、金鱼、盘长，是佛教中吉祥的器物。

左墙上，右二清净慧菩萨像，右边抱着莲蕾。上面所有的莲花都被雕刻成吉祥物。随着时代的发展，它们也被广泛应用于其他领域。安岳石窟"莲蕾""莲叶"有不同的组合。明清时期的莲花图案，在木门寺中，有一座仿木而建的无际禅师亭，顶部雕塑待放的莲花，它不仅代表了佛教神圣无瑕的意义，而且具有装饰古朴之美，与其他浮雕元素相互映照。石塔位于亭子中央，亭子顶部中央雕有荷花。

安岳石窟装饰植物纹样的产生和发展主要有以下特点：一是植物纹样和花卉纹样逐渐具有写实性和吉祥意蕴。二是不同时期植物纹样的装饰主题和风格不同。三是有许多具有吉祥意义的植物图案。四是装饰性植物图案的产生、发展和传播在形态上已本土化。因此，植物装饰图案的发展也是政治、经济、文化乃至整个社会发展的一个缩影。

三、动物纹样

（一）概述

佛教认为万物皆有佛性。佛经说，南赡部洲（或称阎浮提洲）大海中有四座神山，每座山有三洞窟、三神兽，共十二兽：猪、鼠、牛、狮子、兔、龙、毒蛇、马、羊、猕猴、鸡、犬。它们虔心敬佛，修成正果，成为神兽，因此每座神山都有二女神及五百眷属围绕供奉。惯作恶业的老鼠也能改恶从善，教化同类，深得诸佛赏识①。于是以鼠为首，让其每月、每岁轮流当值巡逻南赡部洲，目的是宣传佛法教义。在佛教装饰艺术中，动物题材的纹样图案极其丰富，除与佛教教义有直接联系的动物（如龙、狮、象、鹿、金翅鸟等）外，另有大批的动物纹样图案成为石窟装饰的装点、补白和环境氛围的渲染，有的非常精彩，其艺术价值与其他装饰主题尤其是佛教教义宣扬的主题装饰相比，毫不逊色，甚至更加生动，更富有艺术性。在这些动物题材中，很大部分是现实生活中常见的动物，因为这些动物其实不具备特殊性的象征意义，仅仅被当作自然中的一种生灵而存在，因此其造型最能反映动物天性。走兽基本被画在山林或野地中，奇珍异兽一般被画在宫栏流水边或翱翔在瑰丽灿烂的天际，为石窟造像群添加了特定的宗教氛围。

---

① 马英昌，陈思之（摘）. 十二兽纪年法来自何方 [J]. 知识窗，2007（4）：31-31.

　　敦煌隋代第四百零七窟藻井中，工匠师设计了三只奔跑的兔子形态，奇妙的是这三只兔子只用了三只兔耳衔接，彼此借用，使得单独地看其中随意的一只兔子都具有完整的两耳。首先，从形式的角度来分析，这类彼此借用器官的动物装饰手法早于佛教在中国兴起之前就已存在，可以视为一种流行已久的古代样式，例如，汉代即有"三鱼共一头"装饰设计形态，而印度著名的阿旃陀石窟已有"四鹿共一头"的设计形态，真可谓有异曲同工之妙。将兔耳相连接则是产生于隋朝的新形态。其次，从内在的角度来看，也是传统文化与佛教教义的融合。中国古代有月中玉兔捣药的传说，在汉朝画像砖上即可看到为"西王母"持杵捣药的是一只兔子，嫦娥奔月的故事中也有玉兔。此后人们又多把玉兔当作月亮的象征符号，并有"兔轮""兔影""兔魄"等别称。这无疑是属于中华传统文化的范畴。而佛经里面的兔子则多是修"善行"的灵性之物，升入月宫是对其"功德"的称赞。传统与外来观念在这里仿佛也不谋而合。那么，佛教装饰中将三只兔子设计成回旋不断的形式，尤其是对兔耳构成的这番巧思是不是另有喻义呢？事实上，佛教中有些观念不能不令人产生这样的联想。譬如，佛学中有一个词叫"兔角"，意为"愚人误兔之耳为角，而兔角本无。故喻物之本无者为兔角"。虽然这种回旋的形式并非佛教装饰才有，在新石器时期的装饰中就已比比皆是，但是佛教中选用回旋形式有其特定的宗教意蕴。佛教中有"轮回"之说，是指众生于六道中如同车轮旋转，轮回不已，流转无限。

　　动物纹指模拟动物形态的纹样。石窟中常见的动物纹样图案有动物组合纹、麒麟纹、龙凤纹、马纹、狮子纹、鸟纹、饕餮纹、白象纹、狗纹、羊纹、蛇纹和牛纹等纹样图案。

　　(二) 形态及设计意蕴

　　1. 组合纹

　　在中国众多的石窟中，敦煌莫高窟的动物组合装饰纹样图案最具代表性。

　　敦煌莫高窟第二百八十五号窟西魏壁画中的动物装饰是早期佛教装饰的代表性实例之一。在窟顶的四面，有一排等距排列的禅僧，每个僧侣都有一个拱形的小壁龛。为了表明苦行僧生活在遥远的荒山僻林里，画工独运匠心，在壁龛外的空间描绘了自然景观：山林中的树木和溪流、成群的黄羊、飞鹿、野猪、野牛、老虎、狐狸、兔子和山林中的其他动物，神情各异，生动活泼，就好像进入了自然动物园，不仅动物繁多，不同动物的天性也通过具体的姿势表现出来。鹿的敏捷，虎的凶猛，野牛的粗暴，都在几笔中勾勒出来。此外，画工表现场景也很有创意，都达到了很高的艺术水平。在该洞窟南墙上部的五百强盗成佛壁画中，有一幕打猎的情景。画工通过一只肥壮的黄羊在山间疾驰，一个猎人在山脚下张弓搭箭，创造了一幅在关键时刻千钧一发的生动戏剧画面。在第二百八十五号洞窟中，装饰图案被用作补白。在这幅画里，一座建筑物的屋脊上一对公鸡被巧妙地描绘了出来。公鸡虎视眈眈，羽毛直立，引颈翘尾。画工用大胆的笔触来表达公鸡欲相互扑打的神韵，就像一幅精妙的"斗鸡图"。另一幅补折图案"猴戏图"就在第二百八十五号洞窟门正上方。在两块峭立的岩石上，有一只猴子蜷腿而坐，怡然自得；另一只正在伸展四肢爬向岩石，一幅自然生动的画面，充满了情趣。

此外，云冈石窟还有许多奇妙的动物组合。由于云冈石窟的装饰以浮雕为主，不同于莫高窟彩绘壁画的艺术特色。它浑厚、质朴、粗放，有着汉画像石中独特的美感。同时，许多动物装饰采用高浮雕的手法，更具立体感和写实性。此外，后世在浮雕上又施以彩绘，使装饰效果更加华丽。例如，第十号洞窟后窟门顶上方雕刻着几层须弥山。在山与山之间，有一排表情平和的坐佛。山腰处盘绕两条龙。山上雕刻的动物很多，有猪、狼、鹿、猿、虎、鸟等，具有不同的动态和强烈的装饰性。它们表现出与莫高窟第二百八十五号窟顶四面装饰的动物相似的趣味，只是简单而雄伟一点，带有明显的汉魏遗风。此外，在第十五号洞窟西墙上的小壁龛上部，还装饰一个有一定趣味的横条。中间有一对狮子，两边有水鸟和游鱼，还有藻类水生植物，充满了幸福欢快的生活情调。这在早期佛教装饰中很少见。

2. 麒麟

"四不像"是中国古代传说中神的坐骑仁兽"麒麟"。这和"不履生虫，不折生草""一角而戴肉，所以为仁也"① 意义相同，也与中庸的美德不谋而合。关于麒麟形象的记载很多，如《山海经·海内西经》《礼·礼运》《尔雅·释兽》《诗经·周南》《春秋》《公羊传》《左传》《史记索隐》《晋中兴征祥记》《汉书》等。麒麟、龙、凤、玄武等文化构成了中国传统文化中灿烂的祥瑞文化。几千年来，麒麟文化深受外来文化的影响。可以说，麒麟文化是中外文化

---

① 徐华铛，杨古城. 中国狮子造型艺术［M］. 天津：天津人民美术出版社，2004.

不断交流和融合的结晶。

自汉代以来，儒学在政治、思想、文化和艺术上逐渐占据主导地位。儒家提倡"仁、义、礼、智、信"，处事之道讲究"中庸"。中国本土的儒家文化促进了麒麟文化的发展，表现在麒麟灵兽说、麒麟瑞兆说、麒麟鹿形说上。《初学记》曰："王者之瑞，莫圣于麟。"麒麟被世人所崇拜那是自然而然的事。汉代麒麟造型简洁明快，身躯似鹿、马、羊的变体，独角，大都展现侧面，气魄宏大。①

在魏晋南北朝的文献中，连僧人都熟悉麒麟的含义。例如，在新疆克孜尔石窟麒麟窟佛像的座身上出现了连珠纹麒麟。麒麟与狮子的形象特征开始混淆。南北朝时期麒麟、狮子体躯硕大，气势宏浑。麒麟与狮子较难区分。麒麟与狮子图案有极深的渊源，麟形仿狮，狮形似麟，这都可以称作麒麟狮子的萌芽阶段。南朝麒麟身躯已不像鹿、马，更像狮、虎，口张目嗔，颈短粗，挺胸曲腰，双肩有翼，仰天长啸状。梁朝可以区分雌雄，雄狮身体强壮，雌狮气势小。

唐宋时期，分别以神仙、佛、麒麟为代表的道家、佛家、儒学在当时已紧密结合。从这些史料可以推断出麒麟形象与佛教、道教的渊源。

隋唐时期，麒麟身躯壮硕、平静、稳健。从形似狮虎的野兽过渡到形似牛马的草食动物。唐朝君主推崇"人治为重，天命为轻"的治国理念，抵制祥瑞之说，所以麒麟塑像在陵墓神道中出现极少。这一时期，狮子身上虎的特点和神秘性逐渐消失，前肢伸直，凶猛雄伟，挺拔洪浑，呈现出刚强、饱满、丰腴的写实特征，表现更加大方、活跃，富有人情味。

自宋代以来，麒麟的外形发生了很大的变化。它主要受龙形的影响，头部龙的特征非常明显。肩膀、四肢和背部有火焰纹，身体上有鳞甲片。在狮子造型中，胸部不再突出，头部略低；蹲伏的狮子害羞而拘谨，四肢向内折叠，原始的野性消失，神性难寻，媚俗的趣味凸显。从北魏到隋唐，中国佛教石窟造像达到了一个高峰，总体上到宋代石窟造像逐渐衰微。狮、麟的世俗化也体现在石窟造像中。延安张县北钟山石窟佛座下护法狮子是宋代石窟狮子的代表，灵动活泼，富有生气。两宋时期，手工业迅速发展，形成了专门从事绘画的作坊。因此，有更多种类的狮和麟形状，它们被更广泛地使用。宫廷民房的日常，

---

①　郑银河，郑荔冰. 吉祥兽［M］. 福州：福建美术出版社，2005.

陶瓷制作工艺，建筑装饰彩绘都有使用。还有绣、印、染、织工艺品，木、玉、竹材料都有使用。用这些材料雕刻的小狮子和麒麟已经成为人们玩耍的宠物。就连镇门的狮子，脖子上也戴着铃铛和丝带。同时，麒麟和狮子已经很少担任帝陵的护卫。无论是写实的还是抽象的，大多数都是祥瑞的题材。

3. 龙凤纹

龙图案是一个游离于人们的梦幻想象与真实之间的特定形象。几千年来，龙纹形态经历了从萌生到定型、从混沌到清晰、从单纯到复杂的一个漫长的发展过程。从稚拙的单体到灵性的组合形式伴随中华民族的历史发展延绵不断，并结合忍冬纹、云纹等装饰图案出现在石窟艺术中。龙既实又虚，这是一个矛盾共同体，就像中国太极八卦图一样。中国人重形，俗话说"眼见为实，耳听为虚"，正是心理虚实的普遍反映。龙纹是介于人们的梦幻想象和真实蓝本之间的一种特殊产物。

在佛教教义中，以天龙为首的天龙八部（又称龙神部或八部众）的护法神形象出现了，比如安岳卧佛院第三号窟。外来佛教传入中国后，受中国龙文化的影响，龙元素被含蓄地融入佛教文化中，使龙的形象不仅具有创新性，而且更加亲切。同时，龙纹的存在使佛教的神秘感大大增强。石窟龙纹的演变过程及其象征意义，与中国龙文化的发展密切相关。它从简单发展到复杂。据王大有先生介绍，"近八千年来，龙图案具有恒定性的重要特征，常表现在雕刻、刺绣、绘画、织锦、木、牙、骨、铜、陶等方面进行定向刻画，说明龙有一个来源于大自然的原生形态的参照物，当我们逐层追溯，并观察分析龙形象的递变形态特征时，由近代至古代发现早期的龙形象越单纯，后世承袭的重要特征或基本特征，在这些单纯的龙形象上尽皆存在。"①

历代龙的纹样均有差异。早期，龙纹的造型确实很简单。后来，龙纹逐渐变得复杂，形象和内涵也变得更加丰富多彩。同时，在演变进程中，人们逐渐剥离原型动物的形象，渐渐采用添加法把其他动物的形象与特征适度增添到龙图案之中，在形象上虚拟性更强，在形式上装饰性更强。②

龙的每一种形态和形状都注重"三停九似"的比例。"三停"即龙首到前肢、前肢到腰、腰到尾部长度相同；"九似"即角似鹿、头似驼、眼似兔、项似

---

① 王大有著. 中华龙种文化［M］. 北京：中国社会出版社，2000.

② 陈绶祥著. 中国的龙［M］. 漓江：漓江出版社，1988.

蛇、腹似蜃、鳞似鱼、爪似鹰、掌似虎、身似牛。龙在局部描写中也讲究"七忌",即嘴忌合、颈忌胖、身忌短、头忌低、眼忌闭、爪忌收、尾忌拖。只有在整体结构和局部造型的协调下,才能在二维和三维空间中自由地塑造"三弯九转""盘曲回旋""腾越潜伏""玲珑剔透""情势俱佳"具有动态的龙形象。传说中的麒麟和獬豸都属于龙族,都有独角,都是能带来祥瑞征兆的神兽。

"在现代人的观念中龙图案主要具有装饰性,早期,龙图案不仅有装饰性,还有象征性、寓意性、吉祥性,是作为社会思潮、观念存在的。因此装饰图案具有装饰美与符号的双重功能。"①随着社会的发展和人们生活水平的提高,龙纹装饰逐渐占据主导地位。

龙纹是一种具有重大影响的装饰图案,它是在一定的观念驱动下,与多种动物形态相融合而成的。自古以来,龙纹就广泛应用于玉器、刺绣、漆器、铜镜、金银器、陶瓷、建筑装饰等领域,成为装饰纹样中非常重要的主题。魏晋南北朝墓葬和石窟中龙纹的发展演变具有鲜明的时代特征,主要分布在洞窟门楣、小窟龛楣、藻井及边饰纹样等处。云冈石窟二期以来,已成为北朝石窟装饰纹样的重要组成部分。后来,龙门石窟和响堂山石窟屡见不鲜。到目前为止,北朝石窟遗址中的龙纹种类比较丰富,有不断发展的趋势。北朝龙纹装饰图案可分为两大类:一类是对称的双龙纹,另一类是由多条龙合成的龙纹。此外,根据龙身是否相交,可再分。

在隋唐以后的佛教装饰中,凤纹也是一个鲜明的主题。虽然早在佛教装饰兴起之初就用凤纹,但当时的造型并不完全定型,很容易与其他长尾禽鸟混淆,有些书甚至错误地把金翅鸟归为凤纹。隋唐以后,特别是唐朝以后,凤成为民间工艺美术作品中最重要的装饰题材,影响了当时佛教的装饰,富丽华美的凤纹在这里基本定型。凤不同于其他鸟类的主要特征是尾部形状。唐代凤纹的尾羽摆脱了孔雀尾羽的特征,理想的成分很明显。敦煌莫高窟唐代凤纹中的凤尾造型与祥云卷草的意趣相吻合。在宋代,凤纹形态逐渐变清瘦,但这种清瘦与早期佛教装饰追求的清瘦不同,它非常强调细节的表现。比如敦煌莫高窟第六十一号窟宋代装饰中的凤衔绶带纹,第三百六十七号窟宋代藻井中央的飞凤图案和少林寺初祖庵殿内柱背面雕刻的宋代双凤图案都体现了对细节的精心刻画,

---

①　李砚祖著. 工艺美术概论［M］. 长春:吉林美术出版社,1991:166.

而且并不因为对细部的关注而丧失凤飘飘然的神韵和魅力。这在佛教装饰艺术渐衰的时代实属少见。也许是因为凤一直是中国人喜爱的理想吉鸟的缘故，佛教的衰落并没有对其产生太大的影响。这在宋、元、明、清的世俗工艺图案中都可以得到印证。

4. 马纹

马是佛教装饰中较受欢迎的动物主题之一。在交通不发达的古代，马是必不可少的交通工具。同时，马也是古代重要的作战工具。因此，马对古人有着特殊的意义。在佛经故事中，释迦半夜偷偷出城骑马，与五百名强盗战斗骑马，供养人朝圣或远行骑马……早在佛教传入中国之前，马便是中国装饰艺术中的一个重要题材，有许多优秀的作品。尤其是在汉代画像石中，形形色色的马，其艺术表现也十分出色。在佛教装饰中，大量的马是对传统的继承和发展。莫高窟壁画中的马因其独特的笔法效果而与汉代有所不同。工匠们用洒脱流畅的笔触表达了马的各种姿态，更加富有生活情趣和艺术魅力。在早期的石窟中，马的形态是粗犷而简单的。例如，在敦煌莫高窟第四百二十八号窟东墙南侧的"萨埵本生"故事壁画中"骑马回宫"的画面显示，肥壮的马腾空而起，虽然用笔不多，但体积感很强。另一个例子是在第三百九十号窟的西壁龛下的供养人队伍中的画面，驯马师一手牵着缰绳，另一手举起鞭子，赭红色的高头马弯下头和脖子，前腿抬高，后腿向后缩，马的那种又害怕又倔强的神情，用寥寥几笔就生动地表现出来了。

从以上两个例子可以看出笔墨趣味的独特艺术效果。唐代壁画中的马比较工整严谨，细部结构的处理也相当精致，如敦煌莫高窟第二百零九号窟顶北侧的"夜半逾城"中的马，结构严谨。仅马的头部轮廓就能显示出绘画对细节结构变化的关注。马脖子后面的鬃毛也被一根根地画出来。从中可以看出唐代石窟中的马纹装饰。第二百四十九号窟壁画中的狩猎场面更为激烈：两名骑马的猎人正在集中精力寻找自己的猎物，前面的猎人跃马回身，准备向后面猛扑过来的大老虎射击。马高昂前肢和猛虎飞扬后腿正好形成一个倒三角形。这种不稳定的结构加剧了情节冲突的戏剧性，由此可以看到工匠们技艺的高超。后面的猎人正跨马疾驰而过，手持武器，追赶着一群飞奔的黄羊，场面无比壮观。

5. 狮子

狮子作为佛的守护者而随佛教传入中国。早期佛教教义的传播是通过口头传播的。隋唐时期，象征佛教的狮子图案也盛行。《后汉书孝和帝纪》记载，公元前101年，安息国派使者进献狮子。可以看出，狮子是以进贡的方式来到中国的。相传，狮子是文殊菩萨的护法兽，而文殊菩萨是三世佛之一，地位很高，是所有菩萨中的第一位。狮子总是虔诚地守护着佛座，协助释迦牟尼佛完成传法。而释迦牟尼又是诸佛之师，二者代表"智慧"。青狮经佛化后具有护法驱邪功能，也是佛陀无畏精神的隐喻。

传说释迦牟尼出生时，他一只手指着天空，一只手指做狮子吼模样，群兽慑服。《大智度论》中记载："佛入于狮子游戏三日未，大地发生六种震动，能使一切地狱恶道众生皆得解脱而升天界。"① 然而，在我国传统艺术中，狮子经常以"翼狮"的形象出现，民间又称佛坐的床叫"狮子座"。因此，在民间狮子和麒麟的形象之间存在着错综复杂的关系。

6. 鸟纹

在石窟中，唐代动物题材的装饰明显减少，风格明显不同于北朝。造型逼真华丽，形象趋于丰满圆润。题材上，以鸳鸯、仙鹤、孔雀、鹦鹉、金翅鸟（梵语 kalavinka、巴利语 karavi^ka）居多，表现出高雅悠闲的味道，这与唐代装饰艺术的整体风格是一致的。比如敦煌莫高窟第三百三十一号窟南墙的经变图中，荷塘荡漾，鸟语花香，鸳鸯戏水十分生动。第二百一十七号窟北墙经变图中的仙鹤、孔雀、鹦鹉和鸳鸯都画得很漂亮，动物的羽毛都画得很细密。如果与早期石窟中的鸟类形象相比，不难发现它们之间的差异很大。北魏、西魏石窟中的鸟，如第二百八十八号窟人字坡图案中的长尾鸟、第二百八十五号窟门楣中的雉鸡，都是夸张而朴素的。然而，唐代石窟中的飞鸟往往色彩丰富、写实，具有鲜明的时代特征。

"北宋宣和御府藏多本《孔雀明王像》经。"② 该是佛教密教经典之一。孔雀王变相的创作出现于唐初至五代十国时期。而五代、两宋时期巴蜀地区传世至今的孔雀明王像主要集中在安岳石窟、大足石窟中，王惠民先生在《论〈孔雀明王经〉及其在敦煌、大足的流传》一文中做了详尽的探讨。③

---

① 张光直. 美术、神话与祭祀［M］. 沈阳：辽宁教育出版社，1988.
② 北宋《宣和画谱》卷一至三；《南宋馆阁续录》卷三。
③ 王惠民. 论《孔雀明王经》及其在敦煌、大足的流传［J］. 敦煌研究，1996（4）.

7. 赑屃

从明代开始有传说，赑屃是龙九子之一，形似龟。明朝杨慎在《升庵集·八一卷九五》中记载："俗传龙生九子，各有喜好：一曰赑屃，形似龟，好负重，今石碑下龟趺也……"①《西京赋·文选》记载："巨灵赑屃，高掌远跖。"《集部·文选卷五·京都下·吴都赋》记载："巨鳌赑屃，首冠灵山。"唐朝元稹在《全唐诗·卷三百九十八·野节鞭》中记载："神鞭鞭宇宙，玉鞭鞭骐骥。紧绁野节鞭，本用鞭赑屃。"南宋史浩在《史浩词集·宝鼎现》中记载："渐向晚、放烛龙掀舞……鳌峰赑屃，不隔蓬莱弱水。"综上所述，我们可以看到赑屃的历史演变过程，从鳌龟到赑屃，再到龙子。

石龟驮碑是由三部分组成：以螭首雕饰的碑首、碑身、碑座。

中国的碑碣遵循先民立的墓碑、功德碑、纪事碑等墓碑类型体系。隋唐时期，立碑时必须报朝廷。这恰好与魏徵寿在《隋书·志第三·礼仪三》中所说相契合："三品已上立碑，螭首龟趺……七品已上立碣，高四尺……"唐代碑刻碑座多是鳌龟。宋朝一直沿用这一制度。

《山海经·第十八海内经》中有一个关于龟负石的英雄传说。根据民间的说法，这只巨大的龟助禹治水。俞正声称赞乌龟，于是禹把功德碑给它驮着，以示对龟的表彰。南朝任昉在《述异记》中记载，龟千年生毛，五千年谓神龟，万年谓之灵龟，再加上"龟"是"贵"字的谐音，因此龟也具有象征财富的意义。在中国古代神话传说中，也有青龙、白虎、朱雀、玄武"四灵兽"说。玄武是龟蛇结合的产物。从形态上看，乌龟是做碑趺最合适的载体，而古人认为乌龟具有通灵、知善恶的功能。鳌龟正奋力地把石碑抬向前，仿佛它有很强的力量，所以用它来驮负石碑。

8. 白象

对白象的崇拜可以追溯到远古时代。这种信仰随着宗教的传播而改变，最终被纳入宗教体系。在古代，白象反映了万物皆有灵。这时，东南亚的人们认为白象代表雨之神，代表生命和收获。在印度神话中，有四只象牙的艾拉瓦特（Airavat），是这世界上第一只白象。在印度教中，主神、雷神和战神的坐骑是白象，白象崇拜由此产生。

---

① （明）杨慎. 升庵集［M］. 上海：上海古籍出版社，1993：808.

9. 狗

根据晋干宝著《搜神记》卷十四中关于盘瓠"狗"的记载，可见狗出现的时期较早。"狗"形态的出现有几方面的原因：首先，图腾崇拜是宗教的一种形式。巴蜀地区的环境多山险绝，巴蜀的祖先相信狗有超自然的力量，可以保护他们的安全。其次，从新石器时代开始，狗就被当作吉祥物，以表示吉祥和辟邪。比如巫山大溪墓遗址就发现了随葬品"狗"。这是雷神传说演变的结果。最后，本土文化与外来文化的逐渐交融（儒、释、道的融合），使"狗文化"更加丰富。

10. 羊

根据考古报告，人类最早饲养的动物是羊。同时，资料显示，古埃及人所崇拜的神羊阿蒙（Amun）是古埃及的太阳神。另外，在中国古典文学中，如许慎的《说文解字》和王国维的《观堂集林》中都有"祥"作"羊"以及羊有仁、义、礼之德的解释，加上羊的性情比较温和，由此可见，"羊"被古人视为一种仁义吉祥之物。

11. 蛇

人们常叫蛇为地龙、大胸行、大腹行、大蟒神、大蟒蛇、大胸腹行，它是印度佛经中天龙八部之一的摩侯罗伽（Mahoraga），又称摩休洛。《楞严经》中记载，为了适应众生，观世音菩萨可以转变成三十三种不同的角色，其中就有摩侯罗伽这个形态。《维摩经略疏》记载："摩侯罗伽，即蟒神也，也称地龙，无足腹行神，也是受人酒肉悉入蟒腹的庙神。"

12. 牛

在古代，牛是一种很常见的动物，所以人与牛的摔跤在许多史料中被描述得最多。《史记·五帝本纪·张守节正义》记载，炎帝也是一个有着牛头的人。《孝经·援神契》中记载："神农宏身牛头，龙颜大唇，怀成铃，戴玉理。"我国的诗词中有许多关于牛的描写，如唐代诗人元稹在《生春》一诗中对牛的描述是："鞭牛县门外，争土盖春蚕。"可见，牛在人们心目中具有举足轻重的地位，从侧面也能体现人的善良、淳朴、勤劳和勇敢的品质。因此，牛文化是中国传统文化体系的一部分。

在浩瀚的中国古代佛教装饰中，内容不计其数，其中很多没有提及的石窟和寺院也有大量的装饰纹样图案。

（三）巴蜀石窟中动物纹样

在巴蜀石窟的动物装饰形式中，不仅有龙、凤、孔雀、青狮等虚幻的东西，还有现实中的牛、狗，它们也成为石刻的一部分。这些都体现了宗教艺术的生活化和世俗化。因为这也导致佛经中吉祥的动物造型越来越少。但是吉祥的动物纹样是精致细腻的。巴蜀石窟动物装饰的另一个新奇之处是其独特的动物造型。它们的世俗主题风格简单，细节刻画精细，立体感强。古代艺术家以这种艺术的方式展现了劳动人民的生活场景。如大足宝顶山大佛湾第三十号龛（图3-32），牛的造型十分简洁，牛角、牛嘴的表现略显夸张，增强了其形象特征的艺术性。牛的圆润体形，体现了牛的温驯和憨厚。画面中，穿插着灵动的白鹤和猿猴（图3-33），增添了无尽的趣味。唐宋时期，佛教深入人心，服务民众，巴蜀石窟中的动物纹样主要是人们追求消灾纳吉、吉祥安康、祛病延寿的具体表现。其中，较为典型的图案还有麒麟、狮子、孔雀等。

在巴蜀石窟的麒麟装饰纹样比较具有代表性的有：安岳卧佛院第五十九号经文窟，后壁刻《大般涅槃经卷二、卷三》《大般涅槃经金刚身品第二》及《大般涅槃经如来性品第四》。在经文下面框边刻六格浮雕像，其中有麒麟、伎乐、飞马等，这些都刻画得活灵活现。位于卧佛院的第六十八号释迦佛说法龛外龛下面的龛楣刻四格浮雕，拥有马、麒麟等装饰纹样，其技艺非常精巧。另外，卧佛院的第三号涅槃变窟，卧佛院第五十三号、卧佛院第六十九号释迦说法龛，卧佛院第八十二号释迦佛龛一佛二弟子二天王，圆觉洞北崖造像区局部，毗卢洞第八号柳本尊十炼图窟文殊菩萨像（图3-34）、孔雀洞门口左边，技艺同样精湛。

在巴蜀石窟比较突出的狮子的动物装饰纹样有：安岳卧佛院第三十一号弥勒佛说法图中左右力士站座下的两个石狮，左面狮残。卧佛院第五十二号佛雕经幢（图3-35），四力士用力举起尊胜幢基，幢上有武士、狮子、蟠龙，刻画得非常精巧美丽。卧佛院第五十四号三身佛龛，龛底下部外刻三个长方形小龛，里面雕刻浮雕飞马、麒麟，栩栩如生。卧佛院第六十二号释迦佛说法龛，龛两个角的旁边也有两只石狮。卧佛院第六十六号经文窟，后壁雕琢的释迦佛，两旁有两弟子菩萨和力士的雕像，在佛座下左右各刻一石狮。还有卧佛院第七十号释迦佛说法龛，佛顶上的盖就雕琢得非常精美，龛两边有两个石狮子。然后在圆觉洞第六十三号龛中，文殊、普贤座下有狮、象，而且还有狮奴、象奴。龛正壁上有一妆彩题记，文曰："女弟子宇文小二娘庚申七月生，今为久患眼

目，发心愿，妆画此功德一龛，乞所患早遂痊除。绍圣四年八月二十七日戊申
□□。"还可以看到修建于五代宋初的华严洞，那里面有三个菩萨：文殊菩萨，
毗卢舍那佛萨，还有个普贤菩萨。正壁华严三圣，毗卢遮那佛位于中间，在其
下方还有相对蹲坐的两个狮子，看着十分威武，而且造型有力栩栩如生。在洞
口那儿还有一只猛狮跟一只金毛吼，看着就很威严有气魄的感觉。但可惜的是
五代圆觉洞第四十号十六罗汉龛中，由于两动物已经破损不能分辨出是白象还
是麒麟。圆觉洞第八十八号的动物应该是麒麟。位于大足石窟北山佛湾的第一
百三十六号转轮经藏窟（图3-36）、安岳毗卢洞第八号柳本尊十炼图窟第六炼
心图、毗卢洞第九号观音窟、华严洞正壁华严三圣像、华严洞右壁造像、玄妙
观第十一号老君龛、茗山寺、茗山寺香台这些也都是比较有代表性的。

在巴蜀石窟中具有代表性的孔雀形态有：安岳石窟茗山寺中存在雕刻鸟类
图案的基座。还有玄妙观第二十三号龛，龛下部雕刻的是道教之九头神鸟。玄
妙观第三十二号双重檐歇式楼阁，这个建筑顶部就有相对而望的鸟头。然后位
于华严洞右壁内角比丘像那里就有看似孔雀的形态。安岳石窟中孔雀洞第一号
孔雀明王经变窟（图3-37）出现的孔雀跟大足石窟北山佛湾第一百五十五号
（图3-38）和石门山第八号孔雀明王经变窟（图3-39）相比较来说，安岳石
窟中的孔雀形象更栩栩如生、更加精美。还有一些好的作品，如安岳茗山寺基
座、玄妙观第三十二号、华严洞右壁等。跟大足石窟宝顶山第十三号孔雀明王
经变相窟（图3-40）相对来看，孔雀形态样貌看着都要使人感觉安静随和。

安岳石窟中出现了两处纪年明确的"龟驮碑"，即玄妙观六号唐碑和玄妙观
第十一号唐碑。但是这里的"龟"同"赑屃"是不一样的。

巴蜀石窟里面的龙还有三个动态形象：反顾龙、交首龙和图案龙。

反顾龙，主要是作为尖楣圆拱的装饰。它有两个头，头向后看，张着嘴露
出牙齿，两个脑袋是对望的。

交首龙，顾名思义就是两龙上肢相交，它们的头抬起，肢体向着左右两侧
横铺，爪子共举一物。

图案龙，在安岳石窟中的龙全为独角。每条龙所属的碑、神台在图案装饰
上都具有自己独特的意义。

安岳石窟的龙图案经历若干个朝代的变换不断地发展，蕴含时代的韵味。
形式上不断吸收以前几个时代的精华，具有强烈的图腾意味，以及精美秀气的

特点。其中表现龙最好的形态的是安岳卧佛院第五十二号佛雕经幢，这条龙体态优美，反身回首，角耳竖直，口吐长舌，长颈伸张，爪子舞动，临空跃出优美的圆弧。华严洞窟大般若洞三教合一窟中在神台边缘处开始出现复杂华丽的风格，浅浮雕缠枝卷草纹同龙组合，龙形亦向多样性、程式化和图案化方向发展。除这些之外，还有大足宝顶山大佛湾第十二号九龙浴太子图（图 3 - 41），安岳石窟卧佛院第四十四号双龙无字碑、茗山寺木头柱子、千佛寨题记五十四号碑、玄妙观六号碑、玄妙观第十一号碑、毗卢洞第八号柳本尊十炼图窟第三炼踝图旁、木门寺等颇具代表性。

安岳的毗卢洞第八号柳本尊十炼窟出现象的形态。该窟第二组"立雪"主像是柳本尊和普贤菩萨造像。这两个造像，其中柳本尊结跏趺坐在那儿，手结定印；而普贤菩萨头上戴着宝冠，身着禾衣饰璎珞，其右侧雕象，此象被雕刻得高大魁梧、性灵，跟大足石刻出现的动物姿势有一些相似。犹如普贤菩萨乘坐白象从天而降，因为这个象与"祥"的发音相似，所以中国象又有吉祥的寓意。还有唐朝的安岳卧佛院第三号涅槃变窟中的白象与敦煌莫高窟第三百二十九号窟佛本生故事中乘象的壁画，相比之下，这里的白象给人的感觉是不一样的，不单单是形状动态上，色彩、体形、朝向也完全不同。

有马的形态出现在安岳卧佛院第六十八和六十九号释迦说法龛底部、卧佛院第五十三号龛底部、玄妙观第十一号右边、茗山寺基座中。对当时雕刻艺术家来说，马的形象体现了一种内在的力量和一种对美好生活的向往和期待。安岳石窟中存在着人与牛的摔跤形态，与大足石窟中的南山的造型相似。此外，圆觉洞第四十三号还有民间世俗生活题材的牛。安岳石窟卧佛院第五十三号下面有一幅狗的雕刻图案，蕴含着安岳地区的民俗风情和人们的精神依托。安岳石窟圆觉洞第八十四号地狱变相龛，此龛主要根据《盂兰盆经》里目莲救母的故事雕刻的。在龛里正中坐地藏王，右下角刻着一只狗。龛中央雕刻一圆形"业镜"，境内左边出现一只羊，在龛中下层的右侧有蛇和狗的雕刻形态。

因此，在安岳石窟玄妙观第二十九号、千佛寨第九十六号药师经变窟和圆觉洞第六十号地域变相龛中发现羊的形象也就不足为奇了。其中，千佛寨第九十六号药师经变窟内有一尊像"狗"一样长尾巴坐在地上的动物，一尊造型侧坐在动物身上。在安岳卧佛院第三号涅槃变窟中，摩侯罗伽脖子上挂着一条蟒蛇的形象。

白色的老鹰出现在安岳宋代毗卢洞第九号观音窟紫竹观音像左肩上方。在安岳茗山寺，造像须弥座下有一种"猫"的形态，猫的眼睛嵌有一种特殊的材料，非常逼真。这可能与佛教中的"一切众生皆有佛性"有很大关系。

四、其他纹样

1. 飞天

飞天是佛教艺术中佛陀的八部侍从中的两部，又有香音神、天乐神、天伎乐等名。印度自古以来即盛行飞天，故于各大佛教遗迹中，飞天之壁画、壁雕不乏其例。印度称飞天为"伎乐天"，是古印度神话里的乐舞之神。佛典中称作"紧那罗（梵名为 kinnara）""乾闼婆（梵名为 gandhaiva）"的就是我们所说的"飞天"，是能飞行的神。《大智度论》卷十说："乾闼婆是诸天伎人，随逐诸天……有时天上为诸天作乐。"[1]《一切经音义》卷十一说："真胞罗（古作紧那罗，音乐天也，有美妙音声，能作歌舞）。"[2]

飞天在石窟的装饰图案上基本做盘翔飞舞的形状，窈窕活泼，手中承日月宝珠，或持乐器为基本形态。目前学术界对飞天的概念和名称基本一致。根据功能的不同，飞天装饰纹样可以分为两类：一是"伎乐天"，其主要特征为手拿着乐器演奏；二是"供养天"，呈散花、献花，持香炉，献宝珠等的形态。

巴蜀石窟人物装饰的艺术形式以飞天为代表。例如，广元、巴中的许多飞天，特别是南龛唐朝的许多飞天，安岳县东南部云居山以北的圆觉洞的五尊飞天，大足北山佛湾的飞天，宝顶山大佛湾的飞天等。在几条飞带的烘托下，飞天让观者仿佛亲临天衣飘扬的奇景之中。

2. 连珠纹

圆珠形的带状排列的二方连续图案，形如念珠，在佛教装饰中也被广泛使用，最早是从西域传入的。自 5 至 7 世纪，丝绸之路上的遗迹中出现了许多连珠纹图案，比如葱岭以西的阿富汗巴米扬石窟壁画，葱岭以东新疆拜城克孜尔石窟壁画等。随着南北朝中华各民族间的移民、文化融合以及东西方政权的频繁往来，神秘丝绸之路就将东西亚人们的文化和艺术表现形式，连同连珠纹图案传到了东方。连珠纹样通常用作辅助纹样，或配以卷草纹，装饰在石窟门框

---

① 《大正藏》第二十五册，中华电子佛典协会 2008 年，第 135 页。
② 《大正藏》第五十四册，中华电子佛典协会 2008 年，第 374 页。

等带状构件表面；或配以莲花纹样，装饰在瓦当、地砖等方形、圆形构件表面；并装饰在须弥座、束莲柱等构件的束腰部。也就是说，它经常用于图案的边界，以隔离不同内容的图案。大约四百六十年前，连珠纹被用于佛像的衣饰和背光，这是使用连珠图案的早期例子。而其流行年代远长于忍冬纹图案，直到隋唐仍作为主要装饰图案之一。

3. "卍"和"卐"纹

"卍"称左旋"万"（正万），"卐"为右旋"万"（反万）。无论"卍"和"卐"，都是用来表征佛的无限智慧与同情心。其皆为"吉祥万德之所集""万德圆满"之意。大乘佛教认为它是释迦牟尼佛胸部所现瑞相，而小乘佛教认为它不仅限于胸部。人们除了使用"卐"作为象征外，还经常将用品和配件制成"卐"的形状，作为展示或装饰，以鼓励自己向佛陀学习，希望世人能够实现万德庄严。佛教的顺时针卐字和逆时针卍字是不同的。藏传佛教用卐字作为吉祥的象征，并在庙门、墙壁和其他器皿上写下卐字。卍字是苯宗教崇拜的象征。藏文称其为"雍仲"，意为"坚固"。苯宗教认为它具有"坚定信念"的含义，并在寺庙的门、墙壁、经文和宗教卷轴上写下形状。在某些地区，藏人在死者的额头上画一个卍。巡礼时，苯教徒使用左手的逆时针方向，而藏传教士使用右手的顺时针方向来环绕寺庙、宝塔、圣山和圣地。"卍"和"卐"，是在巡礼时，苯教和藏传佛教采用的不同方式。苯教是与萨满教相像的原始宗教，有占卜吉祥，祈求祝福和消除灾难，请神驱赶鬼魂，消除疾病和消除邪恶等一些活动。佛教传入西藏后，"卐"也被广泛使用。所有佛像的胸前都必须带有吉祥的符号。但是，苯教与藏传佛教在使用"卐"方面存在一些差异。苯教里的"卍"按逆时针方向旋转，佛教里的"卐"按顺时针方向旋转。如果要去庙里祈祷，必须先弄清楚这是苯教寺庙还是佛教庙宇，否则方向相反，表达祈祷的希望等于零。

4. 火焰纹

火自古便是一种神秘而原始的自然力量，在人类文明的历史上有着划时代的意义。自原始社会以来，人类便以火为神，以火为图腾崇拜火。在此期间，火灾被图案化且渐渐融入人们的日常生活。乃至有"印人谓火能运送供物于神前，乃神人之媒介，一切祭典中皆不可缺火"[①] 之说。

---

① 糜文开. 印度三大圣典 ［M］. 台北：中国文化大学出版社，1980：13.

佛教思想中，烈焰被认为是吉祥的，用它来照亮一切黑暗世界，是摒除一切世俗纷扰的正面力量。火焰在佛教中被视为吉祥与清净之物。无边的火焰既是佛教的象征也是一个光明的使者。《华严经》即谓："善男子！譬如小火，随所焚烧，其焰转炽。菩萨摩诃萨菩提心火亦复如是，随所攀缘，智焰增长。"①根据《后汉纪》所记载的"佛身长一丈六尺，黄金项中佩明光，变化无方，无所不入，故能通万物而大济众生"②，向上升腾和极富动感的火焰造型，代表着源源不绝、生生不息的佛法，同时也是智慧之光的鲜明象征。

关于火焰形态的起源，人们众说纷纭。但无论是说火焰图案是随着拜火教的兴起而传入中国的外来文化之一，还是佛教与拜火教文化激荡融合的产物。这些不同的结论都阐述了同样的观点，即火焰图案不断证明它是人类精神层面的正能量象征。

火焰图案已经成为宗教艺术竞相表现的主要艺术题材。人们用火来绘制佛像的佛光，火焰纹具有非常轻的整体动态，还有上升感，不仅能充分衬托出佛的高大雄伟，还可以说明佛拥有无尽的法力。火焰纹作为光明和宏大的标志在佛像背光中应用十分频繁。火的图案变化非常灵活方便，其装饰的应用范围很广，如石窟的前额、壁龛的门楣、佛像的背光、菩萨的头光、石窟的壁画等。特别是在佛像背光的外圈，火焰装饰图案形式多样。根据火焰纹样的细、宽的不同特点，火焰的装饰纹样可分为三种不同的"类型"：线型火焰纹样、带状火焰纹样和宽带火焰纹样。

在巴蜀石窟装饰的艺术形式中，几何图案、祥云图案、火焰图案简洁明快。几何图案是一种有规则的抽象的图案构成。在巴蜀石窟中几何纹样有双距纹、如意纹、方胜纹、断字纹、回纹、冰裂纹、棋格纹、连珠纹、直条纹、横条纹等形式。唐代纹样丰富，主纹样突出，底面稀疏。通常使用对称构图，颜色鲜艳。到了五代，图案变得更加写实细腻，至宋代继续流行。古巴蜀石窟云纹装饰最重要的特征是气动变化之美。比如，祥云（图 2 - 5）是大足宝顶山大佛湾圆觉洞精美装饰设计中最灵活的部分。在石窟的墙上，以祥云为背景，石柱与山林的衬托，光线的折射与扩散相结合，形成了梦幻般的佛国瑶池。

---

① 大方广佛华严经，引自大正藏［M］. 卷第七十八.
② （晋）袁宏. 后汉纪（卷十）［M］. 上海：商务印书馆，1937：112.

插 图

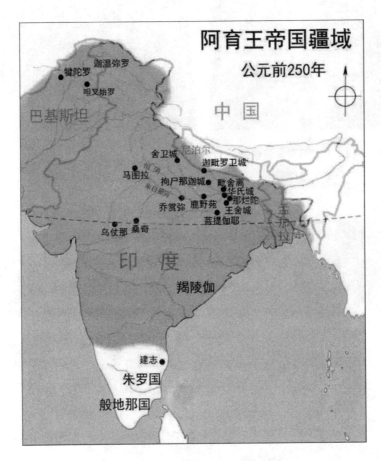

图 3-1 阿育王帝国时代疆域图

图3-2　萨纳特考古博物馆　　　图3-3　巴尔胡特（Bharhut）塔
　　　　阿育王柱柱头　　　　　　　　　（加尔各答印度博物馆）

图3-4　桑奇（Sanchi）大塔

图3-5 佛陀坐像 公元2世纪

图3-6 阿旃陀石窟

图 3 - 7　佛陀立佛

图 3 - 8　大足北山佛湾一百三十六号窟日月观音半身像

（石雕，像座高 1. 47 米，头长 0. 52 米，肩宽 0. 64 米，胸厚 0. 24 米，南宋绍兴年间）

图 3 – 9 巴中南龛唐窟龛楣装饰

（第 71 号龛释迦说法，石雕彩绘，龛高 2.22 米，宽 1.74 米，深 0.48 米，唐开元二十八年）

图 3 – 10 安岳卧佛院第五十九号经文窟

图 3 –11　安岳卧佛院第三十号释迦佛龛

（龛高 3.4 米，宽 1.4 米，深 0.52 米，像通高 2.8 米，唐代）

图 3 –12　安岳卧佛院第四十五号千手观音龛

（立像高 1.35 米，肩宽 0.2 米，盛唐）

图 3-13 安岳卧佛院第六十四号凉州瑞像
（龛高 3.85 米，宽 1.3 米，深 0.4 米，像高 3.6 米，唐代）

图 3-14 安岳玄妙观第十二号四天尊龛
（盛唐，道教护法二神将）

图 3 - 15 安岳圆觉洞第七十一号天尊龛

（龛高 1.6 米，宽 1.45 米，深 1.1 米，主尊像通高 0.9 米，唐代）

图 3 - 16 安岳千佛寨第五十一号释迦说法窟

（龛高 2 米，宽 2 米，深 1 米，盛唐）

图 3-17 安岳千佛寨第五十六号窟

（像高 3.6 米，肩宽 0.9 米，盛唐，左侧菩萨）

图 3-18 敦煌莫高窟第二十三窟西壁龛内图案（盛唐）

图 3 - 19　安岳卧佛院第三号龛释迦涅槃变

（卧佛全长 23 米，肩宽 3 米，盛唐）

图 3 - 20　安岳圆觉洞第十三号明王龛

（龛高 2.1 米，宽 1.7 米，深 1.4 米，像高 0.9 米，五代）

图 3 - 21　安岳圆觉洞第二十二号三佛龛

（龛高 1.8 米，宽 1.6 米，深 1.6 米，三像通高 0.75 米，五代）

图 3 - 22　安岳圆觉洞第二十三号佛道合龛

（龛高 1.2 米，宽 1.2 米，深 1.2 米，五代前蜀天汉元年，正壁天尊二仙二真、左壁老
君二仙二真、右壁一佛二弟子二菩萨）

图 3 - 23 安岳圆觉洞第五十九号西方三圣龛

（龛高 2.1 米，宽 2.5 米，深 1.1 米，佛像通高 1.8 米，五代）

图 3 - 24 安岳圆觉洞第六十号地狱变龛

（龛高 2 米，宽 2.8 米，深 0.9 米，五代，地藏王与十殿冥王及判官像）

图 3 – 25　安岳圆觉洞第十四号窟莲花手观音龛

（立像高 6.2 米，肩宽 1.2 米，北宋）

图 3 – 26　安岳圆觉洞第十号窟释迦牟尼像龛

（立像通高 5.7 米，肩宽 1.3 米，北宋）

图 3-27　安岳华严洞窟大般若洞三教合一窟

（窟高 4.2 米，宽 4.2 米，深 4.8 米，佛像高 2.3 米，南宋嘉熙四年，正中释迦佛，
左药师佛、右阿弥陀佛，后正壁左老子、右孔子，佛座左韦驮、右阿难组像）

图 3-28　安岳华严洞第一号石窟正壁华严三圣坐像

（窟高 6.2 米，宽 10.01 米，深 10.3 米，主尊毗卢佛坐像高 3 米，肩宽 1.2 米，右文殊
坐青狮，左普贤坐白象，北宋）

图 3 - 29　安岳毗卢洞第八号柳本尊十炼图窟主尊毗卢佛

（像高 3 米，宋代）

图 3 - 30　安岳千佛寨第二十四号西方三圣窟

（窟高 6.6 米，宽 5.3 米，深 3.2 米，中央阿弥陀佛，左侧观音，右大势至，唐宋年间）

图 3 - 31　安岳孔雀洞后报国寺经目石塔

(唐代石刻转轮经藏塔,刻有佛经目录 144 部,国内罕见同类文物)

图 3 - 32　大足宝顶山大佛湾第三十号龛

(牧童高 1.08 米,南宋,《牧牛十颂图》第五、六图)

图 3 – 33　大足宝顶山大佛湾第三十号龛

（牧童身长 1.17 米，牛身长 2.29 米，南宋，《牧牛十颂图》第十图）

图 3 – 34　安岳毗卢洞第八号柳本尊十炼图窟文殊菩萨像

（像高 1.35 米，宋代，第七炼顶图）

图 3 - 35　安岳卧佛院第五十二号佛雕经幢

（五代，底部四个力士竭力托起经幢，从下至上依次为：二麒麟，二龙吐水，四天
王，山花蕉叶，素面经幢身部，二风铃，跌坐佛像，宝盖，三层塔刹）

图 3 - 36　大足石窟北山佛湾第一百三十六号转轮经藏窟文殊菩萨

（像坐身高 0.9 米，头长 0.31 米，肩宽 0.4 米，胸厚 0.2 米，狮高 0.97 米，身长 1.46
米，南宋绍兴年间）

图 3 - 37　安岳孔雀洞第一号孔雀明王经变窟

（窟高 4.7 米，宽 4.3 米，深 2.7 米，主像通高 4.3 米，宋代）

图 3 - 38　大足石窟北山佛湾第一百五十五号窟孔雀明王像

（窟高 3.47 米，宽 2.9 米，深 6.03 米，像坐身高 1.22 米，肩宽 0.49 米，胸厚 0.26

米，孔雀身高 1.95 米，北宋靖康元年）

图 3-39 大足石门山第八号孔雀明王经变窟

（像高 1.1 米，肩宽 0.35 米，胸厚 0.17 米，南宋）

图 3-40 大足宝顶山第十三号孔雀明王经变相窟

图 3 – 41　大足宝顶山大佛湾第十二号九龙浴太子图

（高 6.2 米，宽 4.5 米，净饭王太子像高 0.9 米，南宋）

第四章

巴蜀石窟造像的背光设计与形态

佛教认为佛和菩萨都能发光，对人有益。《禅秘要法》的"现像三昧"曰：身光、圆光、项光，光有化佛，诸大比丘众，仕墓萨，如是仕人。《大智度论》卷八中曰，问曰：今何以复放常光而照十方？……云何为常光？答曰：佛身四边各一丈光明，菩萨生便有此，是三十二相之一，名为丈光相。《大智度论》又曰：佛入三昧……从其足下，千辐轮相，放六百千万亿种种色光明，从足指上至肉髻，处处各放六百千万亿种种色光明，普照十方无量无数如恒沙等诸佛世界，皆令人明……佛放光明，满三千大千世界，三千大千世界中出，遍至下方。余人光明，唯能令人欢喜而已，佛放光明，能令一切闻法得度，以是为异。

一、概述

佛像背光是一种常见的佛教艺术题材，是佛教装饰艺术的重要内容。

佛像的背光是佛教诸尊造像背后的光圈式装饰图案，一般是在佛和菩萨的头部和身后。从藏有佛经、辞典，以及佛教石窟中的佛像和出土文物来看，佛像的头后和身后都有一个光环。它包括头光和身光，头部后面的光环是指头部发出的火焰称头光，身后的光环是表示全身发出的光焰称身光，头光和身光合称背光。① 又称佛光、光相、项光、圆光②等，它是佛教造像的重要组成部分，是佛像的重要特征之一。背光是佛"三十二相"中"眉间白毫"和"长光一丈

---

① 图说佛教（佛教常识）［M］. 南京：江苏美术出版社，1996.
② 《佛说观佛三昧海经·观相品》云："云何观如来颈相。缺盆骨满相。臆德字相。万字印相。是众字间出生圆光……于佛圆光了了如画如镜见面。如是众相名为圆光。围绕佛颈。上亦一寻下亦一寻。左亦一寻右亦一寻。足满八尺。于圆光中流出化佛。"又《观无量寿佛经义疏卷下》云："项有圆光。面各百千由旬。其圆光中。有五百化佛。如释迦牟尼。一一化佛。有五百化菩萨。无量诸天。以为侍者。"

相"① 的化身，是佛教造像的一部分，从不单独出现。

由于佛像的背光不是单独出现的，所以佛像的背光和佛教造像一样，起源于印度，然后传播到中亚，再通过新疆传到内地，从龟兹石窟到敦煌莫高窟，天水麦积山石窟，大同云冈石窟和洛阳龙门石窟一路传来。头光出现在印度出土的 2 世纪佛教造像中，但图案非常简单，没有任何特别的装饰。究其原因，犍陀罗时代的佛教造像背光大多都是无装饰图像的圆盘，② 5 世纪前后佛像的头光图案逐渐发展，身光开始出现。有卷叶、莲叶等装饰，背光内容也相应丰富。这一时期印度笈多王朝的秣菟罗佛像背光装饰趋于华丽。

佛教艺术从中亚传到龟兹时，佛像的背光大多是圆形、火焰形、椭圆形，上面雕刻着华丽的纹样图案，对中国佛教艺术产生了很大的影响。在中国的佛教造像中，湖北武昌溪寺的菩萨像被描绘在一块茶形的铜板上："背光图对称均匀，像以印度人种为基准，脸型圆润，双目圆睁，头肉髻以螺旋状最为典型。"③ 此外，早期的东汉乐山麻濠佛像也有背光，整个背光充满了空间，佛陀的衣纹似"曹衣出水"样式，与早期犍陀罗薄衣透体风格相似。显然，中国的佛教背光艺术应该从印度开始。然而，"由于中国文化固有的传统文化根基深厚并且富于包容精神，其结果是吸收和同化外来文化同时并存，外来文化的进入丰富了中国文化，即并不丧失中国文化特有的本色。"④也就是说，中国古代工匠加速了外来艺术的本土化进程，最终形成了具有鲜明民族审美取向的中国佛教背光形态。

《佛说观佛三昧海经·观相品》记载：此光起时，佛肉髻骨及佛头中，一切妙相，皆悉映现。满足面相，光明可爱，人天净国，报得妙华，不得为譬。佛面光明，益更明显。佛颈、佛胸以及佛臂，胜前数倍，光更明显。⑤ 在《图画见闻记》中记载："成都龙华东禅院画毗卢像，坐于圆光中碧莲花上，其圆光如

---

① 《大智度论》卷八云：佛身四边各一丈光明，菩萨生便有此，是三十二相之一，名为丈光相。见《大正藏》第 25 册，中华电子佛典协会 2008 年，第 114 页。

② 陈之佛在《中国佛教艺术与印度艺术之关系》一文中说："犍陀罗的背光差不多都是无装饰的圆盘。"见《东方杂志》1930 年 27 卷 1 号。

③ 黄宗贤，阮荣春. 佛陀世界［M］. 南京：江苏美术出版社，1995.

④ 牟钟鉴，张践. 中国宗教通史（上、下）［M］. 北京：社会科学文献出版社，2000：1217.

⑤ 《佛说观佛三昧海经·观相品》。

初日轮，浓淡无遗，人所不到也。"①

在《佛学大辞典》中，丁福保先生如此解释圆光：放自佛、菩萨顶上之圆轮光明也。《佛光大辞典》又解释光相曰：又作光明相，指佛、菩萨等诸尊身体发生光明之相，象征佛、菩萨之智慧，绘画、雕刻等所表现之光相多系圆形，故又称圆相、圆光。《佛学大辞典》又解释背光说：又作后光、光焰、光。指佛、菩萨像背后之光相，象征佛、菩萨之智慧。背光可分为头光与全身光两种。头光，指发自眉间之白毫光，故又称眉间光……全身光，又作身光，即佛像全身之光相……

卢永智在《佛像小百科》中的从佛陀之三十二相记载，佛陀一直都是从身上发出光芒，我们称之为常光或圆光，基本上由圆形背光来表示。还有一种光，只有在讲道的时候才能发出，我们称之为现起光或放光，它只通过放射状的背光来表示。阎文儒先生认为身光叫"常光""适意光""大光"。薛锋、王学林从《简明美术辞典》中解释佛像背后的光圈，头后的圆头光，身后的光作舟形或叶瓣形的叫耳光或叫舟形光。②

根据以上记载，背光代表佛、菩萨智慧之光。这种神秘的光可以毫无障碍地照耀一切。因此，背光是佛炽盛的象征，是佛像不可或缺的组成部分。大量的出土文物可以证实，背光是随着佛教造像的出现而出现的。

一开始，佛教造像大概只有头部背面的头后光，这是非常简单的。这可以追溯到 2 世纪印度出现的佛教雕塑中——佛教造像都有头光。不过，此时的头光图案很简单，也没有多少装饰。佛像的头光图案在五六世纪才有了显著的发展，背光图案的内容也比较丰富，出现了卷叶、莲叶等装饰物。随着佛教的广泛传播和发展，身光也出现了。

在四川乐山麻浩东汉晚期的崖墓上，其享堂门额上浅浮雕坐佛就有背光（图序-1），这尊造像的构图和布局是对称的。山东沂南东汉桓帝时期墓室八角石柱顶端南北两面画像石上各有一尊佛像，也有背光。背光不仅反映在雕塑作品中，也反映在陶瓷装饰的佛像中。在江浙地区的东吴西晋墓葬中，出土了许多陶瓷谷仓罐，上面的佛像也有背光。此外，在铜器的装饰上也有所体现。武

---

① 郭若虚.图画见闻记（卷二，新世纪万有文库第五辑传统文化书系6）［M］.沈阳：辽宁教育出版社，2001.

② 薛锋，王学林.简明美术辞典［M］.哈尔滨：黑龙江人民出版社，1982.06.

昌东吴彭卢墓出土了一条刻有佛像和背光的镀金铜带。

我国新疆克孜尔石窟、甘肃敦煌莫高窟、天水麦积山石窟、山西大同云冈石窟、河南洛阳龙门石窟等地造像都有背光，其中不乏优秀作品，这些形态不可避免地受到外来文化等多方面影响。中国佛教造像从题材到技法都融合了外来文化和中原文化的传统纹样，并随着中国传统审美观念的转变而变化。外国佛教艺术与中国传统艺术风格的结合具有地方性的时代特征。因此，佛教艺术在中国的发展不可能简单地照搬外来艺术，而是吸收外来艺术文化的精华，在中国审美意识和传统艺术的基础上进行再创造。改变所有的佛教艺术是不容易的。只能选择一些容易改造的部分——背光纹样图案就是突破口。

佛教艺术从新疆地区向中原传播，必须经过当时的政治、经济、文化和佛教中心河西走廊。早期石窟艺术明显受西域佛教艺术的影响。佛教艺术传入中原，必然受到中华民族传统文化的影响，首先是北魏后期的中原文化艺术。到了隋唐时期，这种影响更加明显，经过吸收、融合和发展，呈现出隋唐时期独特多样的佛教艺术风格。反之，由于受中原佛教艺术的影响，敦煌石窟出现了民族传统等题材的内容，背光图案上出现了中原佛教艺术图案的形式。至此，佛教造像艺术逐渐从印度分离出来，并独立发展出犍陀罗和西域艺术风格，最终完成了中国佛教艺术体系的构建，这是中原地区文化艺术对外来佛教艺术的强大影响的必然结果。

初唐和盛唐的背光各有特点。初唐时，背光类型以莲叶形和椭圆形为主，而绘制的花卉以变形为主，除连珠以外，如莲花、忍冬、缠枝、宝相花等都有较强的花型变形风格。盛唐时期，背光主要为圆形和长圆形，其风格一方面保持了早期的特点，另一方面又有创新和发展，可以说是两种风格的过渡期和发展期。唐代背光的各种形式直接影响到中国后世的图案设计与形态。

唐代佛教造像和背光的兴盛繁荣与佛教的传播方式有关。唐代净土宗的盛行，简化了从普通百姓到修行成佛的过程和形式，以供养佛像这种各阶层都能承受得起的礼佛行为，以造一像可得无上福报的简单易行的成佛方式，遂使各种体量、各种材质的佛教造像广泛传播。隋唐背光图案的发展和风格特色的形成，与唐代所倡导的南北佛教文化的统一及其在河西走廊的发展密切相关。唐高祖登基后，在京城诸州建立寺庙，从贞观之治到开元盛世，佛教艺术的发展达到了高峰。这一时期，高僧弘法和佛教宗派的革新是推动河西地区佛教艺术发展的重要原因。

　　唐代佛教雕塑和背光的繁荣还与中西文化交流密切相关。隋唐在继承民族艺术传统的基础上吸收外来文化元素。隋唐工匠经过吸收、融合、创新，充分发展了背光的类型风格和纹样图案。笈多王朝时期，印度出现了圆轮背光。秣菟罗佛像的背光装饰华丽，同一时代的犍陀罗佛像背光大多是一个圆块，几乎都是一个没有装饰的圆盘。盛唐时期出现了大量的圆形背光，并发展成为多层同心圆等各种表现形式。早期的火焰形、莲叶形等之后，又出现了背影形、长圆形等新的形状。背光上绘有宝相花、牡丹、蔓草等多姿多彩的纹样图案，内容上绘有观音像。与犍陀罗风格相比，背光艺术处理有明显的差异。它虽然受到域外文化的影响，但也在不断地改进和创新。这种形态在后来的其他石窟中也可以看到，证明它在中国佛教艺术中发挥了重要的作用。

　　唐代与西方的交往有多种方式。隋唐时期，许多外国使节被派往唐王朝进行文化交流，其中来自西亚、中亚的使节为最。唐朝初年，中西交流再次达到高峰。西方工艺美术的新题材、新形式直接影响了敦煌莫高窟艺术，吸收外来装饰题材来补充自身已经成为一种自然的发展态势。比如起源于中亚的葡萄石榴花形式，大量出现在敦煌莫高窟背光图案上，而缠绕葡萄与各种纹样图案的结合，与东罗马风格相似，背光中也可见波斯萨珊王朝典型的连珠纹变形图案。唐代是受域外文化影响最大的时期，尤以盛唐背光图案为甚，以铜镜等器物上的海葡萄、牡丹、宝相花等纹饰为证，从中国出土文物中大量发现的佛像背光类型及纹样得到证实①。

　　唐代佛教造像和背光的兴盛，与整个唐代艺术的繁荣兴盛亦有关。隋唐敦煌石窟背光装饰中的一些新主题直接来源于佛教艺术。中国佛教艺术保留了相当一部分外来元素，与佛教有关的装饰主题自然引入，并进一步影响世俗生活。部分题材直接冲破宗教的桎梏，回归现实生活，这无疑是对我国装饰艺术发展的一种刺激和促进，其中最突出的例子就是装饰花卉。比如敦煌石窟背光图案中的石榴和葡萄，其纹样图案本身是独立的。这些图案中没有宗教色彩和宗教含义，它是自然中真实的花纹，一种与现实生活相关的具体纹样。此外，唐代背光图案内容丰富，在一定程度上也反映了当时社会经济的繁荣。公元764年

---

　　①　关友惠．敦煌莫高窟早期图案纹饰［J］．兰州大学学报，1980（02）．

的社会是"忆昔开元全盛日，小邑犹藏万家室。稻米流脂粟米白，公私仓廪俱丰实。九州道路无豺虎，远行不劳吉日出"①。"豺狼塞路人断绝，烽火照夜尸纵横。"② 从诗中可以理解，为什么中晚唐风格在敦煌石窟背光图案的艺术表现上发生了明显的变化。背光图案风格的变化，不单单是艺术上的问题，它始终与政治、经济的变化有着密切关系③。

唐代背光图案之所以如此光彩夺目、丰富多彩，也离不开艺术家的审美观。唐代背光图案装饰是相辅相成的，背光是一种独特的结构形式，它将不同的内容和装饰部分结合起来，具有鲜明的艺术表现力。它适应内容的需要，有什么内容就会产生什么样的形式，是由造像工艺师再创造的宗教艺术结晶。以构图为例，它是工艺师在背光图案中表达内容和主题的形式。背光图案的内容多种多样，从而产生了多种构图形式。虽然古代工艺师的创作不可避免地充满了宗教色彩，但他们仍然创造了大量真实生动的艺术形象。

在佛教兴盛的唐代，背光纹样图案风格是佛教主题的体现。佛教对中国文化艺术的影响不容忽视。背光这种形态是对整个社会环境氛围的一种幻想的具体表现，是佛教本身自信和自觉意识的凝结，其相当一部分是弘扬佛法。在早期，造像背光只包括化佛和飞天。在唐代，造像背光与佛教的其他表现内容相结合，一方面，它显示了佛教的神圣和光明普照；另一方面，它展示了佛教教义的内容，说明佛与弟子之间的关系。

从隋唐到元代，佛教造像背光的装饰风格经历了从简单到复杂、从生涩到成熟、从外来的宗教艺术形式发展到民族化完成的过程。"作为中西文化交流的中心，佛教背光是不同风格、不同特征的艺术混合体，同时，背光装饰亦保留了中国传统文化的系统和风格，而且随着中国历史的进展，愈来愈中国化、民族化。"④ 背光的装饰纹样图案都具有衬托主佛的功能，往往在一定的平面上围绕主佛的中心展开。佛龛中央主体为主佛，背光与主佛保持一定的规模尺度和主次关系，由同一装饰风格决定。虽然装饰有点细密复杂，但仍保持着宾主关系，充分体现了艺术布局的多样性和统一性。任何一种外来的艺术样式，都必

① 杜甫《忆昔》。

② 杜甫《释闷》。

③ 阎文儒. 中国石窟艺术总论（第六章，中晚唐的石窟艺术）[M]. 桂林：广西师范大学出版社，2003.08.

④ 黄宗贤，阮荣春. 佛陀世界 [M]. 南京：江苏美术出版社，1995.12.

然在中国固有的民族文化艺术传统面前，越来越本土化、民族化，最终完全融入其强大而无形的民族传统艺术之中。

中国佛教石窟造像背光图案有着鲜明的时代特征，内容异常丰富。它是在早期背光图案的基础上进一步吸收了中原汉族文化的传统图案和西亚艺术风格绘制的新宗教装饰图案。因此，研究背光可以反映佛教艺术本土化的演变。巴蜀唐宋造像背光纹样图案都是采用雕刻或彩绘而成，是在中国传统艺术基础上的再创作，内容丰富，类型多样，反映了中国这个时代背光的艺术特点。

二、形态及设计意蕴

佛教造像不是一般普通的雕塑，因为佛教造像有严格的仪轨，所以，造像是不能自由创作的。比如，佛的雕造标准，佛教经典有三十二大人像之说，在形象、内容、大小等方面都非常具体，特别是在手印、衣饰、坐式等方面，都有很具体的规定。佛教背光有多种形式，主要有圆形、长方形、椭圆形、方形、菱形、扇形等，最主要的是圆形。"杜子瑰，华阳人，工画佛道，尤精傅彩，调铅杀粉，别得其方。尝于成都龙华东禅院画《毗卢像》，坐赤圆光中、碧莲华上，其圆光如初出日轮，破淡无迹，人所不到也。"[1] 又"见吴生（吴道子）画中门内神，圆光最在后，一笔成。当时坊市老幼，日数百人，竞候观之。缚阑。施钱帛与之齐。及下笔之时，望者如堵。风落电转，规成月圆，宣呼之声，惊动坊邑。或谓之神也"[2]。"夫大觉圆光满室，照耀恒沙，眉相白毫，腾飞有顶。三十二相，以朱紫而以辉；八十希容，简丹青而仿佛。大乘缘义，表苦行之徽由；护法二神，挥宝杵而摧魔。慈悲菩萨，广大圆明；心恳所求，无有不克。"[3] 这些文献资料表明，在创作过程中，古代工匠们充分发挥了手绘的优势，圆画得很有神，奔放、清晰而自然。在背光图案上，画工们不仅大胆采用了萨珊图案，还将圆形环状连珠纹与传统莲瓣纹相结合，创作出连珠莲花纹，充分体现了画工对背光类型的审美水平。

佛教的背光大多是圆形或近似圆形的，有其宗教象征意义。"'圆'在佛教

---

[1] 郭若虚. 图画见闻记（卷二，新世纪万有文库第五辑传统文化书系 6）[M]. 沈阳：辽宁教育出版社，2001.

[2] 《太平广记》卷 212。

[3] 《唐沙州龙兴寺上座马德胜和尚宕泉创修功德记》。

中有许多种说法，佛陀对众生说法的声音叫圆音；佛法的圆满至妙成圆妙；融会贯通是圆通；觉悟之道，平等周满，毫无缺漏谓圆觉；此外还有圆成、圆润、圆明、圆好、圆悟、圆鉴、圆道、圆教、圆佛、圆果、圆戒、圆应、圆光等。'圆'，在《说文》释为'圜全也'，圜则'天体也'，是则'圆'字之义，就是说像天一样完全。在梵语中是'波利（pari）'，与汉语的圆有相近之处。但是，梵语'波利'比汉语的'圆'有更广泛的意义，它既指圆形也指圆满和圆通。"① 佛教的圆形背光不同于世俗的透视法，"画工画佛身光有扁有圆者，身侧则光也侧，此大谬也。渠但见雕木佛耳，不知此光常圆也。又有画行佛，光尾向后，谓之'顺风'光，此亦谬也。佛光乃定果之光，虽劫风不可动，岂常风能摇哉?"②

　　佛教背光图像的纹样图案主要有火焰纹、莲花纹、飞天纹、植物纹等，这些装饰纹样图案不仅是佛教造像艺术的重要元素，也是中华文化的表现。"从某种意义上说，整个中华文化都与佛教有着不解之缘。例如，素有'华夏文化冠冕'之称的诗、书、画，就受到佛教极其广泛的影响。中国古代诗、书、画，向来注重意境、气韵。所谓意境、气韵，也就是一种内在情感与外在境物的交融和一的艺术境界……这种注重'意气''体悟'的艺术境界，无疑受到中国佛教特别是禅宗注重'顿悟'的思想模式的影响。"③ "隋唐尚意，隋唐艺术家'现代性'的自觉追求集中体现在'同自然之妙有''度物象而取其真'等命题上。"④ 因此，佛教背光雕刻装饰纹样图案是佛教思想艺术的表现形式，也是中国古代艺术家对"现代性"的视觉追求。

　　1. 火焰纹

　　背光火焰纹在我国的应用并非偶然。火作为光明吉祥的象征，在中国有着悠久的历史。丝绸之路沿线，不仅有货物的运输和贸易，还有文明与文化的精神交流。各种宗教文化如拜火教、佛教等逐渐传入中国，与之融合后，中国宗教文化变得更加丰富多彩、辉煌灿烂。拜火教和佛教的传入，推动了我国火焰纹形态的发展。佛教造像传入中国后，印度原有的背光图像与中国本土传统文

---

① 王忠林. 略论佛教造像中的圆融精神［J］. 新视觉艺术，2006（3）.

② 沈括:《梦溪笔谈》卷十七（［EB/OL］http：//www. chcj. net/viewthread. php? tid = 489409）.

③ 赖永海. 中国佛性论［M］. 北京：中国青年出版社，1999.08.

④ 罗一平. 历史与叙事［M］. 广州：岭南美术出版社，2006.09：89.

化符号相结合，产生了中国的背光纹样图案。冉冉的火焰纹样图案使佛陀显得更加神圣。在唐代，随着艺术与文化交流的日益深入，火焰图案的发展变化更加丰富和夸张。但就背光中的装饰位置而言，火焰纹始终保持着在背光圆环层最外层这一特性。火的燃烧象征着佛教的炽热和无限的法力。对佛教徒来说，火是一种智慧之光，它引导众生跳出红尘世界，照亮通往净土的道路。巴蜀石窟的背光也是如此，与北方石窟背光中的火焰纹样图案相比，它简单明了，而且经常与卷草纹一起出现在背光中。

在北方石窟早期，火焰纹就得到了广泛的应用，而且大多数的造型和描绘手法都趋于写实，给人以强烈的视觉感受。以敦煌莫高窟第二百五十七号为例，火焰图案分别穿插在造像每层的头光和身光上。火焰的构成有连续状，也有三个焰尖为一组的火焰纹，火焰的走势随背光的整体形状蜿蜒抖动而上①。从云冈石窟中，我们可以看到北魏时期各种形式的火焰纹，大多刻在头光身光内和背光外。云冈六窟造像背光的火焰纹在每一层的形态上是不同的，它不仅表现了早期佛教火焰纹的朴素，而且象征着佛教的庄严。在龙门石窟里，许多造像的背光外环都会有火焰。火焰纹在早期佛教背光中被广泛使用，但随着时间的推移，北方隋唐时期火焰纹样图案已不再像以前一样多，在背光中已很难看到。到了晚唐，随着对外交流与发展，火焰纹逐渐被其他花草图案所取代，装饰在多层同心圆之间。

有学者认为太阳纹样图案自古以来就是一种火的崇拜或象征。太阳纹和火焰纹同有明媚之意，是温暖和正能量的体现。同时，太阳纹与圆的象征意义密切相关。自古以来，中国对圆形就有独到的见解，圆融、圆通、圆满等含意都来自佛教教义，而太阳纹只是佛教"圆"理念的融合体现，巩固了佛教的圆融观念的思想基础。

在背光中，有卷草纹与火焰纹相伴。例如，在巴中南龛第六十二号（图4-1）、一百零三号、一百一十六号等龛窟内，佛像、菩萨像背光外环装饰有火焰纹。古人认为火是神，不仅能给人带来温暖，还能照亮一切黑暗。佛教徒也相信火可以消除一切世俗的纷扰，燃烧的火焰是源源不绝、生生不息的象征。在这样一个不断上升、充满活力的曲线中，人们对美好生活的关注和向往得到了进一步升华。同样，卷草

① 关友惠．解读敦煌·敦煌装饰图案［M］．上海：华东师范大学出版社，2010.8：64.

纹也具有繁茂交错的特点，常被用来形容旺盛的生命力，象征生命轮回。在背光中，卷草纹和火焰纹同时出现，这往往是最丰富和华丽的纹样图案组合。当两者同时出现时，通常的表现方式是火焰纹紧靠着卷草纹外做一周的装饰。在某种程度上，火焰纹"动"的意味较浓。相对而言，卷草纹意味着更多的"静"。两者的结合似乎更好地象征着佛教注重身心动与静结合的修行方式，"动"通常是指外在身体的修炼实践，"静"通常是指内在心灵的体会感悟，它外练阳而内练阴，从而达到动中有静、静中有动、动与静有机结合的效果。唐人李翱在《复性书》中曾提道："有静必有动，有动必有静，动静不息，是乃情也。"①可见，背光外层火焰纹与内层卷草纹的结合，体现了动静结合的辩证思维。

2. 莲花纹

在中国早期的佛教背光中，新疆克孜尔石窟也有背光莲花座。龙门石窟佛像的背光莲花装饰图案多见于佛像的头光部分，表现写实，大多与忍冬纹图案结合。佛像从正面俯视，呈现出圣洁庄严的场景，细节刻画生动，工艺独特而通俗。莲花作为天地联系的媒介象征，具有很强的世俗思维，世俗和传统意义蕴含于其中。莲池是佛教极乐天堂世界的主要环境，主题莲花被视为佛教的圣花，莲花纹是佛教中最常见的纹样图案之一。莲花纹传入中国后，不仅在形态上有了更为丰富的变化，而且在象征意义上也逐渐受到中国传统文化的影响，如汉字中"莲""连"的谐音。莲花本身就是一种多子植物，具有"多子多福""连生贵子"的吉祥意义，后来出现了以莲花为爱情象征的"鱼戏莲叶间""芙蓉如面柳如眉"等诗歌。此外，还有莲花童子哪吒的传说，他从莲花中死而复生，这也是莲花化生的故事之一。由此可见，莲花不仅是早期人类生殖崇拜的古老图腾，也是中国佛教中具有丰富而深刻意义的神圣图案，反映了佛教对生命繁衍、生死轮回，生命从红尘到净土、从此岸至彼岸的观念。

而莲瓣更有承载众生通向极乐净土的象征意涵。在世俗文化中，常释作高雅之意，也有将莲花比作太阳的说法。背光莲花纹之所以能在中国佛教艺术中流行，不仅与佛教的象征意义有关，而且与中国传统文化的隐喻相吻合。首先，在石窟的背光中，经常使用莲花纹作为中心图案，即无论背光圈数或图案组合数多少，中心图案通常都是莲花纹。莲花纹之所以经常被用作中央装饰图案，

---

① 李翱. 李文公集［M］. 卷二,《四部丛书》本.

不仅是因为莲花纹的外形适合中央装饰，而且也适合中国人的传统审美情趣。其次，汉代最早的瓦当上的莲花纹叫菱花。在汉代，人们认为菱花是五行中的主水，这意味着它是主司水的圣物，在中原地区具有吉祥、驱邪的象征意义。因此，自佛教艺术传入中国以来，莲花背光装饰长期繁荣。最后，在中国文化中，莲花一直有一种"出污泥而不染"的客观自然现象。长期以来，佛教徒认为这种生长是一种解脱和升华的过程。佛教以莲花生长的自然特征，赋予莲花纹深刻而高贵的吉祥意义。尤其以白莲最高尚、尊贵，它不仅象征着圣洁、典雅、纯净，而且代表着开悟开智、修成正果。莲花作为一种多年水生植物，四季具有明显的生长特性。每当盛开之时，花与莲蓬同时生长，故佛家认为莲花是能同时体现过去、现在、未来寓意的植物①。莲花瓣更具普度众生之意，有承载众生通往极乐净土的象征意义。"莲，花之君子者也"，在世俗文化中，它常常被解释为高洁和高雅的含义。

还有一种说法，莲花被比作太阳。在石窟的背光中，造像头部莲花纹附近有太阳纹。如果两者同时出现，莲花纹一般在背光的中心，太阳纹紧靠莲花纹外做一周的装饰，如巴中南龛第三十一号地藏像（图 4-2）和西龛第五号弟子像（图 4-3）后面的背光。太阳纹在地位和意义上与莲花纹相似。在西方文化中，莲花常被比作太阳，因为莲花的生长有日出启、日落闭的特点。由此可见，莲花纹与太阳纹有着深刻而密切的关系。在背光的装饰顺序上，莲花纹总是比太阳纹更接近背光的中心，很大程度上是因为莲花本身就是佛陀的象征，莲花就是佛陀，佛陀即是莲花。在象征意义上，它可以比太阳纹更直接地代表佛教思想和教义。莲花纹也常被用作承载生命、改造世界的象征；太阳纹则被用作智慧和光明的象征，可以驱逐一切黑暗。两者的结合不仅丰富了背光装饰的视觉效果，而且强化了整体背光的内涵意义。

3. 飞天纹

飞天来源于人们的想象，它的形象是从西方引进并得到广泛认可和自由发展的，这是人们对无忧无虑的生活状态的向往。飞天是天堂的象征，活泼明亮。想象中的佛国天堂是一个极度幸福的世界。不仅丝竹如歌，花儿如雨，更有婀

---

① "莲花开时，胚珠即莲蓬，形态虽约略初具，其实尚未发育成果实，尚需蜜蜂等帮助授粉，才得以成熟莲子，所谓'花实齐生'，不尽然。"摘自《荷事：中国的荷文化》，周裕苍，周裕幹编著. 济南：山东画报出版社，2009：182.

娜多姿的飞天翩翩起舞，时作歌咏，有的手执华绳，有的演奏各种乐器，还有的盘腿而坐。早期，起源于印度的飞天又矮又胖，上半身粗壮，赤脚外露，留下了一条笨拙的彩带。后期，飞天长裙曳地，身形纤细柔软，飘带悠长，它是秀丽而挺拔、喜悦而不娇冶、脱俗而不失对世人的关怀的化身，它给人一种近而不可即的距离感。这一演变，不仅是人们在秀骨清像的影响下艺术想象的结果，而且代表了这个时代特定的审美趋势，具有深刻的内涵。

飞天一般是雕刻在头光和身光的交界处作为造像的装饰。例如，云冈石窟第十九号第二窟倚坐佛，圆形头光与荷叶形身光相结合，第三层和第四层是飞天的形象，给人一种神秘而灵动的宗教意境。在龙门石窟中，飞天不仅用来装饰佛像的背光，还用来装饰石窟的顶部和墙壁。飞天的形象是面相修长，半裸上身，腰束长裙，肩披长巾，有的手持乐器，有的手捧供果或鲜花。

4. 忍冬纹

忍冬图案以忍冬为主题。忍冬又称金银花。根据《本草纲目》的相关记载，忍冬对生长面积和环境的要求很低，生命力很强，就像松柏一样，耐寒抗冻，凌冬不凋。正是因为这种先天的特性，"忍冬"这个名字才应运而生。它起源于印度，被认为是毅力和长寿的象征。著名道教陶弘景道士说："忍冬久服轻身，延年益寿。"忍冬被向往长寿的普通人和梦想"轻身升天"的修道者视为珍宝。魏晋南北朝时期，道教和玄学盛行，中国石窟的装饰也受此影响。因此，我们可以在佛像的背光中看到忍冬纹样图案的装饰。卷草图案以其美丽的含意和忍冬多变的外形，深受佛教徒的喜爱，广泛应用于各种器皿和建筑装饰中。卷草纹本身并不是从一种特定的植物发展而来，而是从多种植物图案中衍生出的具有植物造型特征的装饰图案组合。在中国传统文化中，事物的内在意义往往用传统的"比、与、赋"的方式来表达，抽象的情感通过具体的造型来传达，通过观物取象，赋予新生事物以丰富的文化生命。这样，具有丰富的变化形式和自由构图的卷草纹，不仅扩大了其应用范围，而且传达出强烈的情感。在石窟的背光中，以忍冬纹为源头，卷草纹逐渐演变，继承了忍冬凌冬不凋的坚韧性格。但巴蜀石窟与北方石窟的卷草纹略有不同。从造型上看，它明显不同于北方石窟的卷草纹主要由叶子、花朵和不同的植物果实或动物纹样组成的形态，巴蜀石窟中的卷草纹更注重对藤蔓的详细刻画。

在巴蜀石窟造像的背光中，大部分龛窟都有卷草纹装饰，中心图案通常用莲花纹装饰。一般来说，莲花纹象征着"不朽"和"重生"，而卷草纹象征着"生生不息"。两者都强调了佛教信仰中的生命的轮回不息、不生不灭而终至涅槃的教义。如巴中西龛第五号菩萨像背后的背光，内有莲花纹而外有卷草纹的设计组合，表现出一种植物图案组合的自然美，不仅强化了纹样图案本身的象征功能，而且充分体现了纹样图案深邃的内在美与外在美的和谐关系。此外，太阳纹或火焰纹也是自然力的象征。太阳纹和植物图案的结合运用，更能体现佛教对自然和生命的无上崇敬。

5. 其他装饰纹样

此外，还有其他的题材如连珠纹主要用于边饰。除了火焰、莲花和飞天纹样图案的背光形态外，还有葡萄、牡丹、石榴等植物纹样图案。不同的植物种类有各自的象征意义。在中国传统文化中，葡萄象征着多子多孙、人丁兴旺；石榴也有多子多福的寓意；牡丹象征着财富。这些象征着吉祥如意的植物纹样和卷草纹形成统一的整体，连绵不绝，极富艺术感染力。此外，还有其他主题纹样，如宝珠纹、团花纹、几何纹（连珠纹、菱形纹、如意纹、云雷纹）等。

在几何纹中，回纹从外到内转折，然后再到内，这样反复的转折延续形成一条边饰。"回"形渗透出立体感。其他几何纹是由各种抽象的点、线、面等组成的各种丰富的图案，既能象形，又能达意，具有很高的创造性。此外，还有佛手的装饰纹样图案，如千手观音。这些装饰纹样图案和佛像共同构成佛教石窟艺术。另一个是化佛纹，化佛的形态通常是结跏趺坐，周围用卷草纹或火焰纹装饰。所谓"彼佛圆光，如百亿三千大千世界，于圆光中，有百万亿那由他恒河沙化佛，——化佛，亦有众多无数化菩萨以为侍者"①。因为化佛是佛以神通力化形而成，且"举身光中，五道众生，一切色相，皆于中现"②，所以化佛在背光中的出现，不仅增加了整个背光的庄重和肃穆之感，也代表了慈悲，具有普度众生的意义。从佛教造型的象征意义来看，佛教注重圆满与圆融。因此，佛像背光的主要形式是"圆"，象征着佛陀达到圆满无尽、圆融无碍的大觉悟境界。

极富浪漫色彩的背光装饰图案，虽然视觉上向世人展示的是大气瑰丽的外在形式，但内在精神传达着净化心灵、歌颂佛家生命的强烈意蕴，即意蕴之美

---

① 观无量寿经，引自大正藏［M］．卷十二．
② 观无量寿经，引自大正藏［M］．卷十二．

和形式之美有机融合，内外兼备，绝佳地诠释并强调了"1+1＞2"的哲学思想。从佛理的象征意义来看，背光是佛陀炽热精神能量的表现，是一种令人喜欢的智慧之光。"装饰图案是人们善良心灵和美好愿望的花朵"①，意味深长的图案形式正是人们心中无限善良和美好的人生祝愿。同样，佛教背光图像的象征意义也不是单一的，它是造型与义理的互摄与融合。佛教的装饰纹样图案是文化的开端，不是单纯意义上的宗教精神诉求，也不是纯粹指美的形式，而是具有丰富内涵和文化积淀的"有意味的形式"。因此，佛教背光从构成元素到造型都形成了相应的程序，每一种纹样图案都能找到对应的文化和审美意象上的对应诠释，既继承了汉晋以来的地方艺术传统，又博采众长，取长补短，在几千年的文化积淀中，接受并融合了印度、中亚和西亚的艺术风格，发展成为独特的艺术形态。

三、巴蜀石窟造像的背光装饰

唐朝是中国封建时代政治、经济、文化发展的鼎盛时期，中国亦是那时世界上最先进的国家。国家的高度融合与统一，进一步推动了封建经济文化的繁荣与进步。盛唐是我国传统文化辉煌灿烂的时代，各类文化艺术在我国文化史上都达到了一个新的水平，在当时的世界范围，也处于领先的地位。佛像的装饰技艺水平是佛教在中国发展的标志之一，展现了当时中国美术发展的最高水平，对民间世俗艺术的出现与发展起到了推波助澜的作用。石窟艺术是中国文化在佛教美术中的集中体现。五代期间各地在政治上尽管割裂盘踞，在文化方面仍然在发展。石窟艺术在秉承传统和不断汲取外来文化营养的基础上获得进一步成长。因而唐朝的佛像背光装饰也达到了亘古未有的华美炫丽境界。

（一）重点石窟

佛法东渐的历史进程，不仅给汉地带来了印度艺术与宗教精神，还带来了诸多新的装饰样式。佛教造像的背光设计与形态是佛教艺术在中国发展演化的反映，其形态的展现为古代图案艺术创造了时代美的典范，成为中国装饰艺术史上最绚丽多彩的一页。川北的广元和巴中，地处中原大地入巴蜀枢纽金牛道与米仓道上，得习尚之先，是最先开启开窟造像之地，其石窟背光装饰在巴蜀

---

① 张道一. 造物的艺术论［M］. 福州：福建美术出版社，1989.04：184.

地区是最具象征性的。

隋至初唐时代，四川广元、巴中是中原大地佛教由北方向南方川北布道的主要通道。广元千佛崖、皇泽寺众多的唐朝造像为考证佛教造像背光的设计与形态供应了非常好的实物材料。对广元千佛崖、皇泽寺两地的造像研究成果有利于我们更准确地把握佛教造像装饰技艺和唐朝背光设计与形态的特征。

1. 广元石窟造像背光设计与形态

（1）设计

时至今日，我们在广元石窟所看见的造像背光，它们在类型和图案两方面的表现上与同一时期出土的文物中佛像的纹饰是基本一致的。从类型和题材的角度，可以分为三个种类。第一类是以莲花形以及长圆形为主要纹饰；第二类是以圆形、椭圆以及桃形为主要纹饰，其中花卉占题材的绝大部分比例；第三类是以背影形、扇形为主要纹饰，其中几何图案占题材的绝大部分比例。纵观历史，我们如果从纵向发展的历史演变来对背光类型及图案加以全面的分析和研究，可以得出一个结论，基本上可以将背光类型及图案的发展概括分为三个不同的时期。

从隋朝开始一直延续到初唐时期。那时的背光类型以莲花、椭圆和桃形为主要形态，此时期基本上可以说是沿袭了北朝的背光类型的风格特点。在这一时期，圆形有时候也会出现，但多数表现在头光之上，那个时候的背光纹样图案突出的共性是流行莲花纹和忍冬纹。有时候也会有少量的火焰纹。隋代时期石窟中的背光图案，多数绘有连珠纹，而且同时具有多种表现形式，特别是方格连珠纹较多。隋代的背光图案与初唐的连珠散状图案比较起来会有所不同，产生这一差异的主要原因是受到了西方纹样图案风格的影响，唐初的联珠散状与隋代联珠纹一起比较起来会显得更为活泼与自由。比如皇泽寺第三十八号窟的主佛背光。

到了唐朝前期，造像装饰的艺术水平与以往相比较，可以说是达到了相当成熟的新阶段。充满智慧的佛祖、身材健美的菩萨、态度虔诚的弟子、无比威猛的金刚力士以及一尊尊造像后面那精致美丽的背光，雕刻比例适度，往往不同的人物在性格特征方面具有鲜明的特征和差异，这充分显示了当时工匠已经具备了相当高超的技艺。

从唐初一直到盛唐时期，大批量的大、中型洞窟在此期间被开凿出来，背光的形态不仅随着龛窟的规模变化而发生变化，也随着造像主次的变化而改变繁简程度。在广元初唐前期石窟的图案中，工匠大多都是在造像的背光画上一朵大莲花，背光的外边饰相当的少，形态会显得比较单纯，基本上可以说是隋朝装饰模式的延续。初唐后期的石窟纹样图案，重点是背光以及边饰，会比较宽大，背光的大莲花多数是花形呈放射状。背光的边饰条理较花叶纹显得更加纤细，叶纹稍微弯曲，茎蔓多由云头长叶连续拼接而成，团花多以桃形莲瓣纹与云头小叶组合而成，花中多留空地，纹样显得均衡疏朗。比如开凿于初唐的皇泽寺第三十八号窟中的主佛莲花交叠浮雕头光，主佛的外环有前浮雕忍冬纹饰所围成的花环，彩绘七佛于忍冬纹中间，整体来看富贵华丽，精美绝伦。一件件石窟艺术作品已经远远地超越了宗教人物在雕刻时所存在的固有格式和种种局限。初唐时期的工匠在背光制作这个环节几乎都是采用浮雕的形式进行塑造，倾注了古代石窟艺术家们的激情和理想。这个时期的造像代表了广元石窟装饰的最高艺术成就，如千佛崖第十六号窟大云古洞主佛（图4-4）。

从盛唐一直到中唐时期，背光已经开始流行圆形状，同时衍生出了多种表现形式，这和唐代的繁荣昌盛以及对佛教的大力提倡有着很大的关系。圆形状已经逐步取代早期的白莲叶形状，而且得到了不小的发展。在这期间，莲花纹、连珠纹在背光上已经不被采用，大量的石榴花开始涌现，宝相花图案与以往相比更加繁褥宏大，已经衍生出了全新的形态，比如说其中的侧卷瓣宝相花，伴随着十字形对称宝相花如雨后春笋般地大量涌现，茶花图案也开始流行并一起发展和变化，初期形成的一些题材已经完全不见了。茶花主要出现在盛唐的背光图案上，在较长时间内都很流行，其基础源自早期的小花。到了中唐期间，在当时处于花卉图案主导地位的山茶花图案，仍是相当受欢迎的，在这一时期这些背光上还出现了大量的三角形图案。中唐时期，由于对外交流加强，一些明显带有异域风格的图案开始传入并且流行于唐朝各地，这一时期的花纹——连珠纹又开始在背光图案上出现，茶花是继北朝隋代小花之后的又一次复兴。

广元石窟的背光发展也经历了模仿、借鉴北方石窟样式的阶段而进入了创新并形成适合自己龛窟装饰特点的重要时期。背光的外形丰富多样，适合纹样由简单到成熟不断地发展。适合纹样就是把图案纹样拼凑于特定的外形轮廓中的一种装饰效果纹样。适合纹样的外形在一般情况下存在三角形、圆形、方形等主要形状，但是石窟造像背光的适合纹样比较特殊，一般有圆形、椭圆形、舟形、桃形、莲花形等。工匠们在确立了背光的外形以后，需要定出背光的骨架线，再在背光的骨架上具体表现花、枝、叶、干或者其他形的动势走向。比如说采用后镂刻菩萨双树以及人形化天龙八部来作为背屏，这种窟型似乎是借鉴了中心柱窟和密教设坛的做法。这种情况在国内同期石窟中是比较少见的，千佛崖出现这种情况也只有七个，它们均被开凿于高宗后期至开元年间的盛唐时期。特别是在盛唐以后，四川的密教造像独步国内，千佛崖密教造像的兴起对四川其他地区石窟的密教造像也有一定的影响。盛唐以后，广元石窟的开凿就开始进入漫长的下坡路，在那之后的造像多数为中、小型龛，造像内容以单尊或多尊观音的组合为主。到了五代时期，就已经是"古龛灵迹，鲜驳苔封"①。

总的来说，广元造像背光题材相对广泛，内容比较丰富，呈现出规律化、秩序化的构图特点。它们是遵从于一种人们由生活原型中提炼并且加工而成的美的格式，然后用这种格式去再现宏观世界，具有强烈的节奏感、韵律感和特有的艺术魅力。描绘十分细致，造型构造合理，构图比较完整，色彩使用协调，层次比较分明。装饰构图则好似程式化、韵律感极强的诗歌和戏曲。广元千佛崖、皇泽寺背光图案别具一格，重复中不雷同，既有跳动的线条，又有传统旋律的形体结构；既有铺地卷成，又有支条卷成。繁花似锦这种表现方式是唐代宗教艺术家创作背光的重要艺术特点。

（2）形态

广元初盛唐石窟造像背光从外形分有七类，分别是莲形、桃形、椭圆形、圆形、扇形、舟形以及长圆形。

莲形背光是佛教艺术的一种经典形象，这种类型大量出现于佛教发展的早期，隋唐时期逐渐减少。莲形背光的表现形式为头光、身光为莲花叶形状，有大莲叶、小莲叶和双莲叶三种形式。看上去为双叶叠层的莲形背光，这种形式被人们称为莲叶形，这种类型在早期是比较多见的。莲叶形广泛地被人们应用，是因为佛教常见的象征主义题材是莲花。佛经记载，释迦牟尼降生时一只手指天，而另一只手指地，脚下则是步步生莲。于是后来释迦牟尼则常常坐在莲花宝座上。由此可以看出，莲花乃为佛教圣物。

在南北朝时期，千佛崖第七号窟（图4-5）出现在背光的头光、身光表现形式为叶尖朝上似桃形状，看上去好像是一个桃子。千佛崖第七号大佛龛的主

---

① 龙显昭. 巴蜀佛教碑文集成 [M]. 成都：巴蜀书社，2004：81.

佛身光表现为桃形，这是具有代表性的表现手法。

椭圆形，早期就有所表现，隋唐时期仍在继续，但是数量十分少。在头光、身光上采取椭圆的形式出现，是椭圆形背光最为常用的表现形式。

早期仅仅是菩萨头上有圆光，个别佛像头光也会有一些。到了隋朝，仍是头光为圆形。初唐时期，已部分出现身光采用圆形的表现形式。到了盛、中唐的时候，圆形背光已经开始大量地出现，逐步走向成熟。它的主要表现形式为，背光绘一个大圆环，中间绘有多种图案，唐代的圆形背光表现形式主要存在两种形式：一是两圆交合为背光，头光超出身光，头光、身光自成圆，大圆套小圆；二是整个背光为圆形。

扇形在早期背光中还没有出现，大约从隋代开始零星地出现。扇形背光的表现形式与芭蕉形状比较相像，同时，似乎又与古代侍女为帝王打的折扇有几分相似，这种形状同舟形相较稍长，近似于将半椭圆形竖立起来的模样，它的特点多为上宽下窄。有的则是上下比例基本一致。有人认为这种类型实则为椭圆形，它与椭圆形的区别在于长而不圆，稍带方形，上大下小，因此被人们称为扇形，这种类型主要出现于初唐时期。

舟形，最早发现于早期洞窟，初唐时期仍被人们继续沿用，但是数量并不是很多。舟形背光与其他类型的比较相对较少，出现在背光之中的头光或者身光形与舟形一样。比如说皇泽寺初唐早期第三十八号龛为舟形大身光。还有千佛崖大云古洞中第五百一十二号主佛，立主佛是以双重椭圆形头光、桃形身光及舟形整个背光。这种表现形式在广元石窟中非常少见。

长圆形背光集中出现在盛唐时期。它的表现形式为非椭圆或者圆形。圆而略长，既不是莲叶形，又不是圆形。这种类型的背光具有简单、单纯的特点。我们一般将它称为长圆形。圆形头光将长圆形身光包裹在它之中，准确地来讲为莲叶形，但是又没有用叶尖来进行表示。如果它没有叶尖，那么就不像叶形，所有的情况均为此类型，但多表现在身光上，如千佛崖第三百六十六号窟造像（图4-6）的背光就是这种类型。

2. 巴中石窟造像背光设计与形态

（1）设计

与北方石窟相比，巴中石窟背光图案的种类和数量并不是十分丰富多样。从地域特征来看，巴中石窟的背光图案无论是单体造型还是组合表现，都受到巴蜀地域文化的影响。比如，在背光照明中广泛使用的是卷草纹，这与巴蜀地区常年被山川森林包围的环境影响密不可分。背光中的图案基本上都有一定的设计考究，然后形成丰富多样的背光圈层表现形态。

一是两种模式的结合。由内而外，可分为五种类型：①莲花纹与素面纹的结合；②莲花纹与卷草纹的结合；③莲花纹与素面纹的结合；④素面纹与几何纹的结合；⑤几何纹与素面纹的结合。其中，以莲花纹为中心的背光图案占多数。在巴中石窟中，弟子及以下造像多采用两种背光图案样式组合，以莲花纹和太阳纹组合、素面纹和几何纹组合、几何纹和素面纹组合居多。有时为了表现自己不同的身份，更高层次的佛、菩萨的背光图案组合不仅丰富多样，而且更加精细。相比之下，那些等级不高的弟子、天王、力士的背光则相对简单。

二是三种模式的结合。由内而外，可分为以下两种类型：①莲花纹、卷草纹和火焰纹相结合；②莲花纹、太阳纹和卷草纹相结合。不同于这两种图案的组合，火焰纹一般是用来装饰的。从图案组合的角度看，莲花纹仍然是中心图案。在这三种纹样中，莲花纹样和卷草纹样同时出现的频率仍然较高。巴中石窟的背光中多有卷草纹，中央图案一般用莲花纹装饰。比如西龛第五号的主尊佛像（图4-7）与菩萨像和西龛第八十七号的菩萨都是以莲花纹为中心的。

三是背光中各种图案的组合。它是指由四到七个图案组成的样式。由内而外，主要有以下三种类型：①素面纹、莲花纹、化佛纹、卷草纹、火焰纹组合；②素面纹、几何纹、化佛纹、宝瓶纹、团花纹组合，几何纹和火焰纹组合；③莲花纹、太阳纹、几何纹、化佛纹、卷草纹、宝珠纹和火焰纹的组合。从各种图案组合样式来看，莲花纹、太阳纹、几何纹、卷草纹、火焰纹等图案出现的频率较高，而化佛纹、宝珠纹、宝瓶纹等图案出现的频率一般取决于整个龛窟的装饰程度，其中常随势变化而变化，在级别较高的佛像或菩萨像的背后，通常会发现许多图案组合样式，例如南龛第一百零三号主尊毗卢佛的背光（图4-8）。这尊造像背光很大，保存得很好。每一层的光圈清晰地描绘出云雷纹、化佛纹和宝瓶纹等不同的装饰图案。头光与身光层次分明，图案精美，衬托出整座雕像的庄严。

综上所述，背光中的所有图案通常都是中间有莲花纹，其次是太阳纹、几何纹、宝瓶纹、宝珠纹、化佛纹等穿插、变化在背光中间的圆圈中，似乎都出现在太阳纹和卷草纹之间，最后出现了卷草纹和火焰纹。而火焰纹更多地出现在背光的外圈层，如果没有火焰纹，卷草纹通常是背光的外圈层图案。

（2）形态

隋唐时期，巴中石窟的背光图案分布或紧密或松散，在图案和布局上都有很大的变化；中晚唐时期，巴中石窟的背光图案通常接近外圈层，形成外繁内简的环形背光结构。在巴中石窟的背光图案中，可以归类的图案一般都是常见的背光图案，如莲花纹、卷草纹、团花纹、化佛纹、宝瓶纹、宝珠纹、太阳纹、火焰纹、几何纹等，每种背光图案都受时间、地点等因素的影响，要么或密集或稀疏，要么或粗或细。因此，其表现形式也多种多样。

佛教龛窟中受北方传统佛教的影响，莲花纹是不可或缺的装饰图案之一。在巴中石窟中，莲花纹通常作为背光的中心图案，以半圆的形式出现。巴中石窟背光中的莲花纹主要有三种形式：单层莲花纹、双层莲花纹和变形莲花纹。莲花纹样多出现在初盛唐时期。它们大多圆润饱满，少数唐代莲花纹呈扁圆形，这可能与整体背光雕刻的形式感有关。从九瓣莲花的图案来看，佛像的地位基本是在佛像或菩萨级别，没有以下级别的僧众。由此可以推断，如果低级僧众用莲花纹装饰，主佛或菩萨造像后面的莲花纹数量不得少于同一龛窟内其他僧众的莲花纹数量。莲花瓣的数目大多是单数的。佛教传入中国以来，一直受到阴阳五行的影响。在阴阳五行中，阴是双的，即定、不变、死的含意；阳是单的，即进步、变化、生命的含意。由此得出，巴中石窟造像背光莲花瓣数量为单数与佛教仪式和阴阳五行有关的结论。

在巴中石窟背光中，卷草纹是常见的图案之一。它是一种以S形藤蔓为基本结构，两面有叶或果实的植物纹样设计。卷草纹形态本身有很多变化，藤蔓的厚度、叶子的大小和整体的动态趋势都会影响图案的形状。概括地说，巴中石窟背光中的卷草纹有三种：波状卷草纹、团状卷草纹和带状卷草纹。

在巴中石窟的背光中，波状卷草纹非常常见，具有代表性的龛窟有南龛第八十六号（图4-9），北龛第二号和十三号（图4-10）。这种卷草纹主要是以藤蔓为基本骨架，藤蔓上的叶子小而散，几乎没有果实的痕迹。卷草纹随着背光的整体造型蜿蜒而上，雕塑结构来回卷起，左右转动，栩栩如生。

团状卷草纹有许多实例，代表性的龛窟有巴中南龛第一百一十八号，西龛第三号、五号、四十四号（图4-11）。它的主要特点是藤蔓做二方卷曲，形成一个环作为基本骨架，叶子、果实等图案附着在环上，背光左右呈基本对称。

这种卷草纹样式比以前的更复杂。通常这种卷草纹的中心会与半圆莲花纹相搭配，呈现出繁简交错的独特感觉。这种卷草纹主要集中在初唐时期，造型结构丰富华丽，整体看似相同却有着微妙的内部藤蔓变化。

带状卷草纹代表是盛唐巴中南龛第六十二号。这种卷草纹的形状变化没有前两种复杂，其走向基本呈"3"字形，图案左右对称，造型曲线流动感十足，弯曲藤蔓内部有小的凸叶，由此削弱了对巴中石窟背光中所有卷草图案的表现。

在中国，早在魏晋南北朝时期就有一种关于团花纹的说法，隋唐时期团花纹的定义变得清晰明确。北方石窟的图案和花卉自然多变，绚丽多姿。与北方石窟相比，巴中石窟背光中的群体图案非常简洁。它经常出现在背光中，没有太多的装饰图案，反而突出了团花纹的点睛效果。具有代表性的龛窟有巴中南龛窟五十三号、一百零三号和水宁寺第一号。南龛第五十三号龛和第一号龛的团花数量为七个，南龛第一百零三号龛窟中的团花数量并不清楚，因为龛窟有遮挡和损坏。团花图案十分吉祥，寓意团圆完美。

巴中石窟的背光有两种太阳纹：梭状太阳纹和波状太阳纹。梭状太阳纹的代表性龛窟有巴中南龛第三十一号（图4-2），北龛第十二号和十三号（图4-12），西龛第五号（图4-13）、十号（图4-14）和八十七号。从形态上来看，巴中石窟背光处的太阳纹基本为阳刻（绘画技法除外）。除了雕刻技术稍有不同外，这种太阳纹的光形呈梭形，靠近头部的部分略呈扁圆形。波状太阳纹代表龛窟为巴中南龛第一百一十六号（图4-15），这尊阿弥陀佛头光上接近莲瓣纹的一周图案，便是此种纹样。光的形状是由六个波状组成，每六条为一组，用一个圆圈装饰形成太阳纹。资料显示："河北赞皇东魏时期出土过一种印制器皿，此种碗状器皿壁边有来回波折的曲线构成，有一种波纹放射的流动之感。并且在唐代窑藏金银中，亦发现过类似的银物器皿，其器皿边缘也是呈现'S'形的波状纹。"[1]这些S形波浪图案的表现与南龛第一百一十六号的太阳纹十分相似。这种波状太阳纹也是巴中地区一种独特的表现形式。由此不难看出，隋唐巴中石窟受到北方佛教文化的直接或间接影响。

巴中石窟背光中的火焰纹虽然在龛窟分布上不集中、不分散，却是一直出现的图案之一。它大致可分为两种类型：块状火焰纹和波状火焰纹。

---

① 关友惠. 解读敦煌·敦煌装饰图案［M］. 上海：华东师范大学出版社，2010.8：181.

块状火焰纹以巴中南龛第七十号龛（图4-16）为代表，此龛主尊背光是火焰纹，线条刚毅有力，刀锋般的刻画给人以视觉冲击感，充满硬朗和力量。与北方石窟背光中的火焰纹相比，这种火焰纹几乎消除了北方火焰纹的抖动和弯曲的焰纹形态，也简化了三两一组的火焰纹组合。这种形状虽然简化了火焰形态，但它将所有复杂的火焰形态简单化了，然后将它们组合成一个整体，使其在整体动量上不亚于北方火焰形态。

波状火焰纹与北方石窟非常相似，火焰纹的描绘呈S字形。具有代表性的龛窟有巴中南龛第六十二号（图4-1）、八十三号（图4-17）、一百零三号（图4-18）、一百零五号（图4-19）、一百一十六号（图4-15）和东龛第一号。其中，巴中南龛第六十二号主佛和两侧菩萨像背光外层火焰纹以S形为基本造型，火焰光间距非常密集紧凑。然而，在巴中南龛第一百一十六号、东龛第一号主尊的背光，描绘火焰纹的手法却特别相似，火焰光短，排列密集，火焰纹的圆层窄。与南龛第六十二号相比，南龛第一百一十六号和西龛第一号除圈层宽度变窄外变化不大。南龛第八十三号、一百零三号、一百零五号，火焰纹并不像前面描述的火焰纹那样是单簇火焰纹，而是由单簇和双簇交替组成的火焰纹背光。火焰之间的线条是圆的，形状是C形。整个火焰纹呈浮雕状，火焰纹表面向内浅刻，增强了火焰纹的层次感和立体感，火焰纹与光的结合可以突出火焰纹熠熠生辉的效果。

巴中石窟背光的几何纹主要有连珠纹、菱形纹、如意纹和云雷纹。

巴中石窟背光中连珠纹出现的频率高于其他几何纹，这与巴中石窟自身的造型和表现形式有很大关系。连珠纹起源于波斯，通过丝绸之路传入中国。是隋唐时期常见的纹样之一。受巴蜀文化的影响，虽然没有特别花哨的外表和复杂的类型，但通过不同的排列组合形成了新的图案形态。同时，由于其表达形式简单，可以与各种图案相结合。巴中石窟背光中的连珠纹，通常是用来连接内外圈的图案，达到填充负空间、连接不同图案的功能。根据连珠纹的排列方式，大致可分为两种：串联式连珠纹、不规则式连珠纹。①

在巴中石窟中，菱形纹多用于龛窟门楣和一些侧边饰，但很少用于背光。它的代表是西龛第二十一号的天王造像。天王的背光是一层圆环状形态，头部

---

① 成都文物考古研究所，北京大学中国考古研究中心，巴州区文物管理所编．巴中石窟内容总录［M］．巴蜀书社，2008.

中心附近没有图案装饰，圆环中有几个菱形的几何纹，这些菱形纹分别由连珠纹和直线组成。

如意纹和菱形纹一样，在巴中石窟的龛窟门楣和边饰雕刻中经常使用。最具代表性的是西龛第二十一号中的天王像。由于巴中石窟其他龛窟门楣上有上述菱形纹，加之巴中石窟龛多处风化破坏严重，许多背光图案难以辨认。

巴中石窟背光出现云雷纹的情况很少。巴中南龛第一百零三号是具有代表性的龛窟，它是在唐朝乾符四年即晚唐时期雕刻的。龛内菩提瑞像背后的背光是头光和身光的组合，是巴中南龛岩壁上最大的龛窟。此龛在头光和身光中均有一种呈 S 形的二方连续图案，由方折粗线条组成。云雷纹最早出现在青铜器的装饰和应用中。正因为如此，在巴中石窟的背光中很少能看到这种图案。在巴中只能找到一个关于云雷纹背光的例子，所以此龛的背光图案比较特殊。此外，安岳石窟的十六个罗汉龛和其他龛也有类似的背光图案，但它比巴中此龛而言要更为粗犷大气一些。

巴中石窟的背光还有其他图案纹样：化佛纹、宝瓶纹、宝珠纹等。

化佛纹，大多用周围的卷草纹装饰。例如，在南龛第六十二号、一百一十六号主尊背光中用卷草纹装饰的佛像就是。

宝瓶纹，巴中晚唐南龛第一百零三号的主背光出现有关宝瓶纹样。一般来说，它看起来像一个葫芦状。因为"瓶"和"平"在发音上相谐，所以有吉祥和平的意思。宝瓶中通常盛装净水或插雀翎、如意树等吉祥物，象征着福泽深厚、福智圆满。

宝珠纹，在巴中石窟的背光中相较使用化佛纹、宝瓶纹更为常见。它的形状大多是珠子和叶子的组合，叶子基本上是三片。具有代表性的龛窟有南龛第八十七号、一百零五号和西龛第七十三号。南龛第八十七号和一百零五号的宝珠纹以雕刻的形式呈现，西龛第七十三号则以绘画的形式呈现。虽然表达形式不同，但其造型结构相似。宝珠纹大多出现在佛陀或菩萨的后面，意思是光明清净，以消除疾病和灾难。

3. 川北石窟造像背光艺术特征

隋唐时期川北石窟造像的背光样式主要受南北朝时期中国北方石窟造像背光样式的影响。究其原因，第一，隋唐时期川北石窟的背光图案风格早在北魏时期就在中原地区出现，如巴中南龛第八十三号主尊与龙门石窟南侧交脚弥勒像龛中的背光火焰纹，火焰纹的形状都由波浪线组成，向上弯曲，火焰纹样相互呼应，充满活力。此外，隋唐时期，川陕之间的主要商路逐渐繁荣，北方中原石窟的背光风格也渗透到了南方川北地区，这直接影响了在川北的石窟中造像背光图案的造型风格。第二，北魏晚期是四川石窟出现最早的时期，大量龛窟被凿在广元南北交通要道上，其造像风格深受云冈石窟和麦积山石窟的影响，并流传到川北的巴中佛教石窟。川北石窟众多，虽然每个石窟的大小不一，但其背光总能给人一种简约之美，同时又不失华美精致的审美感受。同时，也体现了川北石窟精湛的雕刻技艺，突出了南方石窟造像及其装饰艺术精巧细腻的风格特色。川北石窟造像背光作为石窟的重要组成部分，在整个巴蜀地区佛教石窟中具有重要的历史地位和艺术文化价值。

（1）用线：简洁凝练、生动明快

隋唐时期，由于丝绸之路上中西文化的密切交流，佛教文化传入中国各地，佛教文化在传播和发展过程中逐步中国化，形成了具有中国特色的佛教石窟。中国画自古以来就讲究"以线造型"，从某种意义上说，线条是将客观事物的认识提升到艺术境界的重要手段，是非常具有概括性的。因此，在很大程度上，线条不仅是图案构成的基本要素，是艺术创作的核心，也是雕刻技术的核心。如北魏龙门石窟宾阳中洞、唐代宾阳南洞，背光图案线条粗犷流畅，喜欢用弯曲幅度大的各种曲线来勾勒图案轮廓，特别是对卷草纹、团花纹、火焰纹等装饰性强的图案更是常用疏密交错的线条，精细地描绘。这样，它与中国传统绘画中强调"以线造型"以充分表达审美情趣的做法十分相似。

隋唐时期，川北石窟广受北方中原石窟的影响，自然地继承了基本的表达方法，背光图案在线条的运用上非常用心，也更加注重中国画气韵生动的要义。但与北方石窟相比，川北石窟造像背光图案的表达似乎更注重线条的简化和精致，栩栩如生，使其与整个龛窟融为一体。川北石窟都是石刻的，技艺要求很高，因此，在用线上更难得细致、流畅、细腻。北魏时期，中原石窟的背光图案灵活而复杂，自隋朝传入巴中以来，这种表现手法从灵活到生动、从复杂到简单。总的来说，川北石窟装饰的奇葩，既能突出南方文化的细腻风貌，又能彰显北方文化的伟岸大气品格，特别彰显出造像背光气韵流畅、遒劲有力的造型特点。如巴中南龛第八十六号主尊背光处的卷草纹为浮雕形式，装饰感强，造型线条简洁流畅，略带圆润厚重感。从整个卷草纹的轮廓来看，曲线不仅能清晰地表达出每条滚草的生长走势，而且能呈现出大气、成熟、稳定的整体效果。从卷草纹的局部内轮廓来看，线条有序的排列和穿插的相互渗透，使细节非常生动美观，在一定程度上与外部轮廓形成了强弱对比、虚实相生的艺术效果。

巴中南龛第七十号主尊背光处的火焰纹线条刻画在技法表现上硬柔、疾徐、坚绵的巧妙结合，传达出不同的情感，表现出颇为丰富的意趣。在一定程度上，它不同于北方石窟背光中的火焰纹。北方石窟背光中的火焰纹通常形成熊熊燃烧的火焰形态，线条有较大的卷曲和抖动，而南龛第七十号主尊背光中的火焰纹，则以强烈的线条表现出旺盛的形态，严谨明确的轮廓线形成明快节奏的火焰纹，给人一种简约、安逸、自然的感觉。通过对线条的简化、细化和概括，整个火焰纹背光显示出强烈的情感性、装饰性和表现力。

根据雷玉华在《巴中石窟研究》中的说法，隋唐时期的巴中佛教石窟基本可以看作由皇家政府和民间共同出资开凿的产物，隋唐历代皇帝、官员虽多以道教为尊，但推行和崇尚佛教的政策与惯习也几乎从未间断过，这便促使民众自发的开凿活动日益盛行，龛窟数量也随之增加。① 事实上，人们挖掘的许多龛窟大多受到经济、技术、技法、文化水平等客观因素的影响和制约，其规模逐渐趋向小型龛和小型造像，背光模式在线条的使用和描绘上自然地产生了简单和一般的风格。简洁、大方、干净、利落的线条并没有给人一种简单乏味的感觉，相反，工匠们用最简洁的线条创造出最直观、最生动的图案，与图案本身所特有的极为含蓄深刻的佛教义理和意涵有着清晰而密切的联系。如此简单明了的线条所承载的宗教精神和精神信仰，是其他一般线条所无法比拟的，与北方繁复华丽的线条所承载的内容有异曲同工之妙。

(2) 造型：概括抽象、大气恢宏

川北石窟造像的背光为表现出在同一厚度不同层次的形式，反映出丰富多彩的视觉效果，其图案以浮雕为主，辅以线刻和镂雕。这样，造像背光中的所有图案都可以相互统一，达到完整和谐的视觉效果。"浮雕的观念起源于'视觉投影'的印象。"② 在川北石窟的雕刻中再次得到印证：川北佛教石窟的背光将

---

① 雷玉华. 巴中石窟研究 [D]. 四川大学，2005：105－112.

② [德] 希尔德勃兰特著，潘耀昌等译. 造型艺术中的形式问题 [M]. 北京：中国人民大学出版社，2004：49.

浮雕与投影完美结合，创造出浪漫、生动、有趣的形态。

与北方形状多变的莲花纹相比，巴中南龛第一百一十六号主尊背光处的莲花纹略显单一，它的花瓣总是以半圆为基本形状，富有节律地做周装饰状。从某种程度上说，北方石窟背光中的莲花纹更为逼真，就像同时期龙门石窟万佛洞西墙中央的阿弥陀佛背光中的莲花纹一样，花瓣的造型似乎更接近真正的荷花形态，单层花瓣之间皆涂上小花瓣，增加层次感，疏密对比分明清晰，这种表现手法的莲花纹从巴中南龛第一百零八号可以找到相似的影子。但巴中石窟背光处的莲花纹多为纯半圆花瓣，因此不难推断，北方石窟对巴蜀石窟的影响较大。北魏龙门石窟、云冈石窟造像的背光莲花纹比隋唐巴中石窟造像的背光莲花纹复杂、装饰性更强。可以看出，川北石窟造像的背光设计在继承了北方石窟主要造像手法的基础上进行了创新，外形更加几何化。那么，这样简单的造型会不会在整体背光中显得有些生硬和突兀呢？我们知道，中国艺术不同于西方艺术的根本原因在于其独特的造型形式语言和文化背景处置。"艺术形象对于生活而言，必须重新地组织，要比自然形态来得更经典、更单纯，使其内在本质特征更集中、更突出……做到了恰到好处，都是可以达意传神的。"[1] 莲花纹的朴素造型与周围繁杂的卷草纹、火焰纹形成强烈的对比，使矛盾对立和虚实相生表现得淋漓尽致，自然地驱动整个造像背光的节奏和灵动。这样，莲花纹将与造像背光中的每一个圈层图案有机结合，形成一个整体的背光，具有连贯性和韵律美。这样一个看似简单的造型，由于其独特的表现形式，可能会显得有些突兀，但此时，它却可以与之完美地融合在一起，形成自然大气的风格，让彼此发挥出最好的一面。

另一个例子是巴中西龛第五号造像背光中的卷草纹，茎脉有规律地相互盘绕卷曲形成二方连续的图案，这些具有生活节奏感的曲线遵循一定的规律，交错、排列、组合，呈现出华丽而极具装饰性的美，具有很强的装饰性。与同时期的北方石窟相比，背光中的卷草纹造型有很大的不同，主要体现在对卷草纹的茎、叶、花的描写上。比如唐代龙门石窟宾阳南洞阿弥陀佛的背光中，背光卷草纹基本上以叶和花为主要造型元素，叶厚花艳。川北佛教石窟的背光卷草纹样大多以茎为主要造型元素。为了使整体造型不过于单薄，加强了对茎的描

---

① 龙红. 风俗的画卷——大足石刻艺术［M］. 重庆：重庆大学出版社，2009：163.

绘，并以果实和小叶为点缀，使造型在一定程度上拓展了卷草纹的应用范围，突出川北石窟背光中卷草纹的造型特点。同时，内莲花、中卷草和外火焰的图案组合，形成了从简单到复杂的背光过渡形态。这种表现形式从具体的植物到抽象的概念造型，在很大程度上是审美情感的高度张扬和升华。

从南北背光图案的形态对比可以看出，川北佛教石窟的背光图案在继承北方中原装饰风格体系的基础上，开始了一些大胆的改造和创新尝试。从复杂到简单的演变状态，在一定程度上体现了具有巴蜀地域文化风格特征的背光模式造型意识，充分体现了巴蜀文化善于容纳、吸收、大胆合理地发展和改变外来文化的生活张力。当然，由于佛教石窟必须始终遵循一定仪轨开凿，在图案造型的创新上没有过分的夸张变化。也就是说，不能盲目地进行艺术创作表现。因此，背光图案在造型上总是能让很多信徒深深感受到庄重神圣的表达，严谨细致的雕刻技法对于气势恢宏的庄严神圣感的表现显得十分重要。

（3）敷彩：亮丽雍容、对比强烈

川北的龛窟大多雕刻在人眼正常可视范围以外的较远崖壁之上，常常给瞻拜带来不便。中国民间有一句俗语："远看颜色近看花。"事实上，人们的视觉只能用大色块来区分或辨别。因此，图案之间色块的对比和变化就显得尤为重要。无论是在艺术创作还是在现实生活中，人们往往把情感寄托在色彩上，来抒发和表达抽象丰富的内心世界。

隋唐时期，川北石窟丰富多彩的形式，为庄严肃穆的佛像增添了另一种风格。川北石窟造像的背光经常采用鲜明的对比色，不仅增强了背光的整体视觉冲击力，而且渲染出浓厚的宗教氛围。色彩心理学指出，色彩的感觉不仅可以根据个人的情绪、状态等因素而改变，还可以受到宗教、风俗等因素的影响。可见，当各种客观因素赋予色彩情感的时候，色彩便不单止步于其表面，它将变得异常鲜活，从而带给人丰富的心理暗示和无限灵感[①]。

因此，在川北石窟背光中运用色彩，不仅具有相当形式的美感，而且具有深刻的宗教意义。川北石窟背光的常见颜色有青、绿、红、白、黑。大多数颜色明亮鲜艳，纯度和亮度都很高。白色通常用于突出显示或分隔图案，不同的图案或区域通常在背光中分离。由于自然风化和人为破坏，隋唐时期的龛窟大

① 陈莺娇. 从色彩的心理体验到设计［J］. 东南传播，2006（09）：89-90.

132

多变得难以观察和识别。然而，宗教石窟的敷彩运用是具有严格继承性和积淀的，这就为我们了解隋唐前期开凿的石窟色彩运用提供了历史依据。雷玉华所著《巴中石窟内容总录》中，明确提到巴中石窟现在的部分是清朝重新彩装的。即便如此，我们还是可以回望当时的敷彩状态。

比如巴中南龛第五十三号（图4-20）主尊的背光，青色为主，白色为辅，略带淡绿色为点缀。在色彩搭配上，亮度明显，对比度强，巧妙地利用颜色之间的亮度差来区分背光中的团花图案和背景色。背光中心采用与青色相同亮度、不同色调的红色装饰，与该龛中其他造像的背光不同。显然，红色能更好地反映造像的神圣和高贵。因此，龛窟的整体背光将优雅、含蓄、庄重、工整的色彩情感表现得淋漓尽致。另一个例子是巴中南龛第八十六号主佛背光配色。内环层以青色为主，外环层以绿色为主。因为它们在亮度和纯度上比较接近，所以用白色区分。明亮的青绿色背光与菩萨造像的慈祥端庄相得益彰。北魏云冈石窟的背光也采用了暖色调，而主体背光多为冷色调，造成了主、次空间的强烈对比。可以看出，隋唐时期川北石窟造像背光的色彩运用，巧妙地借鉴了北方石窟背光中将高纯度色块巧妙交错、合理组合，造成鲜明生动的色彩搭配，从而呈现出一种整体统一、局部鲜明的视觉效果。千千万万的信徒在如此浓厚的佛教氛围中，能感受到佛教的伟大和无穷的法力。

毕竟，川北石窟是工匠创造的供人瞻拜的佛教神物，不是纯粹的艺术形象。无论是佛陀还是菩萨，背光的色彩运用方式自然受到宗教仪规的限制。虽然颜色不能太多，但色彩的灵活运用还是相当用心的。一般来说，它是明亮的。其主要目的之一是保持与壁龛整体色彩运用的审美平衡，同时也保持背光中图案之间的风格关系，最终加强石窟造像与装饰的统一性。一方面，川北石窟必然会受到北方中原石窟宏大雕刻体系的影响，表现出共同的追求。另一方面，由于川北特殊的地理位置，不仅决定了川北地方文化的鲜明地方特色，也造就了川北人民开放、包容、创新的精神，这些地域文化在川北石窟的开凿中展现得无比精彩。在一定程度上，他们改变了北方背光色彩应用复杂多变的方式，由简单走向优雅。在北方中原文化与地方艺术文化的碰撞与交融中，充分展现了朴实、含蓄、庄重的巴蜀文化风格和丰富内涵为特征的色彩运用形式。

（二）其他石窟

龙红先生认为：中国石窟艺术的发展历史是一个非常复杂、有机、宏大的网络结构体系。由于不同地区石窟寺之间的关系错综复杂，存在着各种相互影响的现象，因此呈现出作用与被作用多向交流的立体状态。川北石窟艺术对巴蜀地区其他石窟的影响同样如此，就是整个巴蜀地区石窟造像艺术也几乎是北方特别是陆上丝绸之路沿线石窟的延续和发展。

"大足石刻的背光从构图到形式是莫高窟同时期背光的丰富和发展，宋时敦煌与中原有密切关系，四川的佛教艺术受中原佛教艺术之影响，因此，大足佛教艺术有莫高窟之源"，而"莫高窟早期及隋唐背光从总体上讲比大足石刻背光类型、内容丰富，而且线描细腻，但是到了宋代却远远不如大足石刻"，"莫高窟宋代洞窟的背光类型远远不如大足的繁盛"①。大足石窟中的背光在承袭北方和中原众多著名石窟造像背光艺术传统的基础上，依然表现出很多新创。尽管使用的工具没有什么特别，用料也是普通的砂岩，但大足石窟在装饰纹样的呈现效果上并不比莫高窟绘画差，在技巧上也有其独特的方面，平面构图上与壁画大体相似，成为石窟艺术精华之重要组成部分。一点不夸张地说，大足石窟所有造像的背光，都是经由能工巧匠悉心设计和雕琢的，并且具有内在逻辑性强的特点。龙红先生总结为两方面：一是背光的外在形式类型，包括背光由头光与身光组合的样态；二是背光的内在图案构成。

从外在的表现形式类型可以看出，两宋时期的大足石窟比同时期的莫高窟更具丰富性。但是实际上大足石窟造像开始雕造于初唐永徽年间，在晚唐、五代时候才出现较大规模的开龛造像，至两宋时期达到鼎盛。最初大多数表现为圆形头光而无身光，能够看作一个简易化的背光款式。以后逐步发展为蛋形背光、半圆形背光、火焰形背光、圆形轮辐状背光，及圆形头光与身光合而为一的圆形火焰背光和桃形火焰背光等。还有双重圆形背光及大圆形背光，后者最大的直径竟达 0.76 米，蔚为壮观。随机应变的圆与其他形状组合、多圆组合以及多种形状组合而成的背光样式则表现更多：

一是与圆形头光组合的有桃形身光、蛋形身光、椭圆形身光、莲叶形身光、桃叶形身光、莲瓣形火焰身光；

二是与桃形头光组合的有桃形身光、长圆形身光；

三是与圆形火焰头光组合的有桃叶形身光；

---

① 宫大中. 龙门石窟艺术 [M]. 北京：人民美术出版社，2002. 01：53.

四是大套小桃形的身光与头光的组合；

五是法轮形头光以及毫不封闭而极具灵活开放性质的背光样式。莫高窟、云冈石窟和龙门石窟等几乎不曾见到过的，譬如北山佛湾第五号龛毗沙门天王（图4－21）身后的火焰纹牛角形背光、第十号释迦牟尼佛龛中摩诃迦叶弟子项后做锯齿状仿佛法轮一般的圆形头光、宝顶圆觉洞中诸菩萨身后的漫云形背光、瑞云形背光为代表的浪漫自由的云形背光乃至千手千眼观音像一千零七只手如孔雀开屏状形成的放射形背光等。

当然，总的来说，背光的主要形式还是为圆或近似圆。

宋朝是大足石窟最为成熟的时代，单从当时造像背光技术的精湛程度、广泛流行就能够看出它在当时冠绝古今的境况。因为是摩崖石刻，所以它和敦煌石窟那样的绘画性比较起来是更加困难的。然而也正是川人这种不怕困难，坚韧不拔的精神，才成就了巴蜀石窟艺术富有特点的创作。其中，背光中头光的一部分——金刚印长毫光和用那种格外婉转潇洒的飞天做头光外沿的方式，尤其让观者浮想联翩，仿佛进入了一种脱离时间长河、穿越天地的神奇境界。

再说立于宝顶、北山和石门山几处的佛母大孔雀明王经变相，它的背光就比较特别，在外在的样式结合和内在图案构成两方面又是一种更佳的宗教艺术创作，观看后让人惊叹不已。大足北山佛湾第一百五十五号孔雀明王窟保存得极为完整，其主像是佛母大孔雀明王菩萨，结跏趺于多层莲台之上，戴高花冠，形象优雅端庄，耳饰坠吊于胸口，身披荷叶形短披肩，臂弯擎带，胸臂裸露，天衣着身，璎珞饰胸，禅垫及飘带自然下垂盖过莲台。为了显得比较和谐，石窟三壁之上还刻满了结跏趺坐在莲座之上的千佛，共1066尊。它们体型不大，而其面目、衣冠与手姿互不相同，变化多端，秩序井然的排列足以和妙相庄严的明王菩萨、雄伟的孔雀交相辉映，使得窟内气氛热烈而又主次分明。此时，明王菩萨的背光制作基调已经很明确了，绝不能太过华丽，只能成为一种背景衬托。实际上也正是因为这样，大明王菩萨的背光由两个部分构成：脑后是圆形蓝白交映的火焰头光，火焰部分用阴刻线纹来表现，并且用厚重的红色着色；而身光部分是由白蓝色组成的椭圆形来表现孔雀的羽毛，羽毛图案凝练不夸张，色调沉稳不轻浮，和头光中的蓝白相应的圆形形成呼应，十分巧妙。孔雀的尾部向后翘起，从主像身后直达窟顶，并且又从后往前绕在主像的头上，构成了飘逸美丽的举身光。头光与身光一起，构成了仿佛具有动感的背光。这样的背光，自然而然地显得特别干练而大气。

"大足石刻的佛光较早期石窟的佛光装饰性图案大为简化，绝不意味着是简单粗糙化。许多龛窟为了突出佛、菩萨像的形象美与神韵，运用项光、身光达到技法简练而精彩绝伦。"①

徐顺智在《安岳石窟装饰图案研究》中总结了安岳石窟各个时期的佛像背光及构成。认为安岳石窟不仅继承北方、中原石窟背光艺术，而且在技巧、图案设计及雕刻效果上仍有创新，具有内在的逻辑性。具体表现：早期背光多为单个圆形头光无身光，而后逐渐发展为半圆形、蛋形、舟形、双层圆形、桃形及附有宝珠火焰纹的背光形式。另外头光与身光合二为一，直径较大，其组合表现较随机，此类型较特别。纵向上，安岳石窟与西南部地区石窟相比具有以下特征：一是二者将宝珠融入建筑物中较常见；二是在造像背光处的融入逐步减弱。从南北朝晚期到唐代晚期佛教艺术中，火焰宝珠纹的流行与净土信仰关系颇为密切。净土信仰为安岳石窟宝珠纹的发展提供了丰厚的土壤，但在宗教艺术上，新题材的涌现和风行不是独立呈现的，其过程中起关键作用的是支配社会阶层的统治思想。

同净土信仰的联系来看，安岳石窟宝珠纹流行特点表现在以下几方面：第一是集中地表现在摩崖石刻造像背光中的图像性；第二是与佛教其他宗派有极为紧密联系的圆融性；第三是背光处宝珠纹均有的易读性；第四是背光处常出现燃烧的火焰，可知强调宝珠本身的光明性（按佛经，诸佛国土的共同特征是光明越强烈，其国土越昌盛）。因此，安岳石窟宝珠纹有别于不同时期具有年代序列的敦煌莫高窟、响堂石窟、龙门石窟。

概括地说，安岳石窟背光具有如下特色表现。

一是"象征性"。安岳石窟唐代、五代、两宋时期背光从外形分桃形、圆形、舟形三种，具有象征性。头光似桃形，尖朝上，看上去像桃子称桃形，譬如卧佛院第六十八号释迦说法龛，卧佛院第七十号释迦佛龛，卧佛院第八十二号释迦佛龛，千佛寨第二十八号释迦说法龛。圆形较好理解，常出现在头光和身光上。早期仅出现在菩萨头上，佛像头光上较少有此形态。安岳石窟中圆形

---

① 卢秀文："大足石刻背光与莫高窟背光之比较"，重庆大足石刻艺术博物馆、重庆大足石刻研究会编：《大足石刻研究文集》（第3辑），中国文联出版社，2002年版，第108页。

主要有两种，一种为两圆交合为背光，仅有头光，无背光。另一种是卵圆形身光，圆形为头光，全部背光为葫芦形。譬如，圆觉洞的第十号释迦牟尼窟和第七号净瓶观音像窟。舟形，它与椭圆形的区别在于长而不圆，上大下小，因此也称其为扇形或舟形。譬如圆觉洞第二十三号佛道合龛。

二是"图像性"。佛教从汉朝传入中国后，与我国传统文化结下不解之缘。例如，中国古代诗、书、画向来注重意境与气韵，这是艺术境界的体悟，可见佛教文化中"禅宗"在中土文化中的渗透与广泛影响。因为禅宗注重"顿悟"的思想模式，故安岳石窟中背光内在装饰图案就是佛教思想与中国古代雕刻艺术家视觉图像追求的再现。

三是"逻辑性"。安岳石窟全部造像的背光，是雕刻家经过精心布局、周密规划雕凿而成。由头光与身光组合的外在形式的背光，以及背光雕刻图案的内在都具有逻辑性。并且，安岳石窟背光装饰性图案相对于北方石窟表现为精细中更为简化。

四是"创新性"。安岳石窟中的背光在承继北方石窟造像背光设计与形态的基础上，仍有创新——石刻代替绘画，二维变三维。

总之，从宗教文化的角度看，佛教造像背光讲究宗教义理与经轨，能体现佛神的能量。背光造型为圆形或近似于圆形，象征着圆融、圆通、圆满，正所谓空性是无我利他，智慧人生，圆融无碍、理事一体，处处圆满、处处自在；圆融和谐去待人处事，具有足够智慧能够融洽不同的关系；与自然环境与社会环境都能和谐共处，不令自己与他人生烦恼。圆和永恒，并加饰火焰纹、莲花纹、飞天纹、植物纹、回纹等装饰图案，再现了中华民族传统文化的表征。从美学角度看，无论菩萨、佛、诸弟子像或坐或立，背光的流动感与火焰的跳跃感结合，它们整体是趋向于竖式静止的，从而使构图上横与竖、静与动之间达到和谐与平衡。

插　图

图4-1　巴中南龛第六十二号阿弥陀净土变龛

（龛高4.72米，宽3.5米，深2.38米，主佛坐像高1.1米，肩宽0.52米，盛唐，左二十五尊，右二十七尊闻法菩萨）

图4-2　巴中南龛第三十一号地藏菩萨像

（龛高0.94米，宽0.8米，深0.2米，盛唐）

图 4 - 3 巴中西龛佛爷湾第五号弥勒说法龛

（龛高 2.7 米，宽 1.8 米，深 0.7 米，初唐）

图 4 - 4 广元千佛崖第十六号窟大云古洞正中阿弥陀佛

（佛立像高 2.38 米，肩宽 0.68 米，盛唐，阿弥陀佛立像）

图 4-5　广元千佛崖第七号大佛窟

图 4-6　广元千佛崖第三百六十六号窟
（主佛造像与二弟子，唐景云元年—延和元年）

图 4-7 巴中西龛第五号龛

（龛高 2.7 米，宽 1.8 米，深 0.7 米，初唐）

图 4-8 巴中南龛第一百零三号龛

（龛高 5.15 米，宽 5.1 米，深 4.9 米，唐乾符四年，毗卢遮那佛及两侧力士）

图 4 - 9 巴中南龛第八十六号龛

（龛高 1.96 米，宽 1.17 米，深 0.63 米，观音立像高 1.59 米，肩宽 0.2 米，盛唐）

图 4 - 10 巴中北龛十三号弥勒说法龛

（外龛高 1.69 米，宽 1.41 米，深 0.18 米，内龛高 1.47 米，宽 1.12 米，深 0.57 米，初唐）

图4-11　巴中西龛第四十四号龛

（主佛坐像高0.66米，肩宽0.3米，盛唐）

图4-12　巴中北龛第十三号弥勒说法龛

（弥勒佛高0.78米，肩宽0.24米，隋末唐初）

图 4 – 13　巴中西龛第五号龛

（龛高 2.7 米，宽 1.8 米，深 1.7 米，盛唐）

图 4 – 14　巴中西龛第十号龛

（龛高 2.2 米，宽 1.95 米，深 1.2 米，盛唐，左侧壁弟子与菩萨）

图 4 – 15 巴中南龛第一百一十六号阿弥陀净土变窟

（窟高 3.5 米，宽 3.8 米，深 1.97 米，主佛坐高 1 米，肩宽 0.45 米，盛唐）

图 4 – 16 巴中南龛第七十号龛

（龛高 1.86 米，宽 1.62 米，深 1.52 米，主佛坐像高 0.68 米，肩宽 0.37 米，盛唐）

图 4－17　巴中南龛第八十三号龛

（龛高 1.82 米，宽 1.36 米，深 0.91 米，坐像高 0.66 米，肩宽 0.28 米，盛唐，坐姿双头瑞佛及二立佛）

图 4－18　巴中南龛一百零三号龛

（龛高 5.15 米，宽 5.1 米，深 4.9 米，唐乾符四年，毗卢遮那佛及两侧力士）

图 4 – 19 巴中南龛一百零五号龛

（龛高 2.18 米，宽 1.91 米，深 0.67 米，初唐，西方三圣）

图 4 – 20 巴中南龛第五十三号龛

（龛高 2.44 米，宽 2.23 米，深 2.07 米，盛唐，释迦佛与二弟子二菩萨二天王二力士）

图 4 – 21　大足北山佛湾石窟第五号龛
（像高 2.5 米，肩宽 0.77 米，胸厚 0.4 米，唐末，中央毗沙门天王）

第五章

巴蜀石窟造像的头颈饰设计与形态

"佛子！菩萨摩诃萨以受灌顶自在王位摩尼宝冠及髻中珠……愿一切众生以智慧冠庄严其首，为一切法自在之王；……愿一切众生首冠十力庄严之冠，智慧宝海清净具足。……是为菩萨摩诃萨施宝冠时善根回向，为令众生得第一智最清净处智慧尼妙宝冠故。"① "如来头冠而足莲花，言悬河而心巨海。"② "虔恭三礼，仰示慈尊，冠亚而凤飒苻枝，璎珞摇而霞飞。"③ "经曰服乘白马至剃除须发者，述云此次入道类也。……宝冠璎珞者，即诸庄严具也。"④ "沐浴香薰，著明净衣，华鬘璎珞，严饰其身。"⑤《佛说观无量寿经》云观世音菩萨：顶上毗楞伽摩尼，以为宝珠，其天冠中，有一立化佛，高二十五由旬。《佛说观弥勒菩萨上生兜率天经》：天子皆修甚深檀波罗蜜，为供养一生补处菩萨故，以天福力，造作宫殿，个个脱身檀摩尼宝冠，长跪合掌发誓愿言：我今此无价宝珠及以天冠……今我宝冠化成供具等。这些经文说明佛和菩萨造像头颈佩戴宝冠和璎珞既有装饰作用，又象征其具有大智慧、显示光明、庄严其身等功能。本章节主要阐述石窟造像装饰中头部"宝冠"和颈部"璎珞"的设计与形态。

一、概述

自汉佛教文化传入以来，与其他宗教形式一样，佛教一直处于不断发展与完善自身的过程中。佛教不是一种简单的物的存在，而是一种涉及精神领域和

---

① 《华严经》卷廿四。

② 王重民，王庆菽，向达，周一良，启功，曾毅公等. 敦煌变文集·长兴四年中兴殿应圣节讲经文 [M]. 北京：人民文学出版社，1957.

③ 王重民，王庆菽，向达，周一良，启功，曾毅公等. 敦煌变文集·维摩诘经讲经文 [M]. 北京：人民文学出版社，1957.

④ 《无量寿经连义述文赞》卷一载。

⑤ 东晋僧伽提婆与僧伽罗叉译《中阿含经·木积喻经》（最早出现的即为汉代散译的原始佛教经典）。

社会生活各方面的内容丰富的社会文化现象。

冠，是古代首服①三大类别之一，用途不一。冠一般用来修饰即主要起饰容的作用。《淮南子·人间训》卷十："冠履之于人，寒不能暖，风不能障，暴不能蔽。"可见其实际功能十分有限，只是起到一种装饰、美化的作用。而在佛教中有关菩萨头冠的定义，李敏在《唐代前期艺术中的菩萨头冠》一文中有较为详细的说明，可以说对"头冠"一词的确切定义在各种文献资料参考中较为模糊及笼统②，推及佛典之中也无专门的定义，只是提到宝冠、天冠，或镶有宝珠，象征智慧与庄严。冠在世俗中就是一种身份地位的象征，佛教中菩萨头冠也一样。

"璎珞"一词，《古音骈字续编》卷五的解释为"璎珞，缨络，梵书"③，指出"璎珞"同"缨络"，词源由梵语而来。世俗生活中的"璎珞"和"缨络"通用，在佛教经典中也经常随意替换使用。实则二者是有区别的。

《玄应一切经音义》有"吉由罗应云枳由逻，此云缨络"④。在《说文解字》中，"璎""珞"二字均未收录，这似乎表示在汉代及其之前，中国人并不用"璎珞"一词指代颈饰。同时在《说文》中"缨""络"的解释为：缨，冠系也。从糸婴声。络，絮也。一曰麻未沤也。从糸各声。⑤ 则"缨"一字，既是形声字也是会意字，糸表义，音同婴。又"婴"一字在《说文》中的解释为"颈饰也。从女、贝。贝，其连也"⑥。则"婴"本身即贝类相串的颈饰，"婴"同"糸"共同表义。根据《说文》的解释，"缨络"为纺织物编连而成的冠饰或颈饰。不仅在词源上如此，在中国式的颈饰——组玉佩中，将玉、玛瑙、绿松石等串联起来的正是各种纺织品，也正因为纺织品的易朽，组玉佩的结构复原成为一个难题。不仅如此，在中国传统文化中，纺织品并不仅仅是作为连接饰物的材料，它本身即表示身份，并在秦代以后发展成表示身份差别的垂带"绶"⑦。

① 古代首服分为三大类：冠、巾、帽。
② 李敏. 唐代前期艺术中的菩萨头冠［J］. 敦煌研究，2004.06：48.
③ 杨慎，庄履丰，庄鼎铉. 古音骈字附古音骈字续编［M］. 北京：商务印书馆，1986.
④ 周法高编制索引. 玄应一切经音义［M］. 中央研究院历史语言研究所，民国81.
⑤ （汉）许慎.《说文解字》［M］. 北京：中华书局，2007：卷一三上：274，276.
⑥ （汉）许慎.《说文解字》［M］. 北京：中华书局，2007：卷一二下：262.
⑦ 孙机.《周代的组玉佩》，原载《文物》1998年第4期，《〈中国古舆服论丛〉增订本》［M］. 北京：文物出版社，2001：124 - 136.

"瓔"最早的解释出于《玉篇》，"瓔，瓔琅，石似玉也"①。"珞"字的出现则较早，《老子》中有"珞珞如石"②，意思是石坚硬貌。从二字的词源可以看出，"瓔珞"即玉石，出现的时间晚于"缨络"。《玉篇》的成书时间为南朝梁大同九年（543），已是佛教兴起的时间。《四库全书》记载"瓔珞"由梵文译成，且《玉篇》中亦明确记载"瓔珞，颈饰也"，说明此时已将"瓔""珞"二字连用指代颈饰。有学者认为作为外来词汇的"瓔珞"表示的是以金属为主制作而成，尤其以金属连缀而成的颈饰，因为不仅"瓔、珞"二字表示宝石，佛经中修饰瓔珞的词如"宝""杂宝""七宝""真珠"无一不指代玉石或金属。

因此"瓔珞"与"缨络"最重要的区别在于两个不同文化的民族，一个是常用各种贵金属制成瓔珞，且重视财富的南亚次大陆文化圈；一个则是喜用玉和布帛制作缨络，重视身份和礼仪的汉文化圈。

各种造像中，佛像的塑造一般有着严格的仪轨，虽菩萨的等级也是有严格区分的，但在中国菩萨像的塑造则相对自由，体现出不同时代和地域所造就的独特风格。

二、形态及设计意蕴

（一）宝冠

像所有佛像头上面的肉髻那样，菩萨像上都装饰有不同图案或形态的宝冠。由于宝冠由不同的图案组成，所以也被称为"华蔓冠"③。菩萨像宝冠的形态各式各样，它经历了一个从多样到统一的进程。从北宋晚年到南宋初年，宝冠的样式或高或低，或单或双，冠体边沿或有显著的边界线，或依附于花草纹样让边缘长短、高低不齐。南宋中后期，宝冠多为高单层结构，宝冠边缘以花卉为界。在此背景下，仅介绍了一些特殊的宝冠形态。第一类，"吕"字形态的宝冠，这与五代硬胎幞头的流行有关（据沈从文介绍，幞头在五代时演变为硬胎，也越来越方整）。第二类，筒形冠，是辽代的一种典型的宝冠，后来影响到了金代和西夏的菩萨像的宝冠。最后一类，博鬓冠，曾在《宋史·舆服志》中记录有："妃首饰花九株，小花同，并两博鬓。""皇太子妃首饰花九株，小花同，并

---

① （梁）顾野王. 宋本玉篇［M］. 北京：中国书店，1983.
② 周生春. 老子注译［M］. 西安：太白文艺出版社，1997：三十九章.
③ 刘冬. 大同华严寺辽代彩塑纹饰类型及特点研究［J］. 当代旅游，2018（6）.

两博鬓……中兴（南宋初年）仍旧制。""命妇服，政和议礼局上花钗冠，皆施两博鬓，宝钿饰。"① 宋代妇女通过佩戴博鬓冠来彰显身份的高贵，如在台北故宫博物院珍藏的宋钦宗皇后像（图 5-1）、宋仁宗皇后像和宋真宗皇后像，在河南登封城南庄的宋代壁画墓中的贵妇人画像，和明仁孝文皇后像（图 5-2），她们都戴着博鬓冠。除此之外，在阆中市双龙镇的宋代墓葬中发掘出来的一对金质地的博鬓簪（图 5-3）也可以作为一种参照，它们是用不同类型的镂空花朵在卷草式边框里进行装饰，玲珑剔透。

宝冠主要是通过使用植物纹样对其主体部分进行装饰的，按照植物纹样的不同划分为卷草纹与牡丹纹两种宝冠，各种纹样又可以根据不同的型和式进行细分。

1. 卷草纹宝冠

菩萨造像和宝冠造像中的卷草纹宝冠一直都非常流行，北宋时期的大部分卷草纹宝冠都沿袭了唐朝、五代的传统，南宋时期兴起的世俗图案就影响了不少的宝冠卷草纹形态，在南宋中后期形成了一种极为复杂而优美华丽的形态。按照卷草纹形态的差异，可以将其划分为两种类型：首先是一种茎和叶相互运用的卷草纹宝冠，是通过多个 S 形的叶片依次翻转串联的，茎和叶片可以相互运用，延续不断，在菩萨像宝冠中得到了广泛的使用；其次是茎蔓添叶型卷草纹宝冠，加在树干和藤蔓上，形成弯曲的、内旋的骨架，上面有抽象的枝干，郁郁葱葱，既可作为菩萨像的宝冠，也可以作为佛陀的宝冠。到南宋中后期的时候，后者逐渐取代了前者，形成了具有地域特色的宝冠形态。

（1）茎叶互用型

这种宝冠在北宋后期到南宋中期很流行，南宋后期就比较罕见了。北宋后期和南宋早期的则是承继了唐朝、五代的菩萨像宝冠的传统，根据南宋中前期实例推测，可能是受到了本地南宋墓葬镌刻等世俗风气的影响，卷草纹产生了明显的变革。北宋和南宋初期，多数 S 形叶片以旋涡的形式对称排列，中间以佛为中心，叶片是圆形的，通常描绘有叶脉的纹路，布局则更为稀疏。

（2）茎蔓添叶型

①菩萨像型

此类型流行于北宋后期到南宋后期，共分为两个阶段：第一阶段从北宋后

---

① 脱脱等. 宋史［M］. 北京：中华书局，1977：3535，3536.

期到南宋早期，约自 11 世纪 80 年代至 12 世纪 70 年代，有疏、密两种形态。以S、M 或 8 字形状的茎蔓为骨架，高低或左右舒展，依赖茎蔓，布列了一系列饱满、光滑、圆润的 C 状叶片，形成带状图案（主要有二方连续和四方连续）的构造，并排列布置在单层或双层冠体上面。在南宋中晚期的第二阶段，大约从12 世纪 80 年代到 13 世纪 40 年代，这种图案是由草卷而成，茎、藤加叶片而成，形态致密。以上两个阶段三类造型为基本框架，采取混合或叠加的方法，通过许多单个由茎蔓内旋成的圆形或环状展现，许多 C 形的叶片密密地覆盖在上面，这些 C 形的叶片似卷云般分布，并且把摩尼珠、簇花、穗状璎珞等纹样点缀在宝冠的下边缘，装饰非常复杂。

②佛像型

宋代时期，在大足、安岳区域，前后创造出了一系列宝冠佛像，从北宋后期一直持续到南宋后期。它们中有一部分是作为三佛中间的佛像，一部分是作为柳本尊十炼图像的主体佛像，也有一部分是作为一个独立的佛像，但绝大多数都是华严三圣主尊。学界认为，这种佛就是法身毗卢遮那佛。茎蔓添叶型卷草纹作为毗卢遮那佛宝冠最关键的装饰图案，在南宋中后期的时候盛行，和菩萨像宝冠协调生长，说明它可能直接借鉴了菩萨像的造型要素。毗卢遮那佛通过宝冠佛的方式展现，这也与《华严经》中所传达法身毗卢遮那佛需要通过行菩萨波罗蜜造就的信条和教义一致，其大致是菩萨像造型要素影响毗卢遮那佛的根源。

2. 牡丹纹宝冠

菩萨像造型随着牡丹纹宝冠的出现，在历史演变上开辟了新的阶段，在北宋后期至南宋后期都颇受欢迎，被视为佛像流行化、本土化的真实写照。宋代人喜爱牡丹花，牡丹花的图案也流行起来，进而影响了菩萨像的装饰。

牡丹花发源于华夏，在唐朝时期，被视作繁盛富强、雍容尔雅的符号，在统治者和上层阶级中颇受青睐。在宋代，牡丹花的发展达到了顶峰。花卉史研究成果显示，宋代牡丹谱录约二十一项，品种多达一百九十一个，遥遥领先前朝。从宫廷到民间，各地都有珍爱欣赏牡丹的习惯，佛教寺庙也成为欣赏牡丹花的绝佳场所。"花开时，士庶竞为游遨，往往于古寺废宅有池台处为市井、张幄帟，笙歌之声相闻。"① 四川彭州"囊时永宁院有僧，种花最盛，俗谓之牡丹院，春时赏花者多集于此"②。中国第一部牡丹谱《越中牡丹花品》即为僧人仲休（或仲林）所作③，可见佛教人士对牡丹的由衷热爱。当时，珍爱牡丹花的习俗盛行时，牡丹花纹也成为这一时期最重要的装饰图案，在陶瓷、丝织品、建筑雕塑、器物装饰和壁画上都可以发现牡丹花的身影，同时牡丹花也被用来装饰佛像。

虽然宋代社会普遍喜好牡丹花，但以牡丹花图案装饰菩萨像的例子，却主要分布在北宋后期到南宋后期的蜀地，牡丹培植焦点地区的转移是其主要动因。唐朝时期，牡丹的栽培中心主要分布在北方的长安和洛阳。牡丹花作为五代十国时期的观赏花卉流入蜀中，但直到五代十国末期名贵牡丹花种才流入民间。四川一经引进牡丹花的栽培和观赏后，牡丹花在两宋时期就很快发展起来了。陆游就曾于南宋淳熙五年著成《天彭牡丹谱》一文，具体描绘了彭州牡丹的盛况。在《花品序》中就曾描述道："牡丹在洛阳为第一，在蜀天彭为第一……崇宁之间亦多佳品。"④ 可以看到，四川彭州的牡丹花在北宋晚期已经闻名于世，同时，以牡丹花作为菩萨像装饰的宝冠在南方也流行开来。至南宋时期，四川已经成为全国牡丹花的种植中心，牡丹花纹宝冠也随着牡丹花图案的流行进入了全盛期。

在菩萨像的牡丹花纹的宝冠上，牡丹花图案基本上由花、叶、茎组成，茎部呈现出各种抽象的曲线，花、叶则是造型的重点。根据牡丹花图案的花和叶的形状，牡丹花纹宝冠又可以分为三种类型：写实型、装饰型和介于两者之间的。

（1）写实型

牡丹花和牡丹叶的图案基本上模仿了实际的形态。在这种菩萨像宝冠上的牡丹花图案惟妙惟肖，带着人们回顾了古老的簪花风俗。簪花，也被唤作戴花，通过在发冠上佩戴花朵进行装饰。据学界研究，在汉代时簪花的习俗已经开始流行，到宋朝时达到了顶峰，无论是男人、女人、老人还是孩子，不论身份的

---

① 欧阳修. 洛阳牡丹记［C］// 欧阳修全集（上）. 北京：中国书店，1986：529.
② 陆游. 天彭牡丹谱［C］// 陆放翁全集（上）. 北京：中国书店，1986：259.
③ 成书于北宋雍熙三年（986），现残存其序。参陈平平《中国宋代牡丹谱录种类考略》，《南京晓庄学院学报》2000 年第 4 期。
④ 陆游. 天彭牡丹谱［C］// 陆放翁全集（上）. 北京：中国书店，1986：259.

尊卑贵贱，人们都佩戴着簪花。簪花不仅是宋朝时候的一项礼仪制度，也是节日时喜庆氛围的象征，更成为具有时代特色的民俗景观。因为宋朝时牡丹已经成为百花的代表，牡丹也成了簪花的最佳选择，关于簪花的记载在文献中的数量令人惊叹。其中，北宋时期的王辟之也在《渑水燕谈录》中记录着一幅宋真宗将牡丹花赠予大臣元老们的画面。苏轼在《吉祥寺赏牡丹》中也描绘了大家簪花佩戴牡丹的情景，即"人老簪花不自羞，花应羞上老人头。醉归扶路人应笑，十里珠帘半上钩"①。南宋周密《武林旧事》描绘了"牡丹芍药蔷薇朵，都向千官帽上开"的宫廷簪花壮观场面②。实物资料更形象地展示戴牡丹的场面，北宋刘履中在《田畯醉归图》中描绘了一位醉酒的老翁骑着牛归家的画面③，值得注意的是，老翁在头上佩戴着插有牡丹花装饰的高冠，这与苏轼诗词中的情景相似。周文矩的《宫中图》的主题是宫中妇女的生活，现存版本是在南宋时期临摹的，画面中的这些宫中妇女大多都在发髻上佩戴着一朵绽放的牡丹花。在南宋的《杂剧打花鼓图》中，女性则把一朵色彩明艳的牡丹花插入女式冠帽的右侧。④ 根据这些例子可以推断，宋朝时期流行的簪花习俗，可能是菩萨像写实型牡丹纹宝冠流行的重要原因。

（2）装饰型

牡丹花的花叶图案是由艺术家再次创作的，形成了一种具有装饰性的表现形式。这种宝冠形态的牡丹纹是唐代同一图案的延续，其富丽堂皇的气质一度赢得了北宋上流社会的青睐，成为北宋帝陵最重要的装饰图案。宋太宗的李皇后陵就在其东侧望柱上点缀着牡丹纹图案，似卷云般的叶片和花瓣，看起来和菩萨像宝冠上面点缀的牡丹花纹图案十分相似。特别是宋代官员的官帽也使用了装饰性的牡丹花图案。在巩义宋真宗的儿子周王的墓中发掘出土了一座石像⑤，头戴高冠，高冠以盛开的牡丹纹为中心，花朵繁盛饱满，花瓣卷曲翻转，富有活力，其与大足妙高山第四号窟观音像宝冠（图5-4）不谋而同。受到牡

① 苏轼. 苏东坡全集［M］. 北京：中国书店，1986：65.

② 周密. 武林旧事［M］. 北京：中华书局，2007：7.

③ 北京故宫博物院藏。启功. 中国历代绘画精品·人物卷2墨海瑰宝［M］. 济南：山东美术出版社，2003：图版58.

④ 北京故宫博物院藏。启功. 中国历代绘画精品·人物卷2墨海瑰宝［M］. 济南：山东美术出版社，2003：图版117.

⑤ 巩义市博物馆藏。

丹花图案以及世俗的乌纱帽的影响，以牡丹花纹图案为点缀的菩萨像宝冠受到欢迎也是水到渠成的。

（3）意象型

牡丹花和牡丹叶是在模拟自然形态的基础上进行了艺术化的处理，相比自然形态更为有序。按照牡丹花样式，可以分为密集式牡丹花纹宝冠和稀疏式牡丹花纹宝冠。

首先是密集式牡丹纹宝冠。牡丹花的花瓣密密麻麻，层层叠叠，这种类型的牡丹纹宝冠有很多例子，最主要的发展时期是北宋后期到南宋早期，有的还延续到南宋中后期。这种牡丹花纹在宋代受到了较多关注，有可能直接影响到菩萨像的牡丹纹宝冠。宋太宗的李皇后陵东侧望柱上刻画的牡丹花纹，在铜川黄堡镇窑址发掘出的印花"大观""政和"款牡丹花纹碗，以及在泸县宋墓雕刻的牡丹花纹等，这一时期的牡丹花密集重叠的形态与菩萨像宝冠的牡丹花图案密不可分。

其次是疏朗式牡丹纹宝冠。牡丹花花瓣肥大稀疏，这种牡丹花纹宝冠始于北宋末年，流行于南宋，在北宋末年到南宋初年有不同的形式。

在南宋中后期，菩萨像宝冠上面的牡丹花纹更加统一，例如在大足宝顶山中的大佛湾第十一号龛菩萨造像和第二十九号窟菩萨造像（图5-5）等。大多数宝冠左右各有一朵牡丹（少数是两朵牡丹），对称地排列在宝冠上，大多数宝冠总是通过侧面进行展示，如勾云般翻转的花瓣和叶片相辅相成。同时，在四川省的宋墓中相近似的牡丹花纹颇为流行，彰显出很强的地方性特色，这与菩萨像的牡丹纹宝冠的流行有着千丝万缕的关联。

密集式和稀疏式牡丹花纹图案，能够与宋朝时期记录在牡丹谱录中的单叶牡丹和千叶（或多叶）牡丹相互呼应，其中千叶（或多叶）牡丹花占牡丹种类的绝大部分，尤其受到宋朝时期人民的喜爱。与此同时，在北方，单叶牡丹花也逐渐被千叶（或多叶）牡丹花所替代，而四川在从北方地区引进千叶（或多叶）牡丹花后，这种牡丹花类型也开始流行起来。在《洛阳牡丹记》中记载："……左花之前，唯有苏家红、贺家红、林家红之类，皆单叶花，当时为第一。自多叶、千叶花出后，此花黜矣，今人不复种也。"同样，《天彭牡丹谱》曰："彭人谓花之多叶者京花。单叶者川花。近岁尤贱川花，卖不复旧。"又，"宣和中，石子滩杨氏皆尝买洛中新花以归，自是洛花散于人间"。由此可见，四川地区的千叶（或多叶）牡丹花并不属于本地区的种类，推测其可能是于宣和时期从洛阳引进的新种类。根据牡丹谱也能看出，单叶牡丹花比千叶（或多叶）牡丹花出现得早，而且它也是来自本地的一个种类，其在四川地区可能也有一个相当长的发展时期。尽管之后单叶牡丹花并没有再得到人们的重视，可是它仍在宋代牡丹花纹样中占据一席之地，尤其在四川的宋代墓葬中，牡丹花纹样丰富且富有变化，该地区的疏朗式牡丹纹宝冠可作为如实记录牡丹花纹发展过程的实例。

由此可见，宋代巴蜀地区的牡丹纹宝冠是在牡丹栽培达到高峰时期的产物。北宋后期牡丹花纹宝冠开始流行，到南宋时期风靡一时，与牡丹在四川发展的背景紧密相连。从北宋末年到南宋初年，菩萨像的牡丹花纹宝冠丰富多彩，实型、装饰型、介于两者之间的牡丹纹宝冠均得到较大发展，反映了当地世俗社会活跃的创造力。南宋中后期，菩萨像牡丹花纹宝冠的形状造型趋于一致和单调。

（二）璎珞

古印度早期的佛教图像中，以本生故事和佛教故事居多，是释迦牟尼成佛前的世俗形象。由璎珞装饰的佛教人物在这一时期装饰的佛像大多是药叉和药叉女。药叉和药叉女本是印度民间信仰的自然神，为佛教所吸收，是保护佛教的"天龙八部"之一。佛教中的药叉和药叉女地位虽然低于菩萨，但由于她们在民间形象的熟悉度，使其对佛教形象产生了深远的影响。作为树神，婀娜倚树的药叉女的优美形象直接被称为"佛祖诞生"形象的复制品。摩耶夫人用手攀树，腋下佛陀的诞生模式与这个药叉女有着密切的关系。药叉和药叉女的华丽装饰也在后来菩萨的庄严仪式中重现。由此可见，这门艺术的借鉴并没有因为层次的不同而停止，而药叉和药叉女胸饰的造型也直接影响到了后期菩萨的胸饰形态。除药叉形象外，这一时期窣堵波浮雕形象中的世俗形象也佩戴了大量璎珞，造型与药叉像相同，盘状式和垂胸式相结合是这一时期的主要风格。

贵霜时期，西北地区犍陀罗菩萨造像雕刻最多的是悉达多王子，其次是弥勒菩萨和少量的观世音菩萨。菩萨造像的胸饰极其复杂华丽，几乎每个菩萨都戴着三种以上的璎珞。中部地区的马图拉菩萨造像虽然创造了"印度风格"，但往往是佛陀造型，没有菩萨严身的珠宝饰物。马图拉最早佩戴璎珞的造像仍然是传统的药叉女，她的璎珞造型并没有摆脱桑奇等地的早期风格。印度南部安达罗的阿马拉瓦蒂以佛教建筑和雕刻为主，圆雕多表现佛陀像，这一时期表现佛传故事和药叉女的浮雕更多地依附于建筑。在胸饰像造型中，X 形胸饰更受欢迎，其造型简单，线形紧身胸衣用鲜花装饰。

笈多时期，印度古典文化全面繁荣，此时几乎与中国整个魏晋南北朝同步，也是中国佛教蓬勃发展的时期。在璎珞的造型方面，早期的款式继续流行，而更精致轻巧的串链式更受欢迎。无论是造像还是壁画的表现，这一时期的单圈珍珠项链随处可见。

从古印度早期到贵霜时期，再到笈多时期，璎珞的形制大致可以分为几种类型：

1. 盘状式

造像和壁画中的盘状胸饰有两种形态：一种是等宽胸饰，另一种是不等宽胸饰。等宽胸饰的几尊菩萨像，如贵霜时期的犍陀罗地区的菩萨，直接在扁平的金属带上锤揲出纹样图案。不等宽的则由多条链珠排列，中间串有大块宝石，两端用环扣固定，这种是 U 形的形态，中间宽，两端窄。

2. 对坐式

这种款式很特别，在印度发现的数量不多。大多数学者讨论的是在巴黎吉美博物馆（Musée Guimet）的王子菩萨雕像。巴黎吉美博物馆的王子菩萨造像、拉合尔中央博物馆（Lahore Central Museum）的两尊弥勒菩萨造像和白沙瓦（Peshawar）博物馆的弥勒菩萨四座造像都有类似的璎珞形态。只有吉美博物馆的王子菩萨造像和拉合尔中央博物馆的一尊弥勒菩萨造像才有此类表现，但在造型上，坐像和垂胸饰无疑是非常相似的。此外，这一时期的浮雕造型中，许多世俗人物也穿上了璎珞。对坐式璎珞的造型来源是垂胸式，把下半身变成两个童子是佛教艺术的定型。

3. 垂胸式

垂胸式造型是所有胸饰中最流行的款式。有金属链或珠链两种材料。垂胸式在不同时期流行的风格不同。

4. 斜挂式

斜挂式根据长度，分为垂至上臂和垂至胯部两种。拉合尔中央博物馆的弥勒菩萨立像上展示了这两种类型。垂至上臂的材料是珍珠，垂至胯部的材料是金属，一般来说，后者指的是斜吊。在金属链的造型上，或无坠饰或挂象征身份的金锁。

斜挂璎珞体现了印度人独特的佩戴风格。在本身的样式上斜挂式与垂胸式没有区别,唯长度稍长。但正如印度传统女装纱丽(Sari,Saree)的斜缠露肩体现了印度女性的灵巧与妩媚一样,斜挂式璎珞的发明也体现了印度独特的审美观。

5. 交叉式

交叉式璎珞即 X 形璎珞,在外形上是从肩膀向下到腹部交叉,然后垂落到身体两侧。一般来说,交叉部位有花或其他形式的配饰。丘拉科卡(Chulakoka)药叉女佩戴此种璎珞。贵霜时期的浮雕也表明它们在笈多时期不再流行。

璎珞是由排列和串联在一起的元素组成的。根据组成元素的类型来梳理,装饰元素包括几何纹和植物纹两大类,以几何图案为主,植物图案为辅。每个类别可以进一步细分多个元素。

几何图案元素有连珠纹、如意纹、圆形、项牌与菱形。进一步细分,连珠纹包括二排连珠纹与穗状连珠纹;圆形包括椭圆形、单圆环与宝珠三种形式;菱形主要表现为单菱形环。

庄严源自梵语 alankara,即装饰,原义为修饰、美化,引申为修辞、譬喻,是印度传统美学的重要范畴之一,在梵语诗学中指谐音、隐喻、夸张、奇想等来自想象的修辞方式,在印度艺术中指附丽于建筑、雕塑、绘画的装饰纹样或图像。[①] 璎珞庄严,不仅作为一种身体装饰。《佛说众许摩诃帝经》所记载的是作为建筑装饰的璎珞:尔时大臣共设权谋,即于近郊造一御园,亭池花果,林峦池沼,流泉飞阁,处处遍满。复以沉檀香木,杂宝璎珞,种种严饰殿宇楼观。[②]

不同级别的菩萨佩戴璎珞有明确的规定。《金光明最胜王经》记载,璎珞是五地及以下的菩萨用来庄严之物,六地及以上的菩萨无须以此严身,尤其到十地的菩萨已然是"如来之身",其本身所释放的"金色晃耀"已是璎珞等珍宝之光所不及。

在佛经中常有关于佛陀、菩萨甚至天女承诺的表述,只要以璎珞、香华等

---

① 王镛. 印度美术 [M]. 北京:中国人民大学出版社,2010:7.

② (宋) 释法贤译. 佛说众许摩诃帝经 [M]. 上海影印宋版藏经会,民国25.

珍宝诚心供养便可得其庇佑,实现自己的愿望。比如说,在《悲华经卷第二·大施品》第三之一中转轮王无诤念,大臣宝海,王及千子诸小王等以璎珞等种种宝物供养诸佛。

宝物常常可以起到增强人们对佛教信仰的作用。其中一个原因可能是宣扬在佛教西方净土中的美好,令人们向往之。此外,正是各种宝物的力量,让人误以为是佛菩萨的神力所致,所以才更虔诚。因此,佛教信徒通过供养宝物来寻求神灵的保护,而那些宣扬佛教的人也通过宝物来展示佛法的力量。在造像中,视觉之外的效果很难表现出来,所以现在看到的佛教造像中,特别是菩萨层面的描绘,我们主要强调璎珞的装饰作用。

概括地说,印度的璎珞造型有以下特点:一是佛教艺术中的菩萨璎珞造型反映了古代印度人民精湛的珠宝加工工艺;二是佛教艺术中的世俗人物与菩萨佩戴的璎珞没有区别;三是各级菩萨佩戴的璎珞数量不因级别而异。

印度佛教文化的发展早于中国,璎珞的设计和图案也在不同的发展时期与中国交叉体现。但是,由于文化的不同,所反映的文化现象和价值观也不同。例如,从古印度早期到贵霜时期,再到笈多时期,璎珞的形态发展为盘状、坐对、胸挂、斜挂、十字形。装饰以几何图案为主,植物图案为辅。但在我国,北魏时期的璎珞模式比较简单,只有北周时期才逐渐增多。在唐代,佛教文化的巅峰更是绚丽多姿。在璎珞与项圈的结合中,项圈的风格也在不断变化。从印度的菩萨像和中国各佛教石窟出土的菩萨像中,我们可以感受到璎珞装饰在两个不同文化圈不同发展阶段的变化。

在佛教中,各种造像通过其表情、服装、饰物和动作为人们创造了一种庄严肃穆的感觉。作为装饰品之一的璎珞,以其更加突出的雕刻和装饰,不仅给人们带来视觉上的壮丽感,而且似乎被菩萨的力量所折服,从而拥有更加虔诚的信仰。璎珞的差异也反映了菩萨级别的差异。当人们看到菩萨璎珞加身时,似乎看到了其所发出的光芒。不仅是璎珞,佛像中的每一件宝物、每一个细节,如香华、奏乐、天衣、宝盖等,都有其独特的意义。正是这种华丽细节的装饰使佛教造像更加深入人心。宝物的华丽庄严,让人感受到佛教净土的美好。时至今日,当我们看到过去留下来的佛像遗存时,仍然有一种虔诚感。似乎在几百年后的今天,我们也感受到了佛陀的力量。

无论是在印度占主导地位的次大陆文化圈,还是在中国占主导地位的东亚文化圈，我们都可以发现璎珞在不同的历史时期有着自己的特点。但总的来说，它被用来美化和装饰，使人们对佛教更加虔诚。古印度璎珞的不同造型和图案赋予人们不同的视觉美感，而中国璎珞的纹样图案则随着时代的发展逐渐华丽，并与项圈相结合，显得更加富贵端庄。但随着佛教文化的不断进步，为了让人们更好地感受到佛的力量，不同的文化圈也更加注重璎珞等的装饰，这在视觉上可以给人一种庄重的感觉。虽然目前"璎珞"的含义似乎有所不同，但对"璎珞"和"缨络"进行更深入的探讨，可以帮助我们更好地了解两种不同文化的传统思想，即次大陆文化和东亚文化圈，甚至是璎珞纹饰、造型等方面的微妙差异，对于探索南亚次大陆文化和东亚文化的佛教思想有着积极的推动作用。今天，对两种文化的研究，也能使我们更好地感受彼此的文化差异，更好地进行文化交流，使佛教艺术在当代焕发光彩。

璎珞严身并非菩萨一级中的最高供养，对菩萨的供养还有香华、奏乐、天衣、宝盖等方式。

随着佛教在中国的不断发展，菩萨佩戴的项圈也在发生变化。北魏时，菩萨的项圈只是一个简单的圆环，顶端呈现桃尖的形状。当时，项圈上几乎没有花纹，只有一些极其简单的装饰线条。北周时期，菩萨项圈图案开始丰富。衣领上有吊坠和珠宝，装饰线从最初的几何图形变成了具体的图案。隋朝时，项圈的配饰不仅限于吊坠和珠宝，在吊坠上还增加了更多的细节。从这一时期，项圈与璎珞开始出现组合，并随着范围的扩大而大受欢迎。为了与项圈相配，璎珞也由原来的单排、双排演变为三排、多排。唐代作为佛教发展的高峰期，佛陀造像的辨识度也是最高的，项圈的样式也发生了很大的变化，从原来的圆环向珠链样式转变，而下端则饰以精美的玉石，与璎珞相得益彰，成为唐代最经典的款式。北宋时，菩萨佩戴的璎珞更是简单小巧，抛弃了厚重的圆环式项圈，取而代之的是轻巧美观的珠链设计，也继承了唐代华丽端庄的风格。

总的来说，古代巴蜀石窟造像的璎珞佩饰造型风格呈现出繁盛而丰富的珠宝装饰时尚，雕刻精美，尤其是川中的安岳、大足石窟。例如，安岳千佛寨二十四号窟两侧的菩萨（图5-6）、安岳毗卢洞十号窟中间的毗卢佛像、圆觉洞第二十二号窟周边装饰璎珞的观音像。装饰风格相当华丽，造型结构复杂，风格十分相似，特别是在宋代这种强烈的装饰风格更为明显和突出。这种奢华富丽的装饰风格源于唐末宋初被称为"周家样"的周昉的佛教绘画中。周昉和这一时期的艺术家对于物质和精神的追求，深刻地影响了相当一段时期内佛教艺术风格的发展趋势。此时对贵族女性的描写反映了封建阶级建立在物质上的对精神世界的追求。同时，在唐代，也有一种流行的说法，说菩萨变成美女劝人诵经。在宋代的民间故事中，美女常被比作菩萨。这些世俗文化直接或间接地渗透到宗教艺术中，使菩萨在雕刻技法上更加女性化，也影响了菩萨身体璎珞风格的形成。

三、巴蜀石窟造像的头颈装饰

巴蜀地区菩萨造像的发展远远超出佛像，其中，有许多以胁侍形式出现的造像，还有很多以主尊的形式出现，并且体形庞大，菩萨也就成为佛教造像的中心。所以，菩萨造像在大足和安岳的分布比较密集，类似的合川和江津也零星分布。北宋中前期的例子很少，实质性发展阶段是从北宋后期到南宋后期，从 11 世纪 80 年代到 13 世纪 40 年代，造像活动持续了 160 余年。

（一）宝冠

巴蜀地区大足妙高山菩萨像的第三号（图 5 - 7）、第四号（图 5 - 8）窟的菩萨像戴"吕"字形宝冠。冠分为窄的上层和宽的下层，上层为规则的扁平形状，下层为略不规则的三至五面形。安岳圆觉洞第五十九号龛后的四川菩萨像（图 5 - 9），也有类似的发现。宋代巴蜀地区菩萨像"吕"字宝冠的边缘虽然不是很光滑，但似乎可以看到宋朝皇帝所戴的硬质幞头的影子。筒形宝冠出自合川涞滩二佛寺北岩南宋第二号龛菩萨像（图 5 - 10），菩萨像高大，接近辽代菩萨像，可能有受其影响。南宋安岳石羊场华严洞华严三圣像，冠两侧翻转的翅膀状物，应是宋朝皇妃博鬓冠影响下的产物。华严洞华严三圣像宝冠借用了世间最高贵的博鬓冠式，表明人们在塑造佛、菩萨像时充满了崇敬之情。

宋代巴蜀石窟菩萨像的宝冠可以清楚地分为两个阶段。一是从北宋末期到南宋初期，从 11 世纪 80 年代到 12 世纪 70 年代，卷草纹和牡丹纹的宝冠都有着多种形态，其冠饰图案和形状都是变化多样的，尤其是在南宋绍兴年间取得了巨大的发展，其宝冠的形状反映了人类的创造力。二是南宋中后期，从 12 世纪 80 年代到 13 世纪 40 年代，卷草纹宝冠与牡丹纹宝冠表现出同步发展的趋势，纹饰造型复杂，华丽而精致。总之，宋代巴蜀石窟菩萨像宝冠是佛像世俗化和本土化过程中的代表。

1. 卷草纹宝冠

北宋政和六年到宣和四年大足北山佛湾第一百八十号窟左墙第四尊观音像（图5－11），及南宋建炎二年大足北山佛湾第一百四十九号窟观音像戴茎叶互用型卷草纹宝冠。此类型的还有北宋的江津地区高坪石佛寺第一号龛水月观音像（图5－12）与第三龛日月光菩萨像（图5－13）。每尊造像宝冠卷草纹的细节描写都有一定的差异，但意境却相当一致，沿袭了唐末、五代大足、安岳地区的菩萨像卷草纹宝冠的造型传统。南宋初中期，以南宋绍兴十二至十六年大足北山佛湾第一百三十六号窟玉印观音像（图5－14）、南宋合川涞滩二佛寺所刻的菩萨像为例，其宝冠卷草纹饰趋向复杂，一方面冠体增加了U形璎珞、如意云纹、团花等造型元素；另一方面，卷草叶小而多，布局密集，类似于泸县宋墓的卷草纹雕刻。

北宋元符二年至大观元年安岳圆觉洞第十五号龛观音像、大足地区北山佛湾第一百八十号窟右壁上的第四尊观音像和第一百三十六号窟南宋绍兴十三年文殊像（图5－15）戴茎蔓添叶型卷草纹宝冠。宝冠茎蔓添叶型卷草纹沿冠轴左右对称排列，由中心向左右或两侧以上延伸，形成起伏紧密的螺旋状排列，节奏感和流畅感很强。这种形状相似的宝冠，在唐代的菩萨造像中一直很受欢迎，在巴蜀地区也很常见。宝冠的形状很简单，而宋朝在前人的基础上又经历了新的变化。例如，在南宋绍兴十二年，大足北山佛湾第一百三十六窟，观音像的宝冠是卷草纹的，骨架呈M状，另一个是以前从未见过的南宋时期合川涞滩二佛寺主尊两侧胁侍菩萨像宝冠卷草纹，骨架8字形结构。

大足地区的包括广大山、大佛湾、佛祖岩等和安岳地区的高升大佛寺、华严洞等石窟及造像中菩萨像宝冠，编年材料十分稀少。学者们认为，宝顶山造像群是南宋赵智凤在淳熙六年后策划和营建的。但是，对于安岳宋代造像的年代，学者们还没有达成统一的看法。上面提到的大足和安岳菩萨的造像，它们的宝冠、服饰和璎珞，都显示出高度的一致性。据推测，这两地造像的年代应该相对接近。两地菩萨宝冠茎蔓添叶型卷草纹，茎上密集排列的云状叶片，是大足、安岳一带华蓥安丙家族所刻南宋中晚期墓葬年代的参考。另外，安岳千佛寨第二十四号窟南宋绍熙三年的大势至、观音像，以及残存的冠茎蔓添叶型卷草纹，亦与上述例子一致。由此可以看出，此前所提到的安岳区域菩萨像可能是南宋中晚期的作品。这种宝冠的其余元素有多种形式。以前在宝冠中心设置化佛或宝瓶的普遍模式仍然流行，对单个佛像的使用呈现出泛化的趋势，从观音形象到十二圆觉众菩萨形象、涅槃图像中的菩萨形象等，而宝冠中央设立宝瓶仍然为大势至像的标志，如大足宝顶山大佛湾第十六号窟诸多大势至菩萨像，宝冠中央均设立宝瓶，它的上面发出豪光，拥有鲜明的区域特质。另外，在菩萨像宝冠上可以看到新奇的饰宝塔、五佛与七佛三式等。

其一，饰宝塔。到目前为止，仅在安岳的茗山寺第二号龛右边的菩萨像能看到（图5-16）。宝冠中央有一座七层密檐宝塔，底层有一尊佛像跏趺而坐。在以前的菩萨像中，在宝冠中央建造佛塔的做法很少见，这可能是受到印度弥勒菩萨形象的影响，而七层封闭檐口的佛塔则是典型的中国风格。

其二，饰五佛。具体的例子如安岳茗山寺第三号龛的文殊菩萨（图5-17），戴着一顶饰五尊结跏趺坐佛的五佛冠①。从左到右，第一尊佛像举起右手，好像施无畏印；第二尊佛像施禅定印；第三尊佛像施拱手印；第四尊佛像的印相不详；第五尊佛像的左手施触地印，右手举到胸前。中间第三尊佛像的拱手印，与大足、安岳毗卢遮那两尊佛像的手印相吻合，据推测也是同一种尊格。第一尊佛、第二尊佛和第五尊佛分别对应如来、无量寿佛和阿閦佛，因此这五佛应被视为金刚界领域的五佛。第二个具体的例子如安岳高升大佛寺第一号龛的普贤像（图5-18），有古大佛三尊，中间的是释迦如来，左右两边分别是文殊和普贤。（清乾隆年间安岳县令徐观海作《大佛禅院碑记》："治东六十里长林乡云龙山，石壁上肖像有古大佛三尊。中释迦如来，左文殊，右普贤。"）处于宝冠中心的第三尊佛稍大，施弥陀定印，可以认为是阿弥陀佛。其余的手放在袖笼前的腹部，不能判断其尊格属性。

宋、辽、金时期流行的五尊菩萨像宝冠，具有时代共性。在唐朝和宋朝年间，五佛冠在被翻译的密教经典中都有所涉及，是五智的意思。可以在毗卢遮那佛、诸佛顶尊与诸菩萨的头上看见。文殊菩萨像的宝冠装饰有金刚界五方佛的形象，这与经典的原意是一致的。普贤菩萨的宝冠上装饰着五尊佛，且阿弥陀佛在正中央，尤其注重阿弥陀佛对净土的信奉。它可以被看作普贤菩萨十大行愿归极乐净土的产物。《大正藏》第十册般若译《大方广佛华严经》卷四十《入不思议解脱境界普贤行愿品》："是诸人等于一念中，所有行愿皆得成就，所

---

① 五佛冠又称五智冠、五智宝冠、五宝天冠。

获福聚无量无边。能于烦恼大苦海中拔济众生，令其出离，皆得往生阿弥陀佛极乐世界。"普贤菩萨最后行愿为往生极乐世界，架起了华严与净土的桥梁，至此《华严经》菩萨行臻于圆满①。

其三，饰七佛。实例有三，安岳高升大佛寺第一号龛左侧文殊像（图5-19）、大足宝顶山大佛湾第五号龛左胁侍菩萨像、右胁侍菩萨像②。对于大足宝顶山大佛湾第五龛三尊像的尊格属性，学者们有两种观点，即"华严三圣"与"西方三圣"。综合来看大佛湾的图像组合，"华严三圣"观点更加合理。宋朝巴蜀区域的华严三圣像，文殊与普贤左右位置不一定，因为没有坐骑，所以很难再更深入地确定它的尊格属性。宝冠上的七尊佛分为两部分，上部是两尊佛，下部是五尊佛，都结跏趺坐。位于下部中间身体略大，头戴宝冠，露出部分发髻，施拱手印。剩下的没戴宝冠，手放在袖子上，腹部前方。大足宝顶山大佛湾第五龛佛像右侧菩萨像，宝冠上顶三尊佛，中央的戴有宝冠，下四尊佛，顶着宝冠，毗卢遮那佛跏趺坐施拱手印，而其他六尊佛像的尊格不详。

宝冠上出现的七尊佛像表明这不是偶然的。前两个例子似乎是在五佛的基础上加上两佛，但它们的内涵已经发生了实质性的变化。佛经中与七佛关系最密切的菩萨是文殊菩萨，它被誉为七佛之师，这种说法在宋代佛教界流行。文殊菩萨宝冠上的七佛，大概是基于文殊菩萨是七佛的老师的认识。所以，释迦牟尼佛的尊格被法身毗卢遮那佛所拥有，至于其余几尊佛，则是以前六尊佛的普通象征。普贤常常与文殊成对，形态上无明显的差异，只有独特的坐骑的区别。在这种情况下，普贤像依然可以同时选用文殊像的新型冠形。

巴蜀地区大足和安岳的石刻中有许多宝冠佛像。在卷草纹图案的宝冠下面，可以看到两三排螺旋状的发髻，用来突出石刻佛陀的尊格。根据宝冠的前面配饰可以大致分为柳本尊像和摩尼宝珠两种形式。

---

① 宋代，僧俗界不乏受持《普贤行愿品》往生净土的实例。志磐撰《佛祖统纪》卷27《净土立教志》："元照。住灵芝弘律学。尤属意净业。一日会弟子讽观经及普贤行愿品。加趺而化。西湖渔人皆闻空中乐声。"又："钟离景融。少师第七子……一夕命僧妙应诵普贤行愿品。炷香敬听毕。两手作印而化。自任氏少师大夫。三世得生净土。"（《大正藏》第49册，第278页下、第282页下）该时期普贤像五佛冠中心为阿弥陀佛，是普贤菩萨导归净土的象征，而采用五佛的表现，大概是借用了密教五佛冠的形式。

② 《大足石刻内容总录》持左文殊、右普贤的观点（第470页），四川省社会科学院出版社，1985年。《大足石刻雕塑全集·宝顶石窟卷（上）》持左普贤、右文殊的观点，重庆出版社，1999年。

其一，饰柳本尊像。例如，大足宝顶山小佛湾的毗卢庵南宋绍定四年的主尊（图5-20）佛祖岩毗卢遮那佛像①。安岳的茗山寺第五号龛、高升大佛寺第一号龛的佛像宝冠设置柳本尊像，且均在中间，除了少数部分受损外，一律头戴四方形的平顶巾，身穿交领居士装，结跏趺坐，左袖软放于膝上，这座雕像与大足宝顶山佛湾第二十一号壁龛上的柳本尊像极为相似，类似的还有安岳华严洞的毗卢遮那佛像（图5-21）。安岳、大足宋朝时期的石窟中有三个地方是柳本尊的十炼图像，第八炼展示了柳本尊割弃左膀的形象，而在毗卢遮那佛像宝冠中则体现为左边袖子随意搭放的形象，阐述了柳本尊由菩萨行证得法身毗卢遮那佛的历程。上面提到的具体例子主要是在南宋中后期，而赵智凤大力发展柳本尊的教法也和此有很大关系。

其二，饰摩尼宝珠。比如有，大足宝顶山大佛湾第十四号窟（图5-22）、广大山华严三圣龛之毗卢遮那佛像与安岳毗卢洞第八龛等造像。在宝冠的中间是燃烧着的摩尼宝珠，有些散发出两道豪光。宋、辽、金时代的似燃烧着的摩尼宝珠这一造型元素被宝冠佛像采用。

由此可见，随着唐、五代的发展演变，宋朝巴蜀地区的佛像茎蔓添叶型和茎叶互用型卷草纹宝冠也相继发展。从北宋晚期至南宋初期，造型富于变化，疏密皆有，后者逐渐取代前者，而后者也越来越被那时的社会世俗卷草纹形态所影响，越来越致密。南宋中后期，毗卢遮那佛宝冠的形状借鉴了同一时期菩萨的形状，佛冠的茎和卷须上覆盖着叶子形状的草卷。其中，柳本尊雕像的造型表现出浓厚的区域特色。

2. 牡丹纹宝冠

牡丹纹宝冠在特定的时期盛行于巴蜀地区，与宋代牡丹栽培中心的南移密切关联。

写实的花鸟纹样在宋代非常受推崇。牡丹的写实造型宝冠从北宋末期到南宋初期一直流行。主要见于大足妙高山第三号窟的文殊像和第四号窟左壁的第三尊观音像。前者在宝冠中央描绘了一朵盛开的牡丹，花和叶子呈上面观，花的边缘呈皱纹状，宝冠的两边分别装饰一朵含苞待放的牡丹。大牡丹花设置在后者顶部，做侧面观表现，用于描绘花瓣中的篦纹和花蕊。在宋代巴蜀区域的

---

① 宝顶山小佛湾毗卢庵洞外后壁《释迦舍利宝塔禁中应现之图》题刻"绍定四年（1231）"，应为毗卢庵的落成时间。《大足石刻铭文录》第192页。

墓室雕刻中，经常可以看到花瓣宽阔、藤蔓交织的牡丹花，与菩萨像宝冠的牡丹花纹相似。

装饰型牡丹纹宝冠流行于北宋晚期至南宋早期。在大足区域，有北山佛湾南宋绍兴十六年的第一百三十六号窟数珠手观音像（图5-23）和妙高山第三号窟普贤像、第四号窟左壁第四尊观音像。前两例宝冠中三四朵牡丹花随枝条起伏，后者宝冠正中刻画一朵饱满的牡丹花。三者牡丹花瓣为三层或四层，中心雄蕊，外层花瓣肥厚为造型重心，均呈卷云状，其余花瓣为单纯圆形或尖状桃形，装饰意义浓厚。其中前两例还集中刻画了叶片，形成了枝繁叶茂的开花景象，表现生气勃勃。

牡丹纹样宝冠的意象图像类型从北宋后期流行到了南宋后期。密集式牡丹纹宝冠诸如大足北山佛湾北宋政和六年至宣和四年第一百八十号窟观音像（图5-24）、南宋绍兴十二年至十六年第一百三十六号窟日月观音像（图5-25）、大足佛祖岩南宋文殊像和大足妙高山第四号窟大势至像等。它们的宝冠上描绘二到五朵牡丹花，随着枝条的起伏以直立、侧向和倒置的姿势对称地排列在冠体上。花冠里面那一层花瓣大多数为三瓣的形状，其余的花瓣是密集的，逐渐变细或展开和肥大。疏朗式宝冠上描绘了六朵上面观单层牡丹花，花瓣边缘呈三瓣状，如大足北山佛湾第一百八十号窟左壁第二尊观音像。以大足区石门山南宋绍兴十一年的第六号洞窟（图5-26）诸菩萨造像为例①，多数宝冠刻画二至四朵缠枝牡丹，花冠呈上面观，花瓣圆润饱满，瓣内装饰箆纹，花瓣中间常表现两片花蒂。以上两种风格的牡丹图案常用于宋代瓷器的表面装饰，或对菩萨形象的塑造产生一定的影响。大足妙高山第五号窟的南宋水月观音像，宝冠侧面描绘了三朵牡丹花，它们随着波浪状的枝条而变化，和华蓥安丙家族墓上的牡丹纹有许多相似之处，在宣和四年完成的大足北山佛湾第一百八十号窟（图5-27）共有十三尊观音菩萨像，牡丹花冠六例中，密叶型、千叶型牡丹五例，疏朗式单叶牡丹一例，说明人们对牡丹新品种的喜爱程度。

一般来说，从北宋晚期到南宋晚期，宋代巴蜀地区的石窟菩萨像精美的宝冠无疑是整个造像的视觉中心，牡丹花纹的宝冠和卷草纹饰的宝冠在此时都有了极大的发展。卷草纹饰的宝冠继承了唐、五代的造型传统，并随着宋代的卷

① 大足石门山第六号窟有多条"辛酉绍兴（1141）"的题记。《大足石刻研究》第544、545页。

草纹饰的世俗化发展而发生变化，形成了南宋中后期极其复杂的形态。牡丹纹宝冠是在川人大量栽培牡丹和宋人对牡丹的热爱的背景下产生的，是宋代菩萨形象的创造性杰作，恰当生动地反映了佛教造像的汉化进程。

（二）璎珞

就长度来说，更多的学者将璎珞大致分为三种形式：短璎珞、中璎珞和长璎珞①。

1. 短璎珞

安岳石窟菩萨短璎珞的主要形式是盘状与窄珠穿组式两种。他们大多是小壁龛里的菩萨和飞天。从唐朝到清代，短璎珞的装饰图案和璎珞的变化也从唐至清逐渐下降。安岳石窟造像项圈式中长璎珞居多，短小的则不多见。它们大多是安岳石窟早期的造像，继承了中原佛教造像的风格，装饰单一。挂在颈上的镶有珠宝的穿组式短璎珞，是由类似的宝石制成的。盛唐时期，卧佛院第四十五号十一面千手观音（图 5 - 28），戴着宝珠穿组式短璎珞，挂在胸前。短璎珞在安岳石窟并不常见，佩戴宝珠穿组式短璎珞也不多，没有敦煌、云冈石窟那么华丽，装饰以圆形图案和花纹为主。唐代有许多宝珠穿组式短璎珞，宋代则很少。

在大足，宋朝的短璎珞长度与唐朝一样，都是垂于胸，其主要形态分为项圈式短璎珞和宝珠式短璎珞两种。但与之相配的花、珍珠、宝石却不同于四大石窟，具有很强的地域性。

项圈式短璎珞呈金属环状，圆外环上经常装饰着各种各样的珠宝吊坠，环状部分装饰有五颜六色的图案，如带环的、荷花的、螺旋卷草的、连珠纹饰的等，花的图案是最常见的。在北山佛湾第一百八十号窟的十三种观音变相中，这种项圈式短璎珞（图 5 - 29）在观音装饰中也有，其项圈下面是一排紧密排列的珍珠。除了项圈，还有两层璎珞：第一层中间的图像是十三瓣莲花，看起来小而圆润，其余的则通过珠宝和菊花相连；第二层是荷叶吊坠，项圈式短璎珞继承了造像早期的风格特征，很明显，它受到南中国海国家的影响，我们可以清楚地看到它们之间的关系。

大足石窟只有三尊造像装饰宝珠式的短璎珞。北山佛湾第一百四十九号龛

---

① 阮立. 唐代敦煌壁画女性形象研究［M］. 武汉：武汉大学出版社，2012：109.

的主尊协侍白衣观音和观音，宝顶山大佛湾第九号龛的千手观音。它的表现是
一个项戴金属质地宝珠和圆环穿组而成的短璎珞，有些圆形的装饰品是花，有
些是宝石。我们看到有的两个同心圆雕刻在一些装饰品上，它既不像花，也不
像宝石。事实上，它是一块有眼睛的石头。这种图案的设计类似于美国考古学
家乔纳森·马克·基诺耶在《走进古印度城》中提到的"有自然眼睛图案的石
头"。乔纳森在书中写道："印度河的装饰品是非常壮观的，但这些珠子每颗都
有它自身的艺术价值，也可能有特别的宗教意义。亚洲整个的橙红色玉髓是鲜
血、权利和生育能力的象征，而蓝绿松石和自然眼睛图案的石头，通常用来驱
除恶魔的力量，尤其是魔鬼的眼睛。"①

原料组合的不同，所表现出来的气质也不同，高雅或清新，朴素或单纯，
或在项圈上添加一些装饰，以丰富内容。例如，北山佛湾第一百八十号龛的观
音，项圈上方的三朵花打破了项圈的形状，给观音增添了一些活力，使观音更
加世俗。

　2. 中璎珞

　　中璎珞的长度是由胸至腹，主要是受当时菩萨服饰的限制。璎珞为二至三
层，次要的元素联连在主要的元素上。根据璎珞主要组成成分的不同，可分为
盘状垂挂式和连珠纹垂挂式两种。在安岳石窟的菩萨造像中，华严洞的中璎珞
比例最高，如华严洞第一号窟左壁贤善首菩萨坐像（图 5 - 30）、清净慧菩萨坐
像（图 5 - 31）以及右侧壁威德自在菩萨与弥勒菩萨坐像（图 5 - 32）。还有圆
觉洞第七号窟净瓶观音立像（图 5 - 33）。千佛寨第五十六号窟右侧的菩萨像
（图 5 - 34）。在毗卢洞第八号窟的第七炼顶图中的文殊菩萨像（图 5 - 35）。盘
状垂挂式中璎珞与盘状短璎珞相同，璎珞呈类似金属环状。连珠纹垂挂式中璎
珞的首重是连珠纹，在华严洞左壁左四辨音菩萨身上戴着连珠纹式中璎珞。当
时的菩萨造像穿着厚重的衣饰，与唐代的薄纱体风格有很大的不同。用圆雕的
手法表现的衣服自然地堆在菩萨像的宝座上，菩萨所穿的衣服与当时普通人所
穿的麻布不同，菩萨的衣服类似于丝绸。菩萨像的胸前衣服敞开，可以看到里
面的璎珞，但就像在唐代的菩萨身体上覆盖着薄纱一样，很少裸露出来。璎珞
的装饰也从唐代的长璎珞变为挂在胸前的中璎珞，精致的璎珞装饰与菩萨的脸

---

① ［美］乔纳森·马克·基诺耶著，张春旭译. 走进古印度城［M］. 杭州：浙江人民出
　　版社，2000：248.

庞形成鲜明对比，凸显了脸庞的白皙。

3. 长璎珞

在安岳石窟，唐代的菩萨璎珞以 X 形长璎珞为主，少有短璎珞。敦煌石窟中出现了 X 形的长璎珞，并逐渐发展成为严身一副。在唐代，安岳石窟中很少有两个或两个以上的长璎珞组体，严身一副菩萨璎珞被分为三层，比如安岳石窟千佛寨第九十六号窟药师佛左侧左菩萨像（图 5 - 36）。

全身璎珞的上下部分是指璎珞分为两部分，与菩萨的衣饰相配。虽然菩萨的身体被厚重的衣饰紧紧包裹着，但是菩萨的胸前和脚踝上有很多种精心雕刻、变化多端的璎珞，就像一条被厚重衣饰覆盖的长璎珞。为了显示菩萨的庄严，在内衣饰和外包装处雕刻了两段璎珞，如千佛寨第十号龛左四菩萨像。在安岳石窟中，有相同的上下全身璎珞的还有圆觉洞第五十九号龛大势至菩萨像和圆觉洞第二十一号龛千手观音像（图 5 - 37）。上下通体璎珞是巴蜀石窟中菩萨璎珞装饰的典型代表，与北方石窟有着明显的区别。这种璎珞形式对大足石窟也有一定的影响，大足北山石窟第二百七十三号龛千手观音像（图 5 - 38）就用两段通体璎珞装饰。

在大足石窟中，其形式可以分为三种：

一是 X 形。X 形长璎珞可以说是中印文化兼容的结果，因为它们没有出现在印度的犍陀罗艺术中。在现实社会中，X 形的长璎珞也是实物。20 世纪末，考古学家在山西省天马曲村出土了一套造像类似 X 形的佩玉，其质地、塑像和佩戴图案与璎珞相似。

宋代继承唐代璎珞造像特点，X 形长璎珞多由三重珠宝穿组而成，并且在左右肩部链接。最上面为一串短璎珞，最下部一环珠宝链一般在腹部的位置或者略低，链中央一般以长命锁或圆形的装饰物作为分割，佛教造像法上称之为"严身轮"，由严身轮垂下二到三条宝石珠串至膝部或脚踝①。

大足北山佛湾的第二百四十号，二百五十三号（图 5 - 39）、九号（图 5 - 40）等龛中的观音璎珞均是 X 形。

二是 U 形。大足石窟也常见 U 形璎珞，主要分为两层。第一层是短璎珞，中间有宝石；第二层挂在腹部，中间有莲花图案、宝石或如意图案。在大足，

---

① 白化文. 汉化佛教法器服饰略说 ［M］. 北京：商务印书馆，1998：33.

这种璎珞很常见，宋代北山佛湾第一百二十五号龛（图 5-41）、一百三十六号窟的白衣观音（图 5-42）和日月观音，南宋北山佛湾第一百三十三号窟水月观音，宋代北山佛湾第一百八十号窟观音，宋代宝顶山大佛湾观音菩萨等，都是这种璎珞形态。

三是单一形。此璎珞有三至五串珍珠按垂直顺序排列，腹部有一串呈 U 形的珍珠。在大足石窟中很少有这种璎珞形态出现，如五代北山佛湾第二百一十八号龛的千手观音像。

插　图

图5-1　宋钦宗皇后像

图5-2　明仁孝文皇后像

图 5－3　四川阆中市双龙镇宋墓出土的一对金博鬓簪

图 5－4　大足妙高山石窟第四号窟左壁四尊观音

（像各高 1. 65 米，肩宽 0. 37 米，胸厚 0. 15 米，南宋）

图5-5　大足宝顶山大佛湾石窟第二十九号窟龛圆觉洞净业障菩萨像
（坐高1.45米，肩宽0.6米，胸厚0.22米，南宋）

图5-6　安岳千佛寨第二十四号西方三圣窟
（窟高6.6米，宽5.3米，深3.2米，中央阿弥陀佛，左侧观音，右大势至，唐宋年间）

174

图 5-7 大足妙高山第三号窟华严三圣坐像

（毗卢佛高 1.4 米，肩宽 0.7 米，胸厚 0.33 米，文殊、普贤各高 1 米，肩宽 0.42 米，胸厚 0.2 米，南宋）

图 5-8 大足妙高山第四号窟右壁五尊观音菩萨像

（像各高 1.65 米，肩宽 0.57 米，胸厚 0.15 米，南宋）

图5-9　安岳圆觉洞第五十九号龛大势至菩萨像

（像高1.3米，后蜀）

图5-10　合川涞滩北岩第二号弥勒说法龛

（右菩萨高2.73米，左菩萨高3.1米，南宋，左侧十地菩萨之二尊）

图 5 – 11　大足北山佛湾第一百八十窟左壁观音像

（群像高 1.91 米，肩宽 0.4 米，胸厚 0.2 米，北宋宣和年间）

图 5 – 12　重庆江津高坪石佛寺第一号龛水月观音像

（龛高 2.14 米，宽 1.97 米，深 1.22 米，北宋）

图 5 - 13　重庆江津高坪石佛寺第三号龛左侧日光菩萨

（龛高 1.6 米，宽 1.65 米，深 0.72 米，北宋）

图 5 - 14　大足北山佛湾第一百三十六号转轮经藏窟玉印观音像

（像坐身高 1.4 米，头长 0.48 米，肩宽 0.6 米，胸厚 0.24 米，南宋绍兴年间）

图 5 – 15 大足北山佛湾第一百三十六号转轮经藏窟文殊菩萨像

（像坐身高 0.9 米，头长 0.31 米，肩宽 0.4 米，胸厚 0.2 米，狮高 0.97 米，身长 1.46 米，南宋绍兴年间）

图 5 – 16 安岳茗山寺第二号龛右侧菩萨像

（窟高 5.5 米，宽 5.7 米，深 2.8 米，二菩萨均坐高 3.1 米，肩宽 1.2 米，北宋，左侧观音、右侧大势至并坐像）

图 5 – 17　安岳茗山寺第三号现师利法身龛文殊菩萨立像

（窟高 6.4 米，宽 6.5 米，深 3 米，立像高 5 米，肩宽 1.5 米，北宋）

图 5 – 18　安岳高升大佛寺第一号龛毗卢佛右侧普贤菩萨像

（像高 4.2 米，宋代）

图 5－19　安岳高升大佛寺第一号龛毗卢佛左侧文殊菩萨像

（像高 4.2 米，宋代）

图 5－20　大足宝顶山小佛湾毗卢庵第五窟毗卢遮那佛

（佛高 1.27 米，肩宽 0.53 米，胸厚 0.07 米，南宋绍定四年）

图 5 – 21　安岳华严洞第一号窟正壁华严三圣坐像

（窟高 6.2 米，宽 10.01 米，深 10.3 米，主尊毗卢佛坐像高 3 米，肩宽 1.2 米，右文殊坐青狮，左普贤坐白象）

图 5 – 22　大足宝顶山大佛湾第十四号窟毗卢洞正壁毗卢佛

（像高 1.62 米，肩宽 0.67 米，胸厚 0.25 米，南宋）

图 5 – 23　大足北山佛湾第一百三十六号转轮经藏窟数珠手观音像

（像坐身高 1. 955 米，头长 0. 255 米，肩宽 0. 44 米，胸厚 0. 26 米，南宋绍兴十六年）

图 5 – 24　大足北山佛湾第一百八十号窟普贤神变右壁菩萨群像

（群像高 1. 91 米，肩宽 0. 4 米，胸厚 0. 2 米，北宋宣和年间）

图 5 - 25　大足北山佛湾第一百三十六号窟日月观音半身像

（像坐身高 1.47 米，头长 0.52 米，肩宽 0.64 米，胸厚 0.24 米，南宋绍兴年间）

图 5 - 26　大足石门山第六号窟左壁五尊观音菩萨像

（像均高 1.82 米，肩宽 0.47 米，胸厚 0.25 米，南宋绍兴年间。左起：净瓶观音、宝蓝手观音、宝经手观音、宝扇手观音、甘露玉观音）

图 5 - 27　大足北山佛湾一百八十号普贤神变窟

（主尊像坐高 1.77 米，肩宽 0.7 米，胸厚 0.37 米，立姿菩萨群像高 1.91 米，肩宽 0.4 米，胸厚 0.2 米，北宋宣和年间）

图 5 - 28　安岳卧佛院第四十五号十一面千手观音

（立像高 1.35 米，肩宽 0.2 米，盛唐）

图 5 - 29　大足北山佛湾第一百八十号窟普贤神变数珠观音

（像高 1.91 米，肩宽 0.4 米，胸厚 0.2 米，北宋宣和年间）

图 5 - 30　安岳华严洞第一号窟左侧壁贤善首菩萨坐像

（坐像高 2.4 米，肩宽 0.75 米，北宋）

图 5 – 31 安岳华严洞第一号窟左侧壁清净慧菩萨坐像

（坐像高 2. 4 米，肩宽 0. 75 米，北宋）

图 5 – 32 安岳华严洞第一号窟右侧壁威德自在菩萨与弥勒菩萨坐像

（坐像高 2. 4 米，肩宽 0. 75 米，北宋）

图 5-33 安岳圆觉洞第七号窟净瓶观音立像

（立像高 6.8 米，肩宽 1.4 米，北宋）

图 5-34 安岳千佛寨第五十六号窟右侧菩萨像

（像高 4.3 米，肩宽 0.9 米，盛唐）

图 5 –35　安岳毗卢洞第八号窟第七炼顶图中之文殊菩萨像

（像高 1.35 米，宋代）

图 5 –36　安岳石窟千佛寨第九十六号窟坐姿药师佛与八大菩萨立像

（窟高 4 米，宽 5.2 米，深 2.2 米，盛唐）

图 5 - 37　安岳圆觉洞第二十一号千手观音龛

（龛高1.5 米，宽1.8 米，深0.9 米，主像高1.2 米，五代）

图 5 - 38　大足北山佛湾石窟第二百七十三龛正壁端坐金刚台千手观音像

（坐像高0.75 米，肩宽0.23 米，胸厚0.1 米，前、后蜀）

图 5-39　大足北山佛湾石窟第二百五十三号龛
（像均高 1.055 米，肩宽 0.27 米，胸厚 0.15 米，北宋，观音居右，地藏居左，二菩萨像）

图 5-40　大足北山佛湾石窟第九号龛正壁千手观音
（像坐身高 2.01 米，肩宽 0.8 米，胸厚 0.27 米，唐末）

图 5 – 41　大足北山佛湾石窟第一百二十五号龛数珠手观音菩萨

（像高 0.915 米，肩宽 0.22 米，胸厚 0.12 米，北宋）

图 5 – 42　大足北山佛湾石窟第一百三十六号转轮经藏窟白衣观音

（像坐身高 1.98 米，头长 0.47 米，肩宽 0.47 米，胸厚 0.18 米，南宋绍兴年间）

第六章

巴蜀石窟造像的衣着设计与形态

佛教石窟艺术是指一系列综合的艺术形式，包括雕刻技巧、佛像造型、面貌神态，还有窟龛形制、佛像配饰和雕造空间等，自成体系。造像衣着装束也不例外，在与社会环境、宗教内涵、地域文化和传统价值相融合的过程中，逐渐成为反映宗教观念和文化情怀、艺术情感的精神寄托和探索各种文化现象发展的重要基础。

一、概述

"佛衣样式通常是佛教造像风格特征中最为突出和重要的因素，在印度、中国、朝鲜半岛及日本的佛像均是如此，尤其在佛衣样式变化最为丰富的中国，佛衣样式实际已成为考察和把握佛像风格形成时间、地域分布、传播轨迹等诸多文化现象发展脉络的基础。"① 作为中国服饰文化中的一种特殊存在，佛衣在地域化和世俗化的借鉴融合过程中是和而不同的，在传递幸福、高贵、典雅、舒适的形象化中巧妙传神；在表达敬畏、尊敬、宽容、和蔼的生活化中形象真实，其价值不言而喻。

陈悦新老师在《佛衣与僧衣概念考辨》中，非常详尽地回答了佛衣与僧衣的联系与区别这个问题，"佛衣所指佛披着衣，僧衣泛指出家修行的男性所披着衣，佛衣与僧衣二者相同"。佛衣和僧衣同宗同理。《四分律》卷四《衣揵度》：……世尊……言……过去诸如来无所着，佛弟子着如是衣如我今日；未来世诸如来无所着，佛弟子着如是衣如我今日②。《十诵律》卷二七《衣法》："长老难陀是佛弟姨母所生，与佛身相似，三十相短四指不及佛。难陀作衣，与佛衣等量，诸比丘若食时集、若中后集，遥见来起迎，思惟：我等大师佛来。渐近知是难陀，上座比丘羞思惟：是我等下座而起迎。难陀亦惭愧言：乃令诸上

---

① 费泳. 中国佛教艺术中的佛衣样式研究 [M]. 北京：中华书局，2012：12.
② 陈悦新. 佛衣与僧衣概念辨 [J]. 故宫博物院院刊，2009（02）：48－72＋159.

座起迎我。诸比丘具白佛……佛言……从今日若比丘作衣与佛衣等，若过得波
逸提罪。"①

二、形态及设计意蕴

佛教造像衣着装束源自古印度佛像，而古印度佛像又是根据僧衣衣着制造
的，因此，必须明确了解僧衣的各种形态与设计意蕴。

（一）衣着形态

释迦牟尼在世的时候，并没有以文字记载各种庞杂高深的教义和戒律，而
是在他去世后出现由高僧比丘（梵文 bhiksu）口述的佛教律法典范。而衣着制
度只是律法典范的一部分，基本只涉及两个核心问题：佛衣的类型和穿衣方式。
道宣②在《四分律删繁补阙行事钞》中首度将沙门服饰分为"制"和"听"两
大类，其中"制"分为"三衣六物"，"听"分为僧祇支、涅槃僧等衣物。制
衣，从数量上命名为"三衣"（梵文 trinl civarani），从衣服的颜色上命名为"袈
裟"（梵文 Kasaya）。

三衣从内到外分为三层，分别是安陀会（梵文 antarvasa）、郁多罗僧（梵文
uttarasanga）和僧伽梨（梵文 sanghati）。这些衣名不仅代表佛祖时期为僧侣所指
定的服装之意，而且是指对僧侣穿着的限制以助修行。三衣的三层衣物正好适
合生活需要，冬天可以御寒，是释迦牟尼在寒夜亲身体验所得。律法中也规定
不可多置一件，也不可以少于三件，否则会因此获罪。《十诵律》卷二七《衣
法》③："会值冬节，八夜寒风破竹。佛时着一割截衣，初夜空地经行。初夜过
中夜来，佛身寒，告阿难：持第二割截衣来。阿难即取衣授佛。佛取衣着，中
夜空地经行。中夜过后夜来，佛身寒，告阿难：持第三割截衣来。阿难即授衣。
佛取衣着空地经行，佛思惟：诸比丘尔所衣足。是夜过已，佛以是因缘集僧，
集僧已告诸比丘：从今听三衣，不应少、不应多。若少畜，得突吉罗罪。若多
畜，得尼萨耆波逸提罪。"④ 此外，《摩诃僧祇律》《四分律》和《十诵律》中

---

① 后秦北印度三藏弗若多罗译《十诵律》卷第二十七（第四诵之七），页 197。
② 唐代律僧，中国戒律思想史上的重要思想家，又称南山律师、南山大师，世称律祖。
  唐、宋两代分别追加谥号"照大师"和"法慧大师"。
③ 《大正藏》卷二三，页 195。
④ 后秦北印度三藏弗若多罗译《十诵律》卷第二十七（第四诵之七），页 195。

记载，对于制作三衣的新衣料厚度是有规定的，但旧衣料的厚度是不受限制的，即"听诸比丘作新衣，一重安陀会，一重郁多罗僧，二重僧伽梨。若故衣，听二重安陀会，二重多罗僧，四重僧伽梨"①。

三衣是由旧衣料裁剪缝制的"稻田相"，寓意佛教如贮水育苗等功德，其中三衣的裁剪方法是：僧伽梨上品纵向为二十一条或二十三条或二十五条，横向四长一短；僧伽梨中品纵向为十五条或十七条或十九条，横向三长一短；僧伽梨下品纵向为九条或十一条或十三条，横向二长一短。郁多罗僧纵向为七条，横向二长一短。安陀会纵向为五条，横向一长一短。三衣基本是由一个世俗旧衣物裁剪的稻田相，以"叶"作田埂（布与布之间的重叠部分，皆是上布压下布），以"条"作田块，三衣四边需修剪整齐，用窄布包边缝，于三衣表里两面，安钉纽扣和钩，由此三衣制作完成。律典中明确规定"通肩式"佛衣和"右袒式"佛衣是三衣的主要穿着方式。

"袈裟"意为不正②或坏色，它是佛教僧侣穿的法衣，又称覆膊掩衣（覆左膊而掩右腋）、百衲衣（衲者，补缀也，由许多布块补缀而成之意）、水田衣、粪扫衣、离尘服、坏色衣。根据律典规定，佛衣不应使用纯正的色彩或鲜艳的色彩，而应印染成杂色。"上色染衣不得服，当坏作袈裟色（此云不正色染），亦名坏色，即戒本中三种（色）染坏，皆如法也，一者青色（铜青色）、二者黑色（黑泥色）、三木兰色（植物木兰皮汁染出的赤黑色）。然三色名滥体别，须离俗中五方正色及五间色，此等皆非道相。"③ 释迦牟尼逝世，佛教出现了各种教派，袈裟的颜色也发生了很大的变化，对后来的佛教造像产生了很大的影响。"袈裟颜色本为赤色，传入我国以后，它的颜色也随种种条件及常服颜色而有所变化。"④

除了三衣，还有"听衣"。在现实生活中，总是会有特殊的情况，鉴于此，佛陀也根据实际需要做出灵活处理，此时听衣就出现了。但特殊情况消失后，僧众不应有贪念，必须放弃对衣着的痴迷与执念。也有"五衣"的说法，在不同的律典中有五种不同的组合：三衣、僧祇支和裙（涅槃僧或俱修罗）。

---

① 《四分律》卷40。

② 丁福保. 佛学大辞典［M］. 上海：上海书店出版社，1991.

③ 宋元照. 佛制比丘六物图.

④ 雷伟主. 服装百科辞典［M］. 北京：学苑出版社，1994.

僧祇支，僧尼之衣，后称"僧却崎"。唐玄奘《大唐西域记·印度总述》："僧却崎，覆左肩，掩两腋，左开右合，长裁过腰。"其形制为一块长方形的大布，没有特别的制作要求。《摩诃僧祇律》中记载僧祇支长二百三十四点七二厘米、宽一百一十七点三六厘米。《四分律行事钞资持记》中记载僧祇支长二百二十一点一八厘米、宽一百三十八点二四厘米。这个尺寸比三衣要小很多，右袒披，覆盖范围为颈以下、脐以上的部位①。僧尼在入世的社会环境中，需着僧祇支，裹覆胸部，掩蔽隐私，起到整肃仪表的作用。至南北朝时，僧祇支由原来的袒露右肩逐渐改变成为裁剪缝合、有领有袖的"偏衫"。宋代赞宁撰《大宋僧史略》卷上《服章法式》②："后魏宫人见僧自恣，偏袒右肩，乃一施肩衣，号曰偏衫。全其两扇衿袖，失祇支之体，自魏始也。"

裙，围系在身体下部，是沙门用作遮掩下身的服饰，而在佛像表现中属于五衣之一。根据形制的不同，将裙分为涅槃僧所穿的长方形大布和俱修罗所穿呈圆筒状。《十诵律》中记载涅槃僧长二百二十一点一八四厘米、宽一百一十点五九二厘米，俱修罗长二百二十一点一八四厘米、宽一百三十八点二五厘米。《四分律》中记载涅槃僧长二百三十四点七二厘米、宽一百一十七点三六厘米。长方形大布在一定条件下可以转换成圆筒状③。对于披着方式，涅槃僧系带于脐处，结带于身体右面，裙下至踝上三指等。

"偏袒右肩式"即"右袒式"，源于秣菟罗风格佛像，露出右肩，袈裟由右腋下绕后，再搭在左肩，而从左肩垂下来的衣边在下端折叠弯曲，向右肩延伸，衣领呈长弧形，腹部堆积有U形衣纹。"右袒式"佛衣多在礼佛、供养、忏悔、面见长老、论证佛法等场所穿着，显示庄重、尊贵、威严④。从魏晋初到唐朝鼎盛时期的汉地，"右袒式"佛衣始终未能成为主流佛衣样式。南北朝时期"右袒式"佛衣仅见于金铜佛等民间流行的小型背屏式造像。5世纪末至6世纪中期，"右袒式"佛衣在经过半个世纪的沉寂之后再度出现，主要分布在北齐地区的天龙山和青州地区，后来又出现在唐初的龙门石窟和天龙山石窟造像上。

"通肩式"佛衣，源自犍陀罗式造像。覆盖右肩向左绕然后搭于左肩，袈裟

---

① 费泳. 佛衣样式中的"半坡式"及其在南北方的演绎 [J]. 敦煌研究，2009 (3)：26.
② 《大正藏》卷五四，第238页。
③ 孙华. 服饰与宗教文化 [J]. 天津：天津纺织工学院学报，2000 (10).
④ 徐华铛. 佛像艺术造型 [M]. 上海：上海文化出版社，2005：15.

衣纹皱褶呈阶梯状，衣领外翻，衣纹以阴刻为主，表现详尽、富有写实性。此衣在诵经、坐禅、出入世俗时穿着，以显示福田功德①。作为汉地最常见、最早兴起的佛衣样式"通肩式"，其在华北地区云冈石窟、天龙山石窟和响堂山石窟，中南地区巩县石窟和龙门石窟都较为流行。从4世纪初到5世纪中叶，"通肩式"佛衣是汉地较为主要的佛衣样式。虽然这期间汉地涌现的本土化佛衣已经逐渐代替"通肩式"佛衣，但"通肩式"佛衣也经常被表现在非主尊的造像中，这标志着此"通肩式"佛衣在同期流行佛衣样式中已经丧失重要位置。从5世纪末到6世纪中叶，汉地石窟中造像服饰多以"褒衣博带式"出现。直到6世纪中叶，"通肩式"佛衣又呈复苏之势，这次复兴的高峰以唐代龙门奉先寺主尊卢舍那大佛着"通肩式"佛衣为标志。初唐和盛唐时期的龙门石窟及巴蜀地区石窟造像中，"通肩式"佛衣时有出现，而后又衰微。

"半披式"佛衣是佛教传入汉地汉化后发生时间最早、延续时间最长的佛衣样式，在华北地区的山西云冈石窟、天龙山石窟和河北响堂山石窟，西北地区炳灵寺和麦积山石窟较为流行。甘肃省临夏回族自治州永靖县炳灵寺出现最早的"半披式"佛衣实例，其后麦积山石窟佛像，以及华北地区云冈石窟、天龙山石窟、响堂山石窟"半披式"佛衣风格可能都是受炳灵寺造像风格影响，但也有学者认为麦积山石窟"半披式"佛衣风格是受云冈石窟造像风格的影响，最可能云冈石窟造像风格也是受到炳灵寺影响。在汉地南北方开始风行"褒衣博带式"佛衣的5世纪末之前，"半披式"佛衣主要见于炳灵寺、麦积山、莫高窟、云冈石窟及民间流行的单体石雕和金铜佛。5世纪末以后，出现了"半披式"佛衣与其他样式佛衣混搭的现象，着衣形式趋于复杂化。5世纪末至6世纪末，"半披式"佛衣失去了它的主流地位，并以寄生的形式出现在汉地同一时期许多新的佛衣样式中，如与"褒衣博带式""褒衣博带演化式""敷搭双肩下垂式"相叠加披着，丰富了汉地佛衣样式的表现形式。6世纪末以后，出现了许多"半披式"佛衣仅与"敷搭双肩下垂式"相结合的例子，唐以后此样式趋于式微，而单独的"半披式"佛衣逐渐增多。

"垂领式"佛衣出现在十六国和南北朝之间，多见于北朝时期至唐代的北方石窟佛像中，唐代以后逐渐销声匿迹。"垂领式"佛衣被应用于中南地区的巩县

---

① 何志国. 早期佛像研究［M］. 上海：华东师范大学出版社，2013.

石窟、龙门石窟千佛上，西北地区莫高窟、麦积山石窟千佛绝大多数着"垂领式"佛衣，而早期的炳灵寺则没有"垂领式"佛衣。巩县石窟、龙门石窟千佛造像的"垂领式"佛衣可能受到莫高窟和麦积山石窟的影响。总之，"垂领式"佛衣不仅是北方石窟、寺庙造像的佛衣样式，也是佛衣持续时间最短、题材更为有限的风格样式。

在山西大同云冈石窟、太原天龙山石窟、河北响堂山石窟中出现"敷搭双肩下垂式"佛衣，且都是和"半披式"组合，此种佛衣与巴蜀地区巴中石窟和广元千佛崖石窟的"敷搭双肩下垂式"佛衣是最常见的两种形态。由此可以推断，在华北地区，先有"半披式"相融合的"敷搭双肩下垂式"佛衣，然后在巴蜀地区流行单独的"敷搭双肩下垂式"佛衣。

"褒衣博带式"佛衣出现在山东青州和江苏栖霞山。位于江苏栖霞山的释迦多宝窟坐佛，是我国最早的"半披式"与"褒衣博带式"佛衣叠加样式实物资料，后来影响到了与其相近的山东青州地区造像。之后，青州出现了"褒衣博带演化式"的佛衣，这是主流。江苏栖霞山释迦多宝窟可能影响北方云冈石窟的"褒衣博带式"佛装，但未影响北方龙门石窟和响堂山石窟。中国中南部的河南省巩县石窟和龙门石窟都有"褒衣博带式"佛衣，佛衣的外层也不是"半披式"，由此来看，"半披式"的"褒衣博带式"佛衣在传播中有所改进。

中国东部山东青州地区和江苏栖霞山可能是"钩纽式"佛衣的发源地，但佛像也是着"褒衣博带演化式"佛衣，这只是钩纽的应用。由此可以得出结论，江苏栖霞山释迦多宝窟坐佛佛衣风格是山东青州地区"褒衣博带式演化式"佛衣兴起的主要源头，甚至是"钩纽式"佛衣的主要来源。

在跨文化、跨地域交流的过程中，汉地佛教造像服饰逐渐吸收了中国文化的内涵，同时也促进了中国本土文化的发展，成为中国悠久文化史上不可或缺的一部分。

（二）设计意蕴

中国石窟产生于印度佛教文化、中国传统文化、地域文化等多种文化的碰撞和融合，并不是单纯地独立存在。它们的艺术趣味和审美理想在现实生活的影响下发生了变化。它具有视觉性和可触摸的艺术形象，除了气势美、节奏美、诗意美之外，还蕴含着传神、意象、人性的内涵美，它表达了社会大众和艺术家的美感、情感和观念。"艺术趣味和审美理想的转变，并非艺术本身所能决定，决定它们的归根到底仍然是现实生活。"①

1. 以形写神

"传神"是由生动逼真的外在形式所体现和表现出来的魅力和神韵。在中国，绘画和雕塑都注重神韵。神韵是人或物留下的最真实的亮点和魅力，它是艺术家对绘画和雕塑的内在艺术价值和审美价值的理解和表达，也是对艺术的解读和诠释。对于石窟造像而言，眉眼、手势和身姿都重在显示造像的神韵。相比之下，佛像衣着的意义则含蓄而耐人寻味。在神韵的表现方面，衣着似乎是佛像神态表现的遮蔽物，它掩映着造像体态的动感。然而，正是这种"犹抱琵琶半遮面"的神秘，使其更加生动美丽。

佛教艺术起源于印度，在与中国传统文化融合的过程中，不断扬弃其神秘主义，增添了现实主义和浪漫主义色彩，使佛教造像朝着形象化、逼真化的方向发展，从而逐步突破外在形式和理性精神对内在情感和魅力的制约，将形象美与气韵美融为一体，形成形式与精神的统一，成为一件件充满情感的艺术作品。中国雕塑虽然更注重头部表情的刻画，但并不忽视体态表达在造像整体造型中的重要作用。衣着作为造像主题表现的烘托手段，在造像整体神态的刻画中起着重要的补充和修饰作用。形式美与神韵美相互融合，局部美与整体美相互补充，使佛教造像既有形式又有内涵，既和谐又完整。

佛衣"形神合一"也是中国艺术的一种重要表现形式。古代工匠注重形式的表现，同时极力追求形式的内涵。在追求超越的过程中，强调对造像的神情、姿态、服饰的刻画，通过形式表达对神韵美的诠释和表达。一般来说，中国石窟在造像雕凿过程中注重形式与内涵的统一。式样各不相同的佛衣也是表现主题的重要方式，如"通肩式"佛衣、"右袒式"佛衣、"半披式"佛衣、"垂领式"佛衣、"褒衣博带式"佛衣、"敷搭双肩下垂式"佛衣、"钩纽式"佛衣等，有的朴素大方，有的庄重端庄，有的精致奢华。佛衣的形态随身体的变化而变化，从而相应呈现出不同的衣纹层次、曲线和阴影，如卧佛像、立佛像、坐佛像等。

2. 观物取象

美国著名诗人埃兹拉·庞德（Ezra Pound）是意象派运动的主要发起人和现

---

① 李泽厚. 美的历程［M］. 天津：天津社会科学院出版社，1981：184 – 190.

代文学的领军人物，他认为"意象"是"一种在一刹那间表现出来的理性与感性的集合体"。西方文学流派强调，客观准确的意象象征着主观情感的宣泄，即对所要表达的对象的凝练和浓缩，具有隐蔽性强又易感的特点，但表达的内涵和深度的相对性在一定程度上限制或制约了情感的表达。在中国，意象理论的起源很早，在"观物取象""立像以尽意"中，人们看到了它的渊源。发自内心的意应该通过外在的象来表达，直接意象和间接意象都是被表达情感的物化。

"会景而生心，体物而得神，则自有灵通之句，参化工之妙"，意象最直接的表现是"寄情于景""托物言志"①，在深入观察的基础上通过材料表达你的意志、感受和理解现实生活，通过外在事物再现现实生活，把自己的感受融入具体的艺术形象中，以表达自己对事物的理解、对生活的感悟和其他情感。意象的运用有利于通过独特的艺术形式来表达难以言喻的朦胧和想象，有利于深邃和丰富魅力主题情感的表达。在中国石窟的佛教造像中，也有自觉的形象表达方式。发型、佛手、服饰等都是重要的形象手段。

"从艺术发展史来看，宗教文化所凝聚的人类智慧和大量故事，为艺术的创作提供广泛而丰富的题材。在历史的特定阶段，宗教的思想使艺术富有了精神性，艺术的形式也极大地宣传了宗教的内容。"② 由此可见，石窟主要通过造像艺术传播宗教教义，教化众生。在观赏性的基础上，形成了带有教化性的思想意识和审美观念。

3. 人性之光

从印度传入中国的佛教造像艺术，在遵循一定的宗教仪轨的同时，与中国传统文化和本土文化相融合，逐渐成为中国的艺术。中国石窟佛教造像是外来文化、中国文化和本土文化相融合的产物。它们在表现历史变迁、地域特色和文化创新的同时，也不可避免地被人性化。"释迦在律典中为自己及弟子们着衣制定的规章制度，较真实地再现于古印度佛像表现中，并对中国佛像的造制起到了一定的制约作用。因此，要认识中国佛像的衣着样式，不可避及需对佛教律典中的衣法内容及古印度佛像服饰有所了解，以此作为原始参照，探寻中国

---

① 清·王夫之《姜斋诗话》。
② 胥建国.精神与情感——中西雕塑的文化内涵［M］.北京：商务印书出版社，2003：54.

佛衣的发展变化。"①

　　人是在社会生活中的人，表现在人身上的人性美必然具有社会属性。"人的本质不是单个人所固有的抽象物，在其现实性上，它是一切社会关系的总和。"② 对于中国石窟中的佛像来说，人性美是在一定的社会历史条件下形成的对人性的颂扬和赞美，但更为深刻的是，它是人类在生活经验下自我意识的真实表达。中国石窟中的佛教造像是参照人们熟悉的世俗众生形象来雕凿的，有许多身体比例和体形接近真实的人，佛像的衣服更注重生活化、舒适化，反映了人们的社会生活需要。

三、巴蜀石窟造像的衣着装饰

　　宋代的巴蜀地区在众多的造像当中，菩萨像的发展规模远远超过佛祖像。这些菩萨像中主要以胁侍造像形式表现的数量繁多，作为主尊表现的造像数量也不在少数，其形态通常比较庞大，从而成为众多石窟造像群的重心。古代巴蜀石窟中的大足、安岳两地，菩萨像的分布比较密集，合川和江津石窟中也有零星分布。北宋早期到中期的实例比较少，甚至可以说很难见到，而 11 世纪 80 年代到 13 世纪 40 年代前后的北宋晚期至南宋晚期这一阶段，菩萨像进入实质性发展期，实例数量不少，此造像手法风潮长达一百六十余年。

　　在佛像服饰方面，通过对巴蜀石窟佛教造像的考察可以看出，相对于唐代的繁复华丽，宋代渐渐归于平淡朴实。延续前朝褒衣博带样式，外披通肩式大衣，腰间束带，内着僧祇支。宋代石窟造像改进了雕刻技法，大量运用圆雕的手法，结合世俗化的审美需求，衣纹式样已从初盛唐的圆弧阶梯式逐渐转变为线面结合的起伏转折式，衣纹繁复、线条流畅、层次清晰、舒展自然，衣服的厚度与立体感不断增强，写实性更加突出。

　　（一）重点石窟

　　在服装装饰方面，主要雕刻时期为唐初至五代，盛行于宋代。其中，川中安岳石窟和大足石窟是巴蜀石窟艺术中最具代表性的两座石窟。

　　服装是社会政治气候、经济文化遗产发展的反映。唐、宋时期是政治、经济、科技、文学、美学都极为发达的时期。在这两个时期，在当时的全球大国

---

① 费泳. 中国佛教艺术中的佛衣样式研究 [M]. 北京：中华书局，2012：9.
② 马克思：《关于费尔巴哈的提纲》。

中，只有阿拉伯帝国和吐蕃可以竞争。而唐、宋时期的一个共同特点是政治环境十分开放。在中国文学史上以诗歌著称的唐代，有许多描写胡人文化的诗。统治者李氏家族也有胡人的血统，深受胡文化的影响，"并蓄兼收，群花同放；胡汉合流，华夷无碍"，是唐文化的一个重要特征。宋代文化不同于唐文化的奔放开明，拥有自己独特的韵味。近代学者陈寅恪曾说："华夏民族之文化，历经千载之演进，造极于赵宋之世。"从陈寅恪的话语中我们可以看出宋文化在整个中华历史上享有至高无上的地位。宋代文化虽然分为南宋和北宋两段，但其文化特征毕竟是相同的，儒雅的士大夫文化是这一时期的显著特征。"诗盛于唐，词盛于宋"，宋词策论、宋代书法仍然追求心形，尤其深受禅宗"心即佛""心即法"的影响。在这一时期，佛教文化受到了精英阶层的高度推崇，文人墨客和高僧经常坐禅谈道，致使这些文人也在服饰上追求禅宗服饰的风格，甚至禅宗服饰也逐渐成为老百姓的日常服饰。

从初唐到盛唐，丝绸之路的骆驼商队源源不断地来到中原。汉胡交集，匈奴、回鹘、契丹等北方游牧民族在生活、政治、服饰等方面对唐代中原文化产生了重大影响。元稹《和李校书新题乐府十二首·法曲》诗云："……自从胡骑起烟尘，毛毳腥膻满咸洛。女为胡妇学胡妆，伎进胡音务胡乐。……胡音胡骑与胡妆，五十年来竞纷泊。"姚汝能《安禄山事迹》："天宝初，贵游士庶好衣胡帽，妇人则簪步摇，衣服之制度衿袖窄小。"通过古代的文学作品，我们可以直接看出唐朝时期人文服饰的变化。唐初，最具代表性的服饰风格是短袖短裙配长裙、短裙或半臂短裙。唐朝鼎盛时期，西域经济文化和中原经济文化达到鼎盛时期。受胡人文化的影响，衣服的袖口逐渐由窄变宽，领子也出现了圆领、方领、直领、斜领、鸡心领等多种形式；长裙的组腰也系得较高，一般在腰部靠近胸围的位置，甚至有的还系在腋下，以表现苗条美丽的感觉。唐朝经济繁荣，文化开明，受此影响，人们的思想也比较开放。在这个时期，女子不必再恪守传统，周濆《逢邻女》中写有"日高邻女笑相逢，慢来罗裙半露胸"，便能够体现出盛唐时期，受到文化交流的影响，人们的思想发生转变，从而形成了一股开放之风。这个时期的女子还喜好披帛，披帛也称"画帛"，通常以轻薄的沙罗制成。将披帛搭在肩上，并分别绕于两臂，走路时，清风吹拂，摇曳飘舞，十分美观。唐代的人们生活富裕，日常生活中也常常盛装出行，项链、项圈、璎珞、臂钏、手镯、香囊、玉佩都是比较常见的配饰。璎珞原本为佛像颈间的一种装饰物，随着佛教的传入，璎珞也被传入中国，从这以后，璎珞逐渐流行起来，唐代的宫女、侍女以及舞伎皆爱佩戴此物作为装扮的点缀，而这种着装方式在飞天造像上的体现则更为深刻。

从唐末到南宋，唐代政局不再稳定，经济衰退。人们的服装逐渐从奢华华丽的视觉类型向小巧、简约、典雅、美观的功能类型转变。从南唐宫廷画家顾闳中的《韩熙载夜宴图》（图6-1）可以看出晚唐服饰的特点。从图中可以看出当时文人与佛教徒的密切关系，也可以看出服饰与唐代中期的区别。女性的袖子相对较窄，裙摆腰部下移，披帛变得又窄又长，比宽袖子高腰更适合穿着并且动作方便。男装也变得越来越简单，僧祇支逐渐减少，改穿较轻便的下装。

在这一时期，佛像艺术趋于简洁。没有僧祇支，只穿了一件短袖的纱布衬衫，胸膛和胳膊肘露了出来，这是非常具有宫廷风格的。

1. 安岳

四川省安岳县位居在四川盆地的中部，丘陵占据了该地区主要比例，绵延的地形，岩石质量非常坚挺，"眉之秀以水，阆之秀以山，普之秀以石""秀石之乡"的美誉一直都被此地所享有。"邑地在山之上，四面险绝，故曰安岳。"（《太平寰宇记》）《旧唐书》地理志记载，普州为州治场所，唐朝时期，普州名称就十分多样化，比如普州、安岳郡等。安岳石窟佛像造像因为受到本土地区自然环境的影响，所以也呈现出相应的变化，千沟万壑的崖石也就成了石窟造像有条件进行大规模开凿的一个天然载体。安岳也是古代成渝陆上交通的一个要塞，佛教以及道教很早即传入这里。北周伊始，直到明朝初年间，安岳县始终都是州治的地方，安宁的社会环境，繁荣昌盛的经济，无疑为古代艺术家们进行广泛的宗教石窟造像活动创造了有利的条件。在唐代，安岳石窟开始开凿，经过不断发展，在宋代的时候发展得兴旺繁荣。根据《舆地纪胜》记录，"其民朴厚而俗美，士雅素而笃学""士常比旁郡为多""冠带之盛与西眉并称"，据此可以得出安岳县是一个风流墨客汇集之地。唐朝以来，"士多于民"的社会生态是社会思潮和文化赖以遍及和传播的基础，同时也为安岳石窟艺术的孕育、生存和发扬提供了契机。在北方战乱频发的大时代背景之下，优良的自然环境推动了经济的发展，使之得到很大程度的成长，到了隋唐以及宋时期，安岳成了当时四川的经济、文化重要地区，它也为隋朝时已传入的佛教文化的兴盛供给了肥沃的土壤；同时密宗佛教的传入，又使安岳的宗教信仰和石窟造像艺术产生了新的驱动力,并且为它们注入了新鲜的血液。

安岳的石窟造像遍及四川省资阳市安岳县境内,其中有一百四十九处摩崖造像具备十分重要的文化价值、艺术价值、历史价值。毋庸置疑,安岳的石窟艺术是我们中华民族十分优秀的文化遗产,同时境内的全国省、市、县文物重点单位数量也极其可观。其中,全国的重点文物保护单位就多达九处,也有六处省一级的文物保护单位,以及多达二十一处的县一级文物保护单位。由此可见,我国对于优秀文化遗产的各种保护制度也在不断完善。而对于安岳石窟佛像的服饰方面,它的服饰文化结合了浓厚的宗教文化色彩和儒、释、道"三教合一"的世俗文化,因此它形成了一种独特的艺术风格。

唐代,北方中原石窟发展临近尾声,但是川北石窟艺术正处于鼎盛时期,由于受到四川北部地区石窟的影响,所以在这一时期繁荣起来的安岳石窟及装饰手法以及窟龛形式变化丰富,雕刻异彩纷呈,但佛像的装饰艺术却相对比较简朴。由于佛教造像信守仪轨,一般偏向于程式化,习惯使用以主尊为中心从而进行两侧对称的构图方法。行云流畅的雕刻线条变化,衣服的纹饰深浅刻画显得自然,服饰精美华丽,特点主要是款式祖露化、色彩绚丽化。这时期的佛衣开始将"半披式"与"敷搭双肩下垂式"进行结合,进而演化形成了许多新类型的佛衣披着款式。立式佛像主要着褒衣博带式袈裟,下面穿长裙,或者是通肩式大衣;坐佛像有的穿着右袒肩袈裟,或者通肩式袈裟,禅衣垂至座下。但是安岳县的石窟佛像却又进行了特别的创新改变,比如安岳卧佛院第三号涅槃变窟(图6-2)左边的卧佛,其中释迦牟尼及其十个门生弟子的佛衣都是"半披式"与"敷搭双肩下垂式"两者演化而来的很多新型式样。

安岳石窟卧佛像是傍山而建,当地地形得以被巧妙利用,造像和洞窟相互依存、相互呼应,俨然一个浑然天成的艺术总体。在高度大约为二十米的一块巨型岩石上,有一尊卧佛像,全长二十三米,头长三米,肩宽三点一米,雄伟的气势不言而喻。整个卧佛像身材十分修长纤细,它们身上披着袈裟,袒胸露肌。同时袒肩式和通肩式相结合,不管是自然下垂,或是搭于左肩,其佛衣纹理清晰通畅,类似水面在春风的吹拂下,顺着风的吹拂而流动,然后逐渐散开,细致微妙,流畅自然,灵活轻盈。广博与纤细、修长与灵活、粗放与精密浑然一体。当然也类似顺流而下的溪流之水,如果遭遇到礁石,那么就会顺势而辗转回往,仅仅留下一些轻微碰触的痕迹。伟岸的佛像、真实的佛衣,不管是在整体还是细节的对比之下，佛衣的总体气韵自然天成、浩瀚而深刻。

在盛唐时期被塑造的安岳县的千佛寨第九十六号的药师经变窟（图6-3），它的主尊佛衣也为这个样式，服饰造型技法纯熟，审美兴致变化非常丰富。但是，在盛唐时期以后少见"半披式"与"敷搭双肩下垂式"两者进行融合的佛衣，可以知道从此之后单一的"半披式"占据了主要部分。

在造像题材、组合形制以及窟龛的样式等方面，五代时期的风格继承了晚唐时期的遗风，同时成为宋朝新风。宋朝是巴蜀地区石窟造像艺术的巅峰时代，它显示了自成一家的本土化以及世俗化的别样风格。宋代安岳石窟艺术经过这些时期的发展逐渐形成独树一帜的造像特点，它强调人道从而削减敬畏感，不断贴近生活实际。此时，云居山圆觉洞、石羊镇华严洞和毗卢洞、双龙街孔雀洞、千佛寨、茗山寺等地方是安岳石窟佛像主要集中之地。在造像雕刻技法上，圆雕、薄肉雕、透雕等多种样式被增加进来。样式上在继承前代褒衣博带基础上又增添了世俗化的审美形式，集生动灵气、秀雅美丽、生活真实于一个整体之中。宋朝安岳的石窟佛教造像，具有数量大、规模广、造像精致美丽的特色。

安岳石窟华岩洞第一号窟华严三圣窟，其中有十尊菩萨，身姿曼妙、面目娟秀，它们的服饰轻盈透明，宛如流水一般灵动自然。被誉为华严三圣（图6-4）的三尊佛排列成一排，排在中间的是毗卢遮那佛，左右是文殊菩萨和普贤菩萨。毗卢遮那佛头上戴着宝冠，双颊丰润饱满，双目微微睁开，表情严峻。他盘着双腿坐在莲花台上，手做说法状，好像正在讲经说法。文殊菩萨以及普贤菩萨位于毗卢遮那佛的两侧，它们身上穿着一件通肩袈裟，胸部用璎珞来做装饰，神情格外端庄慈祥。一个坐在后面的绿色狮子的一条腿上，另一个坐在白色大象的一条腿上，洒脱的姿势显得它们十分随性（图6-5）（图6-6）。三圣佛像的服饰和唐朝服饰所具有的特色已经有很大差别。在裁剪方面，佛衣运用平面切割的方法，而唐代的服饰更加偏重立体剪裁，不使用"省道线"，所以身体和衣服之间的空隙大一些。在整体上，服饰没有明显的褶痕，有的只是自然垂落，这使得它非常宽松柔软，自然穿着的美感与唐代繁杂的风格形成鲜明的对比。因为这种设计更加注重人的感觉，所以就把风格式样放到不那么重要的位置了。

在华严洞的佛教造像当中，由"一佛二菩萨"毗卢遮那佛、文殊菩萨、普贤菩萨构成了华严三圣。其佛衣纹饰此起彼伏，类似于随意展开的涟漪，给予了佛衣鲜活的生命力，产生灵动的韵律美。华严洞造像细密、温柔、婉转，为了表现秀美、柔和、优雅，也能表现粗放、敬重、庄严，采用线条处理衣纹的方式。在整个大环境的映衬之下，整合了生机勃勃的灵动欣喜和安静沉默的轻松悦人于一个整体当中，产生了强烈的动力感觉和韵律节奏之美，在让人感到强烈的精神振奋的同时，也让人无意识地流露出称赞和敬畏，无数艺术家为它讴歌。

华严洞的雕塑非常注重服装图案的处理，佛教雕塑融合了线条，赋予服装图案一种有节奏的美。处理佛教衣服，采用线表现方法，行云流水般的舒展，使用细的线条可以产生真实的质感，可以感受到轻盈的佛衣，这可以传递佛教造像外形的温婉柔美和佛教雕像的和善心态。例如，安岳华严洞第一号石窟左边的贤善首菩萨坐像（图6-7）。不管是脖子下的横纹，还是衣摆的褶线，都非常流畅自然，轻快柔软，给人细密光滑的观感。在展现出佛衣款式风格和质感的同时，也显示出了其作为女性的柔和美丽和慈善心态。

穿"背子"风行于宋朝，背子的款式主要是直领对襟，前襟没有纽扣，袖子可以宽也可以窄，它和唐朝的襦裙系腰比较，穿起来更方便。例如，华严洞第一号窟正壁华严三圣右边的普贤菩萨，佛衣整体和谐、对称和统一，结构简单，原型为"背子"，但外面的衣服更加宽敞。整件衣服在身上就像搭了一块纯色的布，整体又舒适。随着宋代服饰对清新淡雅的追求，整个服饰上面一般没有多余的装饰，只在襟处点缀一些斑驳的杂色饰条，这成为整个服饰的点睛之笔。而这样简单的风格再加上宋人在工艺处理上的精湛技艺，使得整个服装趋向端庄、均衡。

工匠们在绘画中借用线条的表达方法，利用錾子等雕刻工具，细微而有力度。在雕刻服装纹样时，圆雕、薄肉雕、透雕这三种样式相互组合，完全摒弃了唐、五代刚直扁平刻板的纹样，使菩萨衣服纹饰纹样的肌理和立体感更加有效地显示出来。风格追求简单，不要求复杂，重视人体整体外观面貌的雅致。很少缀饰或设计复杂的结构，襟衫、圆领衬衫在这时成了流行服装。安岳圆觉洞的聂公龛（图6-8），于五代广政四年建立，高约二点一米。聂公是蒲州诸军事的守刺史，他身着圆领宽袖管袍，腰上束着一只紫色的金鱼袋，双手执笏。从服饰风格式样特点上可以看出是宋代长袍，长至足上，有表有里，有广身宽袖和紧身窄袖这两种样式，此处是广身宽袖样式。

圆觉洞窟北宋石刻造像"西方三圣"石雕，分成三个壁龛，服饰精美绝伦，是最奇妙的佛教造像之一。释迦牟尼立像（图6-9），高肉髻，面向左边，眼睛向下俯瞰地面，左手掌心放在胸腹之间，右手施说法状。整个立像采用了大量的圆形雕刻技术，衣服纹饰线条活泼生动。佛像内衣着僧祇支，外面覆盖着双领袒胸袈裟，佛陀的衣服纹饰就好像行云流水反复重叠，映衬出畅通并且狂放流畅的线条，姿态优雅，表情庄重，所以它也被称为"拈花微笑佛像"。

在圆觉洞第十四号窟里面的莲花手观音（图6-10）非常精美细致，莲花手观音头上戴着镂空的花冠，面容慈祥，胸前用璎珞进行装饰，莲花手观音的双手交叉，有一朵象征着神圣纯洁的莲花在观音的右手中绽放，有普度众生之感。虽然这尊雕像是在宋代雕刻，但它仍然保留了唐朝时期遗留下来的许多样式风格，比如从它丰满的脸部轮廓、服饰穿着尽显唐朝的典雅气质，这些都体现了唐朝时期的审美观点，同时更加重要的是也显示了安岳地区石窟艺术雕刻灵巧富有神韵的纯熟高超技艺。

在社会历史语境中，安岳石窟不仅传播佛教教义，而且通过佛教服饰反映了历史上的社会真实生活和俗世文化。例如，一直被称为"东方维纳斯"的毗卢洞紫竹观音雕像（图6-11），最早雕刻于五代后晋的天福年间，而后又经过后世历代工匠们的不断修补。紫竹观音有三米高，她侧着身体安坐在莲花台中，右足微微翘起，左足踩着莲花中间美丽的花蕊，显示出一种闲适和娇媚的神态。观世音菩萨倚靠着浮雕紫竹和柳枝净瓶，她头上戴着非常华美的头冠，佛衣因循了晚唐的服饰风格，因此她也和当时的唐女一样，披着时人喜爱的披帛。然而，由于她主要是在宋代修复的，因此，和唐代的佛衣相比，此佛衣相对简单质朴。比如没有了僧祇支，她上面只穿了一件对襟的短袖袈裟，赤裸着胸膛和胳膊肘，手臂上戴着膀圈。璎珞网垂于胸腹之间并随着身体曲线垂下来。下身的长裙宛若丝绸一般轻柔，薄如蝉翼，它靠近腰部和腿部两者之间，呈现自然往下垂落的姿态，衣裙飘飘扬扬，富有神韵。衣带自然地从右肩上垂下来，在右臂上呈U字形状，既显得生动又似乎只是随意呈现出这样一个灵动的场景。在腰上系着的蓝色腰带，折叠优美，井井有条地呈现出"蝴蝶"的形状，富有表现力。长裙垂到脚踝，她的双足隐现在摇曳的裙摆之下，营造出一幅若隐若现的和谐画面。上衣和下裙的穿衣方式与当时的世俗服装极其相似。短袖也透露出唐代所具有的半臂服装的影子。整个衣衫在裙边和对襟两个地方以刺绣的方式作为一种装饰，简洁端庄。雕刻工匠和大师们在紫竹观音的佛衣当中注入了非常多的世俗生活中流行的服饰元素，同时表现出一种亲昵感，非常生活化、世俗化。

在宋代，就佛像的体形来说，基本上比较匀称，佛像的姿势形态主要有立式、坐式和卧式，其中坐式佛像数量最多。佛像的头部大多柔软光滑，在脸部神情的处理上，大多比较重视细节的刻画，比如安岳大般若洞当中的释迦牟尼头像（图 6-12）。从服饰上看，和唐朝的繁复华贵相对比，宋代佛像逐渐变得简单质朴，装饰也变得很少了。偶尔其内着僧祇支，外面披一件通肩式披肩衣，腰上束着腰带，厚厚的衣服纹饰褶皱起伏，流畅的线条增强了衣服的立体感和厚度，从而显得真切自然，形象生动活泼，宛若安岳大般若洞正壁左下方向的阿难像（图 6-13）。

安岳毗卢洞紫竹观音后方的千佛洞（图 6-14），在佛像服饰上更能体现出宋朝时期的特色。千佛窟内摩崖上雕刻着三百二十二尊二十厘米大小的小型石像，具有南宋时代的造像特色。然而，在里面除了大殿里正中央的三尊佛像以外，其他大部分佛像都是僧人、尼姑、会首以及诚心向佛的各层信众等功德主捐资进行建造的。每座小型造像（图 6-15）都有不同的形状，分别位于一个小圆龛里，壁龛的侧面刻着本人的名字。这些小型造像以真人为模板，它们的服装接近于当时普通人的穿衣样式。供奉者把供品捧在手中，有的站，有的坐，有的穿道袍，衣服比较宽大，四周以茶褐色装饰边沿，宋代文人或道士大多钟情于穿这种样式的衣服。有的穿右衽广袖袍，腰束以绦，宋代野老闲居之时，大多青睐于这类式样的衣服。有些是直的，背部的中间缝线一直延伸到整个佛衣，到脚踝那么长，宋朝的隐士和和尚大多喜爱此类衣服。千佛窟精美的雕刻艺术，淋漓尽致地展示了宋朝时期的各种服饰特色（图 6-16）。

在毗卢洞中第八号柳本尊十炼窟（图 6-17）当中，作为主要造像的毗卢遮那佛，是柳本尊的法身塑像。它有三米高，左右两边的上下层就是柳本尊十炼，每一炼左右侧分别是柳本尊作证之佛、菩萨、大王、官吏等像。主佛的佛衣样式非常简约，对襟大衫，襟门用花纹装饰。从风格来看，它承袭了宋朝的服饰特色。线条柔美，自然垂下，形成了瀑布一般的流线。炼指、立雪、炼踝、剜眼、割耳、炼心、炼顶、舍臂、炼阴、炼膝，每一尊十炼造像形态神情都十分逼真，灵动的身姿塑造了生动形象的十炼的故事情境，在反映世情的同时给后人以深刻的启迪。

2. 大足

大足石窟是我国石窟造像艺术发展晚期的代表作，体现了古代劳动人民的杰出智慧和艺术创造力。大足石窟规模宏大，题材多样，以佛教为主，道教为辅。其余为佛道、佛道儒三教合一、历史人物、供养者等造像。唐末五代以后，它们在宋代兴盛，一直延续到明清。宝顶山、北山、南山、石门山、石篆山是五处具有代表性的石窟造像群。其中，北山摩崖造像和宝顶山摩崖造像（图6-18）最为著名。除了摩崖造像外，还有许多经文、碑文、颂偈、记事、傍题等。最典型的衣着装饰是佛和菩萨的服饰，其他的衣服包括罗汉的服饰，天王金刚的服饰和供养人的服饰。五衣仍然是大足石窟佛像中常见的衣着，虽然偏衫和直裰很少见，但在僧侣和信徒的雕像中却很常见。造像的服装形式多种多样，如制衣通肩式（如北山佛湾第五十二号龛阿弥陀佛着衣，图6-19）、袒右式、覆肩袒右式（如宝顶大佛湾第四号龛中行者，图6-20）、搭肘式、冕服式、中衣直裰式、交领偏衫（如宝顶大佛湾第四号龛左右行者，图6-21）、披帛式、半袖罗衫式等。

北山佛湾第五十二号龛阿弥陀佛穿的是通肩式制衣，外套盖住后背，两肩通体遮覆，衣服的右角从脖子绕到左肩。这样穿很难看出里面是什么服饰。通常，这种穿着方式可以覆盖整个上身，而中衣的例子很少。

在宝顶大佛湾第四号龛内，行者覆肩袒右式制衣，外套从后面罩住两个肩膀，外套的右衣角从右腋下穿过，遮住左肩和手臂，露出右胸和右臂。通常，这种着衣方式的感觉是"犹抱琵琶半遮面"，衣服会遮住手臂的一部分，然后再露出一部分。

大足石窟主要雕刻于唐初至五代，兴盛于宋朝。造像衣着具有鲜明的时代特征。

大足石窟宝顶山大佛湾东崖第十一号龛的卧佛（图6-22），全长三十一米，是中国最大的室外卧佛石刻，也是唯一的半身卧佛。造像工匠运用意到笔伏的手法，将佛膝的下肢藏于岩石之中，使人产生无限遐想——说明佛大是不可估量的。在巴蜀地区能工巧匠的雕刻下，造型比例准确而恰到好处，身形丰满而结实，采用半立体浮雕法和阳雕法雕刻，卧佛的整体线条显得十分柔和。他面带微笑，眼睛微微闭上，面容平和，脸庞不是过分丰腴也不算太瘦弱，睡姿轻松，不僵硬，恰如其分地表现了佛陀涅槃时的平和安详的形态。服装色彩庄重沉稳，裸露部分仅为胸部，样式已完全中国化，整体风格具有明显的宋代服饰特征，体现了宋代巴蜀地区的审美情趣。

卧佛前有声闻、菩萨、护法和帝释天等十四尊造像，这些雕像只展示自己的上身。虽然饰有精美的头冠、臂钏、璎珞等，但并不显浮华；服装线条简洁、轻松，给人以柔美、秀丽的质感。

大足石窟佛教造像的服饰风格更接近当时的普通百姓的着装风格。其中，所雕造的供奉者举着供品，或站或坐，有的穿着道衣，衣斜领交裾，衣服宽大，茶褐色环绕，多为宋代文人或道士所穿；有的穿着右衽广袖袍，腰间系绦，多为宋人野老闲居时的服饰；有的着直裰，背部中缝线纵穿整个佛衣，长及脚踝，多为宋代隐士、僧寺行者所穿[①]。

与敦煌、云冈等北方石窟相比，大足石窟观音坐像较多。大足石窟中虽然有大量的立像，但也有许多观音坐像。虽然菩萨的立像和坐像并不是世俗化的绝对标准，但大足石窟的观音菩萨都有一种微微倾斜的姿态，这使得菩萨有一种踏云入世的感觉。再者，大足石窟菩萨像的脸庞往往更女性化，它们的表情富有慈悲和温柔之感，有一种民间慈母、淑女共生之意。"世间所绘水中月之观音"像是北宋北山佛湾第一百一十三号龛内雕刻的三十三尊佛教观音造像（图6-23）之一。水月观音的右脚放在石凳上，左脚自然地悬在水面上，左手靠着支撑全身的平衡，右手轻轻地拾起丝绸状披帛，表情温和，姿势悠闲。上身穿着短衫，下着及踝长裙，头戴宝冠，长发垂肩，璎珞饰身，衣带流淌飘飘。整个"宛若一位不食人间烟火的女子，具有浓厚的人间情趣"[②]。

大足石窟佛教造像在进一步中国化的过程中佛衣汉化特色尤为明显，菩萨衣服的双肩式外衣，露出扁平前胸，略显稚气，前胸的璎珞垂饰比敦煌、云冈等石窟的要简单。长袖及腰，长裙及踵，披帛轻挽，为典型的民间女子的服饰装扮。

大足石窟宋代佛教造像服饰更具民间韵味。在雕塑家的心中，虽然佛、菩萨的境界并不局限于华丽而端庄的服饰，但出于对佛菩萨的尊重，雕塑家和工匠们以世俗的角度展示了心中的佛菩萨。而这种方式并不在于真正还原百姓的

---

① 沈从文. 中国古代服饰研究 [M]. 上海：上海书店出版社，2011.
② 王倩. 大足石刻观音造像艺术研究 [D]. 青岛大学，2012.

生活状态，而在于表达百姓心中的向往——更好的衣着服饰和端庄的外表。在他们的心目中，可以避开生活的艰辛，做一些精神上的更高的追求，如舞蹈、音乐、祈祷等，这是佛、菩萨的一种自由状态。从宝顶山小佛湾石窟第四号龛正壁坐佛群像（图6-24）和宝顶大佛湾第二十九号龛圆觉洞长跪菩萨像（图6-25）等，可见当工匠们塑造佛像和菩萨像时，他们是用普通人的衣服来还原生活的场景。这种吹笛或跪下祈祷的雕像，表达了一种免于奔波劳累的自由。服饰长曳于脚，袖口宽大，这不是一种方便的服装，它反映了人们从烦忧苦累生活中解脱出来的自由遐想。

在晚唐大足石窟佛教造像服饰中更多的是传统的佛装风格，三衣不经剪裁、缝合的矩形面料，通过在人体上的披挂、缠绕、束带等方式，形成一种"无形之形"的自由随意的特殊服饰风格。

唐代的审美特征包括轻松、写实、灵活、丰满、华丽、随性等。在唐代的审美艺术中，人物的脸型、表情、姿态的动态表达更加丰富和自由。大足石窟的佛像是在晚唐时期雕刻的，虽然不如盛唐那样华丽丰满，但大足石窟的佛教造像衣服褶子刻画却细腻、层次分明。没有很强烈硬朗的轮廓，衣纹线条紧贴身体，衣裙自然下垂，感觉会随着人体的运动而变化，丰富的节奏体现了人体的自然美。服装的整体感觉就像是发自肺腑的书法，酣畅淋漓，给人一种轻松随意的感觉，将工匠对佛教世界的理解展现了出来。这是一种无忧无虑的、自在而行的洒脱。

建于南宋淳熙至淳祐年间的宝顶山大佛湾第五号卢舍那佛龛（图6-26），整个佛龛高八百二十厘米，宽一千五百五十厘米，深二百零五厘米，共有一百一十九尊造像。其中，最大的三尊佛像高达七米，其中间为毗卢遮那佛，左为普贤菩萨，右为文殊菩萨。三尊大佛中有一个共同的地方，那就是双手平放在胸前，文殊菩萨和普贤菩萨分别手持重达千金的宝塔。大约八百年后，它似乎已经超越了时空，脱离了重力，仍然用双手托住了塔，巍峨不动。当时的工匠们巧妙地运用了法衣的穿着方式和姿势，用衣服遮住前臂，衣服的下垂与小腿部分的裙摆自然相连，使佛手与衣服的下垂角度形成一个稳定的三角。且采用中式服装风格，即以冕服的穿着方式在身上穿上法衣，使手的受力点能够覆盖手腕的整个服装支撑。以一衣之垂纹，撑起佛之宏力，在静态的生命里有着"无声雷鸣"的气势。

宝顶大佛湾第十七号大方便佛报恩经变龛的大方便佛（图6-27）和北山佛湾第二百四十五号观无量寿佛经变相龛右侧托宝观音，虽然它们的服装风格不同，但它们所穿的法衣形式都是唐、宋宫廷服装的风格。宝顶大佛湾第十七号大方便佛虽然没有华丽夺目的服饰，但从大方便佛内着僧祇支，下着中式泥洹僧，外披对襟式袈裟就可以看出，三衣着身，好似出席重要场合，是一种非常庄重的穿着方法。而法衣上配有一个环，尺寸相对较大，造型工整，法衣环的顶部和底部用整齐美观的结绳固定，在简单的服装中透露出不凡的气势。北山佛湾第二百四十五号龛托宝观音身穿半臂直领罗衫，胸前满饰璎珞，下着长裙，系带呈如意结下垂，两臂之间窄披轻绕，头戴宝冠。宝冠之后，以幞头的四带垂于脑后，这华丽而丰满的宫廷风格与菩萨身后的背光和飞舞的飞天相呼应，动静相融，充满了气势。在大足石窟中我们可以看到，佛像的中国元素服饰更加凝重，多了一份等级制度带来的威严感，少了一份自在。

建于南宋绍兴十六年的北山佛湾第一百三十六号转轮经藏窟，其中，数珠手观音（图6-28）上身着僧祇支，下着泥洹僧，外披覆肩袒右式袈裟。裙摆微微向两边展开，呈波浪状，宛如微风轻拂，身后的四条丝带随风飘动，静谧而有气韵。数珠手观音衣身轻薄，内着服饰比外披袈裟更为轻薄，从泥洹僧所表现出的线条更细腻、更灵动的造型可以看出，袈裟的质感比内衣厚重，所呈现的服装线条大开大合，褶皱相对较少，纹理清晰。整个服装线条简洁明了，没有多余的。数珠手观音头上戴着华丽的花冠，上面装饰着璎珞、颈戴项圈。璎珞遮住裸露的前胸，裳裙的腰线带饰上有各种各样的纹样图案，带饰上的图案丰满、自然、生动。纹样布局呈散点排列，由珠粒串联。双臂两侧也有相同的花串带饰，右手拿着两条穗子的佛珠细数，璎珞整体花卉图案饱满灵动，珠子大小均匀整齐。

第一百三十六号转轮经藏窟的宝印观音（图6-29），结跏趺坐于金刚座上，左右两边分别站着侍者和侍女。宝印观音上身内着僧祇支，且用系带系于胸前，外披一件通肩冕服式袈裟。下着泥洹僧，自然垂于金刚座上。头戴宝冠，宝冠底部宽，顶部窄，檐比面宽。宝冠越往上越往外倾斜，造型整体略呈三角形，稳重大气。宝冠图案主要由如意纹样和宝印纹样组成，其余部分由如意连理纹样和连珠纹样组成。由如意连理纹样勾勒出的形状与连珠纹样的几何形态相似，或三角形，或圆形。发髻处的冠线由整齐的宝珠纹样组成，整体线条为两侧低中间略高的桥形。宝冠华丽稳重又不失玲珑剔透。项圈璎珞也是由几何形状组成的，璎珞的面积只有上身面积的四分之一，也就是说，菩萨裸露的皮肤很少。胸前的围巾系结下垂，衣带交错排列，飘然座下。圆环和圆形系结连接在落地的彩色花带上，饱满的花朵自上而下从小到大有序地连接在一起，让人感觉整个观音似乎被这条五颜六色的腰带支撑着。宝印观音鼻梁高挺，眼睛下垂，面部肌肉丰满，嘴唇由三角形和梯形组成，它有着灿烂的立体感，使其有一张难忘的挺拔善良的面容。最重要的是，在服装整体造型中，几何造型经常被用来表现造像的服饰，尤其是下垂于宝座的褶皱和衣角，皆呈现出三角形，宝印观音整体感觉安静而庄重，可以使人产生恭敬、肃穆之意。

宋代周辉在《清波杂志》中提到"时以妇人有标致者为韵"。这种"韵"在大足石窟宋代佛像中，特别是在菩萨造像中被广泛使用。在佛像中国化的过程中，早期的观音男性形象逐渐具有女性化的特征。原来的蝌蚪胡须和强壮的身体逐渐变得没有胡须，拥有温润干净的脸庞，而且体形更加美丽。因为在信徒的心中，女人更温柔、善良、慈悲。她们长长的眉毛和眼睛流露出清澈和宁静，嘴角微微向上，好似让人感到春风和煦。服饰线条优雅灵动，褶皱随风轻轻摆动，服装面料轻盈下垂，展现自然、舒适、典雅之美。例如，北山佛湾第一百二十五号龛的数珠手观音（图6-30），头微微下垂，低眉慈目，嘴角微扬。上身微微倾斜，仿佛轻轻靠在身后的石墙上。从衣服的形状可以看出，一条腿在里面微微弯曲。左手轻轻握住右手腕，右手握住珠串，手臂自然下垂。这些微妙的动作使这尊造像栩栩如生。与其他菩萨造像相比，这尊数珠手观音菩萨更加俊俏活泼。其上身戴着璎珞，着罗衫式上衣，身穿长裙，手腕披帛。长裙随风向侧方飘扬，披帛飘动向上，有灵动飘逸而不失气势之感。

安岳石窟主要集中在唐代和北宋，大足石窟造像精品主要集中在晚唐、北宋和南宋。而安岳石窟和大足石窟却在四川中部比邻而居，造像题材均为儒、释、道三教合一的造像群，其社会历史、风俗习惯和人情基本相同。虽然服饰的风格、色彩、特点和艺术形式略有不同，但大足石窟和安岳石窟的服饰风格的多样性和穿着方式的多样性非常接近。

与晚唐大足石窟相比，唐代安岳石窟的佛教造像服饰更加典雅华丽，这从保存完好的安岳石窟飞天造像中可见一斑。安岳石窟的飞天造像，四周是五彩缤纷、造型饱满的祥云；其向上飞扬的披帛圆润有气势，飞去的角度圆而有力；

它们穿着半臂薄衫，裸露胸膛，这充分体现了唐代人民开放的审美趣味和异域风情的融合。大足石窟佛教造像服饰的差异体现在南宋造像服饰上。南宋大足石窟的服饰，可以从庄严肃静之美中反映出来。南宋佛教造像雕刻严谨，雕凿精美，服饰具有鲜明的时代性和人间性。

（二）其他石窟

1. 广元

广元千佛崖始建于北魏，它建在悬崖上，大约经一千五百年后，悬崖上已覆盖了一层层的造像和壁龛，是目前四川最大的石窟造像群（图6-31）。据清代咸丰碑刻记载，崖上雕塑多达"一万七千有奇"。不幸的是，其中一半以上在20世纪中期川陕公路修建时被毁坏，现在只有七千多尊造像和四百多壁龛窟。

大云古洞位于千佛崖的中心，它也是此地最大的龛窟（图6-32）。大云古洞共有二百三十四尊造像，其中观音像有一百四十八尊，正中造像为弥勒佛立像（图6-33）。以大云洞为中心，千佛崖造像可分为南北两段龛窟。南段龛窟包括千佛洞、大佛洞、供养人龛、接引佛龛、如意轮观音、神龙大佛、莲花洞、单身佛窟、睡佛龛、多宝佛龛、牟尼阁等；北段龛窟包括三身佛龛、三世佛龛、节行僧龛、弥勒佛龛、卢舍那佛龛、菩提像窟、十一面观音像、无忧花树窟、飞天窟、阿弥陀佛龛、地藏王龛、伎乐天人窟、力士龛、清代藏佛洞等。

广元千佛崖中除了有很多佛像披着"通肩式"佛衣外，"敷搭双肩下垂式"佛衣是较为常见的样式。"通肩式"佛像有立佛和坐佛两种形态。值得关注的是，立佛所着"通肩式"佛衣，如盛唐第十六号大云古洞主尊及盛唐一佛二弟子二菩萨龛主尊，与巴中石窟北龛隋代第一号药师三尊龛主尊（图6-35）的表现形式完全相同，披着方式也完全相同，都是阶梯式衣褶，上身对称排列为U形，腿部衣襞分别在两腿的凸起部做等高线式的圈形放射状排列。

西魏时期，广元石窟"半披式"与"敷搭双肩下垂式"两种风格的佛像开始融合。广元千佛崖初唐第十一号神龙石窟主尊弥勒坐佛（图6-34）就是一个很好的证明。

2. 巴中

巴中石窟始建于梁魏时期，隋唐以后，石窟数量增多，逐渐形成了现存的石窟群。全巴中地区有造像八千多尊，壁龛五百多个，石窟五十九座，数量惊人。在四川众多石窟中，巴中石窟具有举足轻重的地位。巴中石窟佛教造像成就斐然，在唐代艺术风格的影响下，当时石窟中人物的特点，形成了面庞丰满、身材肥胖的造像风格特征。菩萨造像呈现出装饰华丽、姿态优雅、雍容华贵的特点。力士像的造型雄浑有力，令人敬畏。飞天造像雕工精湛，造型古朴典雅。其中，南龛第一百一十六号石窟，高二十七米，宽四十二米，是巴中石窟的代表作之一（图6-36）。洞中有九十三尊造像，令人眼花缭乱，栩栩如生，叹为观止。这些精美的佛像，充分展示了唐代的文化、思想和雕刻技艺，也充分体现了华丽优美的唐韵。巴中摩崖石壁上的镂空雕刻，装饰精美，色彩绚丽，体现了巴中独特的石刻技艺。在人物造型上，许多雕塑打破了传统的造像模式，融入了川北风情，具有独特的魅力。

在巴中石窟，"敷搭双肩下垂式"的佛衣是一种常见的风格，但也有许多佛像穿着"通肩式"的佛衣。这些着"通肩式"佛衣的佛像包括立佛和坐佛，值得关注的是，立佛所着的是"通肩式"佛衣，如隋朝巴中北龛第一号龛乐师三尊龛主尊造像。而隋代巴中石窟西龛第十八号龛主尊造像（图6-37）所着的是"半披式"佛衣。

巴蜀地区的广元千佛崖石窟和巴中石窟都属于四川北部地区。两地石窟造像和服装风格是一样的。"敷搭双肩下垂式"佛衣是这两个地区最常见的一种，也有许多佛像穿着"通肩式"佛衣。这些着"通肩式"佛衣的佛像包括立佛和坐佛，其中立佛穿的"通肩式"佛衣值得进一步分析研究。巴中石窟曾发现过几起"半披式"佛衣形态。晚期广元千佛崖石窟造像将"半披式"风格融入"敷搭双肩下垂式"的佛衣风格中，这些变化的原因也值得探究。

从时间和地域上看，从北朝初唐到盛唐、晚唐、两宋时期，从广元到巴中、川中，巴蜀石窟艺术逐渐传播深化；从风格上看，佛教造像也从中原风格发展到中原石窟与川北石窟风格并存，后来随着石窟的重心位置迁往川中的安岳和大足，其时代特征和地域特征就更加明显了。

插 图

图 6-1 《韩熙载夜宴图》（局部）

图 6-2 安岳卧佛院第三号涅槃变窟释迦佛及右侧天众、阿修罗、众弟子

（佛坐像高 2.3 米，肩宽 0.5 米，弟子均高 2.1 米，天龙八部均高 2.1 米，盛唐）

图6-3　安岳千佛寨第九十六号药师经变窟坐姿药师佛与八大菩萨立像

（窟高4米，宽5.2米，深2.2米，盛唐）

图6-4　安岳华严洞第一号华严三圣窟正壁华严三圣坐像

（窟高6.2米，宽10.01米，深10.3米，主尊毗卢佛坐像高3米，肩宽1.2米，右文殊坐
青狮，左普贤坐白象，北宋）

图 6-5　安岳华严洞第一号华严三圣窟左壁十二圆觉菩萨组像之一

（像通高 2.4 米，北宋）

图 6-6　安岳华严洞第一号华严三圣窟右壁十二圆觉菩萨组像之二

（像通高 2.4 米，北宋）

图6－7　安岳华严洞第一号华严三圣窟左侧壁贤善首菩萨坐像

（坐像高2.4米，肩宽0.75米，北宋）

图6－8　安岳圆觉洞第五十八号聂公龛聂真像

（龛高2.50米，宽2.6米，深1米，像高2.1米，五代）

图6-9 安岳圆觉洞第十号窟释迦牟尼立像
（通高5.7米，肩宽1.3米，北宋）

图6-10 安岳圆觉洞第十四号窟莲花手观音
（立像高6.2米，肩宽1.2米，北宋）

图6-11 安岳毗卢洞第十九号窟紫竹观音造像

（坐像高3米，肩宽6米，北宋）

图6-12 安岳大般若洞三教合一窟释迦牟尼头像

（窟高4.2米，宽4.2米，深4.8米，佛像高2.3米，南宋嘉熙四年，正中释迦佛，左药师佛、右阿弥陀佛，后正壁左老子、右孔子，佛座左韦驮、右阿难组像）

图 6-13 安岳大般若洞三教合一窟正壁左下阿难像

（像高 1.6 米，南宋嘉熙四年）

图 6-14 安岳毗卢洞之千佛洞功德主群像

（窟高 9 米，宽 7.5 米，深 6.5 米，坐像均高 0.4 米，北宋）

图 6-15 安岳毗卢洞的千佛洞小型造像（北宋）

图 6-16 安岳毗卢洞之千佛洞造像

图 6 - 17　安岳毗卢洞第八号柳本尊十炼窟

（主尊毗卢佛坐像高 1.9 米，肩宽 1.2 米，北宋）

图 6 - 18　大足宝顶山大佛湾（局部）

图 6 – 19　大足北山佛湾第五十二号龛中央阿弥陀佛，左侧地藏菩萨，右侧观音菩萨
（阿弥陀佛像坐高 0.425 米，肩宽 0.19 米，胸厚 0.09 米，观音、地藏像高 0.58 米，
肩宽 0.13 米，胸厚 0.07 米，唐乾宁四年）

图 6 – 20　宝顶大佛湾第四号龛三行者及广大宝楼阁图（局部）（中行者）
（龛高 7.8 米，宽 3.7 米，檐深 2.6 米，行者像坐高 0.9 米，南宋）

图 6 – 21　宝顶大佛湾第四号龛三行者及广大宝楼阁图（局部）着交领偏衫的左右行者
（龛高 7.8 米，宽 3.7 米，檐深 2.6 米，行者像坐高 0.9 米，南宋）

图 6 – 22　大足石窟宝顶山佛湾东岩第十一号龛释迦佛涅槃图
（佛像长 31 米，弟子半身像约高 2 米，南宋）

图 6 – 23　北山佛湾第一百一十三号龛斜倚石壁水月观音
（像坐身高 0.525 米，肩宽 0.23 米，胸厚 0.1 米，北宋）

图 6 – 24　宝顶山小佛湾石窟第四号龛正壁坐佛群像
（像高 0.29 米，肩宽 0.13 米，胸厚 0.03 米，南宋）

图6-25 宝顶山大佛湾石窟第二十九龛圆觉洞

（圆觉菩萨坐高1.2米，像高1.3米，肩宽0.55米，胸厚0.25米，长跪菩萨像高1.3
米，座高0.8米，南宋，右壁圆觉菩萨群像：右起普贤、金刚藏、清净慧、辨音、普
觉、贤善首及长跪菩萨）

图6-26 宝顶山大佛湾第五号卢舍那佛龛华严三圣立像

（三圣像高7米，肩宽2.45米，胸厚0.65米，南宋）

图6-27 宝顶大佛湾第十七号大方便佛报恩经变龛

（龛高7.3米，宽15.6米，檐深1.82米，半身释迦佛像高3.1米，肩宽2.86米，胸厚0.48米，南宋）

图6-28 大足北山佛湾第一百三十六号转轮经藏窟数珠手观音

（像坐高1.955米，头长0.255米，肩宽0.44米，胸厚0.26米，南宋绍兴十六年）

图 6-29　大足北山佛湾第一百三十六号转轮经藏窟的宝印观音

（像坐身高 1.4 米，头长 0.48 米，肩宽 0.6 米，胸厚 0.24 米，南宋绍兴年间）

图 6-30　大足北山佛湾第一百二十五号龛的数珠手观音

（像高 0.915 米，肩宽 0.22 米，胸厚 0.12 米，北宋）

图 6 - 31　广元千佛崖（局部）

图 6 - 32　大云古洞（外部）

图 6 - 33　广元千佛崖第十六号大云古洞

（佛立像高 2.38 米，肩宽 0.68 米，盛唐，阿弥陀佛立像）

图 6 - 34　广元千佛崖第十一号神龙窟主尊弥勒坐佛

（窟高 3.6 米，宽 3.2 米，深 1.85 米，初唐）

图 6 – 35 巴中北龛隋代第一号药师三尊龛

（药师佛立像高 0. 55 米，右侧日光菩萨，左侧月光菩萨，各高 0. 46 米，隋代）

图 6 – 36 巴中石窟南龛局部

图 6 – 37　巴中石窟西龛隋代第十八号龛释迦佛与弟子菩萨像

（龛高 1.9 米，宽 1.5 米，深 1.2 米，隋代）

第七章

巴蜀石窟中飞天造型设计与形态

　　佛教的飞天起源于印度神话，"在印度，梵音叫她犍闼婆，又名香音神，是佛教图像中众神之一"①。在佛教复杂的"组织"体系中，飞天属于天龙八部②，排列在第四、七部。此护法神传至中国后，历代佛教艺术中，石窟壁画、浮雕、石刻各有其人形，其中以乾闼婆和紧那罗的飞天居多。飞天是中国佛教艺术中最迷人的人物形象。《敦煌学大辞典》将飞天分为画像、音乐舞蹈与图案三大类。在画像类中，飞天以"飞天画像，神道画像"的形式出现在"佛教史迹画，瑞像图，菩萨画像"与"供养画像及他"两类之间③。段文杰认为，飞天是"佛教艺术中佛陀的八部侍从中之两类，即佛经中的乾闼婆与紧那罗。……他们是有特殊职能的'天人'，而不是泛指六欲诸天和一切能飞的鬼神"④。《法华经·譬喻品》："诸天伎乐，千百万神于虚空中一时俱起，雨诸天华。"由此可以看出，乾闼婆和紧那罗两个名字是复数的，不是指一个人，而是一群能歌善舞的神灵，他们是散花拜佛、供果奉宝的"天人"统称，佛经中没有明确记载其形象特征。

一、概述

　　在《汉语大词典》中"飞天"的释意为"佛教壁画或石刻中的空中飞舞的神"，认为梵语称神为"提婆"（deva），因"提婆"有"天"的意思，所以译

---

① 常书鸿，李承仙著述．敦煌飞天［M］．北京：中国旅游出版社，1980：8.

② 天龙八部：一天、二龙、三夜叉、四乾闼婆、五阿修罗、六迦楼罗、七紧那罗、八摩罗相。乾闼婆与紧那罗即飞天，乾闼婆是一种以香为食的神，为乐神；紧那罗是歌神，男相者马头人身，女相者相貌极美，善舞。它们在天国里不食酒肉，专采百花香露、飘曳着衣裙、飞舞着彩、凌空飞动，出现在鼓乐齐鸣、天花乱坠的佛说法时刻。由于它们满身散发香气，又称香音神；至于"飞天"一词，是通俗的简称。

③ 季羡林主编．敦煌学大辞典［M］．上海：上海辞书出版社，1998.

④ 段文杰．飞天——乾闼婆与紧那罗［J］．敦煌研究，1987.01：1.

为"飞天"。《辞源》中的"飞天"为"佛教壁画或石刻中飞舞空中之神，梵语提婆，意译为天。神在天空中飞舞，故称飞天"①。"有的说人头马或人身马头；有的说半人半兽，似人非人，头上长角；有的干脆说是天王脚下的魔鬼；有的说是站立的美女，或者可男可女。但自飞天的艺术形象出现在印度、中亚和中国时，都是天男天女形象，是佛国世界里弹琴歌舞、喷香散花、带来欢乐幸福的使者。飞天之名见于中国记载者，最早为北魏杨衒之的《洛阳伽蓝记》，称'飞天伎乐'，即印度乾闼婆与紧那罗的合称。飞天形象从印度传入中国，便与道家飞神羽人（即飞仙）相组合，赋予了中国特色和民族风格。"② 这说明壁画中飞天是有男、女形象的，飞天进入中国后，与伎乐有着密不可分的联系，飞天形态也有中国道教思想的渊源，中国的飞天融合了道教飞仙的形象。

飞行是不同文化圈人类共同的梦想。这种共性来源于人的"未定成性"，也反映了人类思维在历史发展过程中的一致性。在人类学意义上，人类是"未完成"的动物，正朝着"完成"的方向发展，这一过程在不同的文化圈中积淀成不同类型的文化，而飞行是人类文化的一部分。人类的飞行梦想实际上是人类不断向"完成"迈进，进而形成一种独特的飞行崇拜。它的核心是人类对自由的向往。飞行梦在不同的文化圈中是普遍存在的，古希腊和北欧神话中有许多反映鸟类崇拜的神话故事。在人与神共存的时代，人类理性开始构建人所处其间的宇宙模式，确立了神的权威地位。人通过各种努力与天沟通，也是人的主体性不断确立的过程。对于鸟类的崇拜，人们用自己的形象与鸟类的翅膀嫁接，创造出天使形象来传达天堂的旨意。通过这样的实践，人类理性为飞翔的梦想插上了翅膀。有了这种力量，人类可以在宇宙中自由翱翔，这种人类活动意识与梦想在不同的文化圈中具有显著的一致性。以人为中心、以天为主宰的空间格局的建构和不同文化中的天使形象，正是这一飞行梦想在不同视角下的体现。

基于人类追求自由的共性，飞天的意识与形态在不同地区广泛传播。飞天起源于印度，随着佛教的传播，同一地区的文化也发生了变化。这一转变过程在形式上表现为飞天对不同文化的适应，其前提在于人类对自由的内在向往。印度神话传说中的女神是印度飞天的源头，希腊化时期受希腊文化的影响，犍陀罗艺术产生了具有地方特色的飞行形象。佛像产生后，印度古典笈多艺术形

---

① 《辞源》（修订本）四，北京：商务印书馆 1983 年版，第 3415 页。

② 季羡林主编. 敦煌学大辞典 [M]. 上海：上海辞书出版社，1998：166－169.

成了独特的印度飞天。随着佛教东渐，在西域浓烈的地方乐舞氛围的影响下，形成了具有民族特色的飞天形态。

在中国文化的早期发展中，有许多部落祖先以鸟为图腾。进入文明时代以后，凤位居"五灵"（中国古代民间传统瑞兽，谓麟、凤、龟、龙、白虎）之列。孔子曾感叹："凤鸟不至，河不出图，吾已矣夫！"中国本土道教对飞天的发展具有重要的影响。白日飞升是成仙得道的标志之一。因此，道教孜孜不倦地追求飞行的梦想并付诸实践。道教飞仙是基于中国人审美心理对古代羽人形象的改造，也是中国飞天最直接的来源。进入中国后，程式化的佛教造像与道教飞仙形象融合，用佛教造像仪轨来表现中国的飞仙。飞天形态承载着中国文化的基因，它诞生于道、释融合的文化背景下。直到20世纪40年代的学科研究工作中，飞仙与飞天仍然模糊不清。

飞天在中国的发展是一个不断中国化的过程。

首先，飞天的概念诞生于中国。飞天在中国文化中是一个后来的概念。中国道教中的飞仙，印度佛教中的天人、诸天是早期飞天的别名。在早期，飞天只是表达主体动作和姿势的修饰成分，如"飞天伎乐""飞天夜叉"等，其意义的确立是动词不断名词化的过程。飞天作为佛教壁画人物中的一种概念，在中国定型并于20世纪50年代成为一个通行的名称。

其次，飞天在进入中国后被中国文化改造。从形象上看，印度的裸体或半裸体飞天已逐渐演变为中原地区"褒衣博带"的飞天。隋唐以后，不同风格的飞天形象逐渐定型。在造型方法上，印度和西域地区的凹凸晕染和粗线条形体轮廓勾勒逐渐演变为以线为主骨的线描。在审美追求上，飞天形象从崇尚形似发展到崇尚神似，身体飞舞之势不断增强，吸收了中国民间百戏和杂技的形式，使飞天的动作更加多样和富有表现力；在舞蹈程式化方面，它吸收了中国民间踏歌的形式，加强了飞天群体的表现力，使飞天成为石窟装饰的重要组成部分。

在中国文化中，自由就是"旅"。中国人认为"旅"是自由最完美的体现。无论是儒之"游"于艺，还是道之"游"于仙，其追求的核心都是一种超常的自由。儒之"游"、道之"游"与道教乐园世界中的仙游都是对于达至这一自由之境路径的探索。中国文化中的神游、心游、卧游、梦游……从不同的角度诠释了对自由的追求。"游"是飞天的精神内核，飞天是中国文化中"游"这一自由精神的具象体现。

自由的精神内核也将飞天与嫦娥奔月的形象区分开来。自由是飞行的目的，飞行是自由的实现。当飞行与一个特定的主题相关联时，就会有自由与非自由之分，飞行与嫦娥形态之间的影像差异也就在这里。嫦娥奔月是一个中国本土的飞天神话故事，是文学中一种典型的飞天表现形式。嫦娥奔月源于古代一个以女性为主体的日月神话。神仙思想的侵入使这一神话在日月神话的基础上融合了西王母与不死仙药等新元素。汉代大统一思想的系统化趋势，促进了神的伉俪化和嫦娥神话与羿神话的结合。这一过程不仅扩大了神话的叙事领域，而且促进了神话的世俗化，使神话从神圣进入世俗，反映了社会生活的方方面面。随着嫦娥奔月神话与社会历史的同步发展，新时代元素的不断融合，神话与社会意识形态相互交融，成为不同社会历史时期意识形态的体现。嫦娥作为一个特定的女性主体，决定了这个神话在父权社会中的悲剧色彩，因此嫦娥的飞翔是不自由的。由于题材的不确定性，飞天远离了社会意识形态，其自由与飞翔的表达更为充分。因此，中国文化会选择飞天图像作为精神自由的象征。以飞天图像代替嫦娥形象，在某些方面体现了形象符号的优势，但自由的核心理念是决定性的。

因此，飞天图像从印度佛教传入中国后，经过中国文化的全方位改造，最终成为中国特色石窟的装饰元素。飞天图像经常高居于佛阁的藻井、龛楣上，上身赤裸，下身系中式长裙，长长的彩带挥舞飘扬着。它婀娜多姿，轻盈飘动，欢快地翩翩飞翔，给佛国天界增添了一种活泼华丽的吉兆祥瑞的光环。为什么飞天的形态都是半裸的？根据佛经，佛陀讲经或涅槃时，飞天脱下衣服，在空中飞翔，奏乐散花。《妙法莲华经·譬喻品》云："尔时四部众，比丘、比丘尼、优婆塞、优婆夷，天、龙、夜叉、乾闼婆、阿修罗、迦楼罗、紧那罗、摩睺罗伽等大众，见舍利弗于佛前受阿耨多罗三藐三菩提记，心大欢喜，踊跃无量，各各脱身所着上衣、以供养佛。"这可能是飞天袒胸露腹形态的合理依据。正因为如此，工匠们在创作飞天时，大胆而毫无顾忌地摆脱了佛教"不事声色"的戒律，摆脱了封建社会的桎梏，如衣不露体、非礼勿视的礼教约束。他们以献身佛陀的名义，拉开了创造身体艺术、关注女性曲线美的序幕。此外，在新疆、敦煌和云冈等石窟中的飞天还有全裸的图像，例如，敦煌莫高窟的西魏第二百八十五号窟，北周第四百二十八号窟都有赤裸裸的飞天。

敦煌莫高窟飞天完整地保存了中国飞天一千多年的发展历史，全面反映了飞天形态的兴衰。隋唐时期飞天的兴盛，有来自艺术形式自身与社会历史的双重原因，是由于中原、西域等不同风格的结合，以及唐代绘画技法的成熟。其深层原因是唐代社会整体的包容心态与飞天所代表的强大的国家力量和自由的精神所酝酿的繁荣时代之声同频共振。

二、形态及设计意蕴

中华上古文明中的龙飞凤舞和夏、商、周以来的礼乐文化，是中国文化重塑飞天的大背景。乐舞影响着中国社会生活的方方面面，在中国文化中形成了一套审美心理定式。它因此成为飞天再生的出发点和媒介。

中国艺术观贯穿着"游"的神韵，在艺术创作上要求创作主体"能游"，即创作过程体现为主体的自由创造。在艺术作品中要创作意境美，一种"可游"的形式。中国飞天形象在主、客体两方面体现了艺术的这种追求。在佛教石窟中，飞天不像佛像、菩萨像等，受固定名称和特定宗教仪规的限制。在敦煌遗书中也没有发现飞天粉本（画稿），因此飞天创作在更大程度上是主体的自由创造。同时，飞天形象以迂回悠闲的形式诠释着中国艺术的"飘带精神"。另外，中国艺术由于"气韵生动"的审美追求和线描的造型方法，使飞天的造型更好地服务于自由精神的表达。中国传统的线描造型方法超越了具象的相似性，使飞天的形象更具表现力。中国艺术"气韵生动"的追求，赋予飞天内在的神韵，使其将飞动之美表达得淋漓尽致。

（一）飞天形态

1. 构成元素

在图像元素中，有些是基本元素，是必要的，是图像的基本特征，而另一些是对图像的进一步描述，是选择性元素，用以界定图像的内涵。石窟壁画中飞天图像的存在方式多种多样。一般来说，它们大多以群体组合的形式分布，单个出现的案例不多，但个体飞天是形成飞天群体的基础。

（1）基本元素

图像的基本元素是构成飞天图像中最基本的成分，是识别飞天图像的必要元素。飞天形象自诞生以来，从印度到西域再到中原地区，一直处于不断的变化和发展之中。虽然各地的飞天或多或少融入了当地文化符号，但它们有两个共同点：主体和飘带，这是飞天形象的必要元素。主体是个体飞天的形象，飘带是用来表现飞天存在的。在这两个要素中，主体的身份和造型特征是不确定的。随着时代、地域、文化的更替，飘带也随着题材的不同而变化。在单个飞天图像中有一个固定程式：主体和飘带呈现两个相反的运动方向，两个相反方向的力作用于主体，在飞天图像中形成一个力循环，主体向前移动，飘带向后，使整个图像处于平衡状态。

(2) 选择性元素

图像的选择性元素是图像的描述性成分，包括飞天图像的饰物、头光、职能，它具体定义了图像的身份、时代和功能。对于飞天的图像来说，这些元素不是必要的，但它们是必不可少的，因为只有通过它们才能进一步显示飞天的细节特征。飞天的饰物主要有服装衣饰、头饰、颈饰、臂饰等。这些饰物是可选的附件。例如，裸体飞天不需要服装衣饰。根据不同时代、不同民族的特点，飞天的服饰也不尽相同。在印度和西域地区，人们喜欢头饰、颈饰和臂饰。这些民族壁画中的飞天大多佩戴着这种饰品，而中原地区的飞天则穿着汉服。从这些选择元素中，我们可以分辨出飞天的身份：裸体童子飞天、党项族的童子飞天、披袈裟的飞天、力士飞天等。从发髻中，我们还可以分辨出不同的飞天：梳单髻的飞天、梳双髻的飞天、梳高髻的飞天、光头飞天等。早期飞天还有头光装饰，可以将佛教飞天与类似道教飞仙区分开来。此外，飞天还有不同的功能，这些功能元素也是有选择性的。飞天的主要功能是娱佛，一般来说，有三种形式：散花、奏乐和供养。因此，又有散花飞天、伎乐飞天和供养飞天，它们分别手持鲜花、乐器或其他供品，有时双手合十。

总之，对于单个的飞天图像，主体和飘带是其组成要件，它们在图像中形成两个相反的力的相互作用，而选择性元素并不是飞天的本质特征。

2. 构图方式

飞天图像通常以群体的形式出现在壁画中。这种群体的组合以其所处的位置不同，通常可以分为连续式、对称式、回环式、零散式几种构成形式①。

(1) 连续式

石窟壁画飞天群通常位于藻井周围、人字坡两侧和石窟墙上方（图7-1），环石窟横向延伸，呈带状分布。这种飞天群通常以多个连续的形式，以身为单

---

① 郑汝中. 敦煌壁画乐舞研究［M］. 兰州：甘肃教育出版社，2002：190-191.

位，前后展开，头尾相连，形成一个图案。飞天奏乐、散花、舞蹈，动作、姿态、表情各异；横卧、升腾、俯仰、倒转……整体布局平衡，彩绘均匀，如云纹、水纹、火焰纹、巾带、花舟、卷草等。形成一个相对固定的模式。这种构图不仅体现了群体的统一性，而且对个体飞天有着具体的描绘。这种构图形式经常出现在壁画中，石窟雕刻也很少见。

（2）对称式

对称式构图是敦煌早期飞天的主要构图形式。在说法图、龛楣（图7－2）、佛像背光两侧、平棋四周的三角地带、宝盖周围多以对称飞天来衬托主要画面。对称构图是来自印度的构图模式，在佛像形成之前有很多，这种形式经常在印度飞天构图中使用。它也是飞天石雕的主要组成形式。例如，造像碑飞天就是这一构图的经典模式。

（3）回环式

回环式构图是介于对称式构图和连续式构图之间的一种构图形式，主要出现在经变画中与宝盖四周。盛唐以后，飞天的表现空间不断扩大，对称式构图逐渐发展成回环式的格局，经变画与说法图中的飞天常常围绕宝盖形成一种回环。

（4）零散式

为了丰富画面，飞天往往被用来填空。通常随形就范，采取散铺的方式，在壁画中任意点缀飞天，有群体，也有个体。在一些有大面积壁画的龛窟中，常常在顶部、内部和侧面画上不规则的飞天群，有时直接插入说法图或故事画中。这种构图形式在石刻、石窟中心柱周围的泥塑和浮雕中也很常见。

3. 形态特征

（1）主体的不确定性

主体的不确定性意味着对主体的身份没有明确的规定，即主体可以被替代。飞天在佛经中没有特定的身份，这给了画家很大的发挥空间。他们可以用自己的想象赋予不同的主体飞翔的能力。在中国文化中，飞天的主体变得更加多样化：洞窟壁画中飞行的有比丘、菩萨、夜叉、力士、道士、童子、妙龄少女等。

（2）运动性

飞天的本质属性是运动性，常以身体和飘带来表现。运动性不仅局限于个体飞天，而且在群体飞天中更为重要。一般来说，一组连续排列的飞天有一个统一的运动方向，虽然个体的飞行方式不同，但群体的运动方向一般是一致的。

(3) 回环性

回环是由飞天图像中的力形成的图案。对于单体飞天，身体与飘带的运动方向以飞天身体为连接点，形成一个半封闭循环。在一组飞天群中，特别是在平棋飞天、藻井飞天、环窟飞天、宝盖飞天、佛背光飞天中，这个循环是封闭的。对于对称式的飞天，如龛窟中的说法图飞天、经变画飞天、故事画飞天，这种回环是一种半封闭的结构。因为人的视觉对于一个完整的形式往往具有趋合的功能：对于熟悉的对象，即使轮廓缺少一部分，知觉仍会把它视为一个整体①。对称式飞天虽然只是一个半圆结构，但它仍然给人一种闭环的心理感受。飞天的对称结构是印度的一种古老形式，在中国逐渐向回环发展，特别是在莫高窟唐代的经变画中表现明显。随着经变画中飞行空间的扩大，飞天逐渐由原来说法图中的对称图案演变为围绕菩提树或中间佛飞行的回环结构。

(二) 设计意蕴

"风格"不仅是艺术史的基本概念，也是艺术史研究的中心。艺术史的基本问题只能用风格来系统地解释。风格是艺术的形式，它不是一个抽象的概念，而是在具体的作品中表现出来的。人们看到的艺术作品都是不同形式的风格，但具体的作品不是风格。美国现代社会学家、美学家 A. 豪塞尔（Arnold Hauser）认为，风格有三个基本标准："在某个有限的文化领域或时期的艺术作品之中，有一种与一定数量的在艺术上有意味的特征有关的一致。这种一致的标志也可以作为这些情况的标志：我们在其中可以发现好几种竞争着的可以结合的相互并列的倾向。第二个标准在于这个共同特征的某种相当广泛的散播……此外，通常还要引用一种风格的审美标准，造成这个标准就在于特别清晰和确定地运用一种共同的形式语言，就在于在运用有效的手段中有一种几乎是直觉的技巧上的确实性。"② 一般说来，风格是指一定数量的具有共同特征的艺术作品，广泛流传，以具体的技术形式存在。风格具有大规模的一致性、传播性和技巧性。三者相互关联，传播的内容是技巧，传播的结果是产生大规模一致的作品。

根据这一标准，从印度到中国的飞天图像可以分为印度风格、西域风格和

---

① 韩从耀. 图像：主题与构成 [M]. 北京：北京大学出版社，2010：126.

② [美] 阿若德·豪塞尔. 陈超南，刘天华译. 艺术史的哲学 [M]. 北京：中国社会科学出版社，1992：202.

中原风格三种典型。这三种风格虽先后产生，但相互影响。虽然有些风格不是直接相关的，但它们有很大的相似性。这也体现了飞天图像通过消除文化、地域、种族等社会历史因素的影响，显示出飞天形象具有一定的内在一致性。

最早的是印度风格的飞天，起源于印度佛教艺术对印度民俗民间文化的沿袭与运用。随着佛教的传播，飞天和佛像在印度影响了西域地区和东部的中原地区。

西域飞天风格是印度飞天在西域特殊民族和地区的历史条件下的新变化，其绘画技法与造型风格没有发生大的变化，只是融入了西域民族的审美特征。

中原风格的飞天受中国本土文化中羽人、道教飞仙的影响，体现了汉魏六朝以来中原的时代风尚、审美情趣和绘画传统。隋唐以后，线绘造型方法的成熟和国家统一带来的地区间文化交流，加速了飞天的中国化进程，使飞天在人物造型方面更符合中国人的审美情趣、绘画技巧和图像组合。这一时期，中原早期风格进一步完善、成熟和繁荣。

在中国画的"六法"中，以"气韵生动"为第一位，强调绘画中万物的神态，要能够达到鲜活而灵动的程度。"气韵"之所以超越"形似"，是因为它不固守物象，不雕琢凹凸凿三维立体的形似，而注重飞动姿态之节奏和韵律的表现。在佛教艺术中，对飞天形象的描绘最能体现中国传统的审美精神。飞天的"飞"不是真正意义上的飞行，是凭借身披的飘带元素，平驰、仰升、斜趋、俯降，轻盈而灵动，飘带是飞天的基本要素。在飞天的造型中，云彩或云团和飘带在辅助飞行的运动和方向方面起着重要的作用。在后期的发展中，雕塑家们结合现实生活中的舞蹈、音乐等场景，创造出更加优美的造型。

飞天在空中自由飞翔，具有疾、徐、刚、柔的易变性和生动性，长飘带的起伏形成一种流动感和抒情性。在舞蹈般的飞翔动作中，以飘带、彩云等外在结构，营造一种节奏感与和谐的韵律感。所有这些特点都使绘画艺术达到了"气韵生动"的最高境界。纵观世界各地，不同时代的优秀飞天形态总是通过点与线的交错、色彩的相互映照、缓疾的形体动态，传达出一种音乐般的节奏和舞蹈般的姿态美。这一境界与传统书画精神十分契合。因此，飞天在中国能流行这么久，广泛地表现在绘画和雕塑中，是中国传统审美文化内涵的体现。

在中西绘画比较中，宗白华先生对中国绘画"气韵生动"的审美追求做了精彩的总结。也就是说，中国画的境界特征是基于中华民族的基本哲学，即

《易经》的宇宙观：阴阳二气化生万物，万物皆禀天地之气以生，一切物体可以说是一种"气积"。这无尽的阴阳二气织成一种有节奏的生命。"气韵生动"就是"生命的节奏"或者说是"有节奏的生命"。伏羲画八卦，即是以最简单的线条结构表示宇宙万象的变化节奏。后来，成为中国山水花鸟画领域的老庄及禅宗思想，只不过是静观寂照中，求返于自己内心深处的心灵节奏。"气韵生动"以其中蕴含的节律与动感，呈现出一种音乐美。受这种审美情趣的影响，飞天入华夏后最大的变化就是扬弃了印度和西域飞天的体积感，着力表现"飞动之美"的内在魅力。因此，飞天在中国文化中真的"飞"起来了。

总而言之，飞天作为精神自由的象征，与中国艺术对"气韵生动"的审美追求，以及中国文化的"乐舞""游"有着深刻的一致性。它在内容、形式等方面体现了飞天鲜明的中国特色。这种一致性的哲学基础是飞天对中国文化天人合一思想的阐释。飞天以自由为核心内容，突出了人的主体性即主观目的性的确立与提升；同时，这种形式也体现了中国文化追求圆融与和谐的客观目的性。飞天与中国文化的默契，是飞天作为中国文化象征的深层原因，也是飞天从宗教艺术向世俗艺术转变的原动力。

飞天艺术伴随着佛教艺术的兴衰，在一千多年的时间里形态层出不穷。从克孜尔到敦煌，从炳灵寺到麦积山，从云冈到龙门，从广元到安岳，从安岳到大足，无论是壁画还是石刻，我们都能看到飞天的形态。

三、巴蜀石窟中的飞天装饰

在古蜀，人们有崇拜鸟的习俗。出土于四川省广汉市三星堆二号祭祀坑的青铜人首鸟身像，十二厘米的高度让它看起来小巧玲珑。该青铜像造型别致，平头顶，颊戴于头上，面罩覆盖于面上，是威严大气的方正脸型，鼓眼努睛，鼻如悬胆。小型神树上另一枝端的人首鸟身像与之造型一般无二。由此可断定，该像曾有呈宽展状的双翼，尾羽构型亦当为分叉相上下卷曲。除了这棵小小的青铜神树外，在同一坑出土的青铜祭坛顶部的"盝顶建筑"前额中间也发现了这种带有人头的鸟体。在古代，先民有"以上为尊""居中为尊"的礼节。出现在青铜神树树枝末端、铜神坛顶中间的人首鸟身像，显然具有神圣的象征意义。人首鸟身像当是众神仰慕的天"帝"的化身，受到景仰。在中国周朝以来的神话中，黄帝成为诸神的首领。那么，在三星堆文化中，可以追溯到周朝，那么，人首鸟身像指的是谁呢？由出土地点可将古代神话中的古蜀鼻祖"大鸟王"帝颛顼与人首鸟身像相联系，就其神职内涵象征而言，该像很可能是最高权威象征物，具有"中央之神"及太阳神的神威。

这种符号类型具有东方文化的特征。在东方的印度和埃及东部，人变成了野兽，被认为是"一种进步"。三星堆文化里的人鸟组合图式的艺术造型就是一种"非凡神圣的形象"，它寓意着"人的提高"。这一象征意蕴表明，"鸟"是古蜀人的圣物，为使人神圣化便将人鸟组合起来，人便成为鸟的后裔，不仅具有高贵的血统和出身，还被赋予了神性、神力，同时又使该圣物具有人性、人格，进而消除神、人间的疏远感，建立起亲密的关系，为人进入神的殿堂提供路径。

巴蜀石窟历史悠久，广元和巴中的两座石窟是在不同的时代建造的，巴中比广元晚，但两地石窟风格相似，早期石窟的风格与中国中原北魏晚期石窟相似。安岳、大足、潼南、资中等地有许多石窟，石壁上窟龛密布，时代延绵。宋代中原石窟建造接近尾声之时，四川中部的安岳、大足是此时石窟最集中的地方。因此，两地石窟已成为宋代最具代表性的地方之一，兼具地方特色和时代特色。

（一）重点石窟

川中安岳石窟和大足石窟的飞天皆是唐、五代和两宋时期的作品，其中大足石窟飞天形象集中出现在北山、宝顶山。安岳石窟与大足石窟的飞天为数不多，但唐代的飞天大都面庞丰满，形体修长，上身裸露，脚与下肢都被长裙所裹，长长的裙摆依靠云朵和飘带烘托飞行动感。中晚唐时期，安史之乱等战争使得唐玄宗、唐僖宗等皇帝纷纷去蜀地避难，很多高僧和能工巧匠也跟随进入四川，使处于濒危境地的石窟寺艺术在巴蜀以摩崖石刻的形式保存下来且得以发展。巴蜀地区佛教造像精髓荟萃的大足以及安岳石窟创制时间从晚唐、五代至南宋，绵亘数百年。两宋期间该地区摩崖石刻造像在形制上几近彻底排挤了初期经丝绸之路带来的"犍陀罗"以及"秣菟罗"的风格特征。在技艺上逐渐从简单走到了细腻，造像多呈现出康健和美丽的人间性，并掺杂了浓厚的乡土气息，形成了具有地方特色的"巴蜀风格"。川中摩崖石刻中的紧那罗以及乾闼婆作为佛的侍奉天人而出现，它们的形象完全是种种"飞天"形象交融的产物。它们一般在窟顶、明窗、龛楣、门拱等位置，拥有礼拜供佛、歌舞伎乐、散花施香等的综合职能。

中国传统雕塑具有"塑绘不分"和"塑容绘质"的重要特征，不太看重雕刻以及绘画在其表现形式上面的区别。因此，雕刻每时每刻都体现出非常多与绘画在表现形式上的相同或者相似的元素。川中石窟主要开凿于两宋时期。宋代著名书画鉴赏家和画史评论家郭若虚曾经在《图画见闻志》中说道："至今画家有轻拂丹青者，谓之吴装，雕塑之家，亦有吴装。""吴装"指的是唐朝画圣吴道子所创建的"吴带当风"的画风。受到他的影响，其后的雕像衣着服饰上也出现了这种类似的风格。川中石窟飞天雕刻和绘画两者间的彼此融通体现在很多不同方面。

从形象与动势来看，在一些宗教艺术中的小天使有一对呈飞翔动势的翅膀。汉朝砖石画像上面的仙人也有翅膀，通常被叫作"鸟人"。由于中国社会、政治、经济的不断发展，民间对于宗教的看法以及审美观念的改变，随后的飞天形象渐渐简明。翅膀的样式逐渐消失，全都被美丽的女性形象所代替，显然拥有了人间世俗化的特点。为了让没有羽翼的飞天还能拥有飘动优雅飞舞的感觉以及矫捷轻盈的舞动之势，人们逐渐借用繁长的丝带、衣裙带着飞天空中起舞，通过外力作用赋予了飞天矫捷优雅的感觉。这正从另外一方面诠释了为什么隋、唐时候的飞天衣饰富丽堂皇，薄纱覆体，衣带轻盈，衣裙的长度可以拖地三尺。宋朝之后，川中石窟飞天在持续了唐代飞天的个别特征的基础上，也被给予了非常具有当代特点的民族传统艺术的风格特征。

1. 安岳

安岳东南与大足接壤，在南北朝时期，已经有了佛教石窟寺。现存摩崖石刻中比较完备的有四十五处，总计有摩崖的造像一百零五身，最有名的是千佛寨、卧佛院、毗卢洞、圆觉洞、华严洞、玄妙观等。在安岳石窟中，也常常在众多的佛像和菩萨像等旁边雕刻出不同的飞天形象，虽分布只存若干处，却有其独特之美，给佛国世界增添不少情趣。其中，安岳圆觉洞北岩的"西方三圣"三大龛中左右壁上面乾闼婆式样的石刻飞天最具有代表性。中间的第十号"阿弥陀佛龛"，其左右壁上部分别刻有飞天一身（图7-3、图7-4、图7-5）。左侧七号龛"净瓶观音龛"左右壁的上方以及中间分别刻飞天一身，驾乘着云彩高高地飞翔（图7-6、图7-7）。右边十四号"大势至到萨龛"左壁上面部分刻有飞天一身（图7-8），姿态优雅，跃跃欲飞；右壁上部崩坍塌毁，飞天不复存在。千佛寨第九十六号窟龛的盛唐药师经变相（图7-9），中央表现药师佛及众多的菩萨形象，药师佛的华盖两侧菩提树下，就各有一身男相，上身赤裸的"紧那罗神"乘着彩云向着中央飞来，长长的飘带衬托着柔和的体态。此龛飞天造型与莫高窟飞天形象相似，但又有不同——莫高窟整个飞天形体都呈现丰腴体态，而且赤脚外露。

唐代安岳石窟飞天几乎都成对出现，并且朝向整体向中间而对称，飞天身体整体运动状态有秩序，不如宋代飞天那么自由，也许与当时"长安样式"的传播有很大关系。初唐时期佛教昌盛，当时艺术家们参与到了佛教艺术的创作之中，因此，飞天的线条也受到一定的影响。影响较大的当数唐代著名宫廷人物画家阎立本的《历代帝王图》《职贡图卷》的铁线描，吴道子《释迦降生图》的"吴带当风"，唐代著名画家周昉的《簪花仕女图》等。尉迟乙僧父子创造了气魄宏伟的大唐画风，曹仲达在吸收外来佛画风格上创造出"曹衣出水"绘画特点。如安岳卧佛院第五十九号经文窟，左、中、右三壁顶部刻有带有明显北方石窟早中期飞天造像风格的六身，其体态轻盈，线条流畅（图7-10）。后壁刻《大般涅槃经金刚身品第二》《大般涅槃经卷二、卷三》《大般涅槃经如来性品第四》。顶部框边刻飘带缭绕的飞天二身，飞天之间雕刻香炉花篮，这身飞天绘衣裙具有"曹衣出水"的风格。线描刚直流畅，以"兰叶描"为主，根据飞天的体形走势，给人紧贴其身的感觉。

安岳石窟五代时期的飞天形态很少，主要在龛顶进行描绘。总体上看，五代时期受到当时"院体"风格的影响，略显僵化。如圆觉洞第四十号十六罗汉龛飞天没有多大的创新，采用单一的线条，匀称细长，粗细浓淡变化不大，与这时期敦煌壁画里的飞天用线相同。又如圆觉洞中窟左右壁上部两身飞天，左窟左右壁上方及中部各刻飞天一身，右窟左壁上部刻飞天一身，姿态美丽。有的短袖彩裙，彩云托身；有的衣带飘飞行若流云；有的托花篮执莲苞。

线条在中国画艺术中是最重要和首要的表现手法，因此，线条是川中石窟飞天雕塑与绘画两者间的互通性的首要体现。安岳圆觉洞的飞天造像在雕刻技艺上面充分地体现了线性的特征，千娇百媚，神采飞扬。它的线条优美，形象很精致，完全感受不到因为雕刻技能而造成的造像方层面的不足。从整体的构造来看，主要是用横构图的方式分布，飘带几乎都在上方飞舞，其样子喜悦，达到了形式与内容的和谐和同一，这与中间的造像艺术及其周围环境充分地交融在了一起。团块的艺术造型和线条造型的充分融合，与西方雕塑（在一般情况下不用线条造型，重体积和团块）和敦煌莫高窟飞天（突出绘画性的特征）相对比，极具特色。

中国古代雕塑讲究"妆銮"。北宋著名建筑学家李诚在《营造法式·总释·彩画》中说道："谢赫《画品》注：'今以施之於缣素之类者，谓之画；布彩於梁栋枓栱，或素象什物之类者，俗谓之妆銮；以粉朱丹三色为屋宇门窗之饰者，谓之刷染。'"安岳圆觉洞中的飞天形象，它的造型各式各样，仔细观看所有造像都没有重复。首要原因是在配饰以及衣饰的用色搭配上恰到好处，精密自然，展现了宋朝独特的造型特征。恰是在造型和用色的两重的共同配合之下，才能够创造出飞天唯美的身材和它那活灵活现的容貌。从这就能够看出古时候的工匠大师们勇敢地发挥自身的想象力，把那时世俗的现象和传奇或者佛教的故事经过塑绘的技艺和构图的再加工，给人们展现出了美轮美奂的造像艺术。

安岳圆觉洞飞天俱显共同特色：体态优美，身段柔软，呈一派"丰肌弱骨"之态，其丰润的肌肤、柔嫩的骨骼犹如宋时少女花朵般的丰韵，娇嫩艳丽。跟随飘带和云朵缓慢地飘动，使人们具有身体飞扬、飘飘欲仙的视觉体验，但是这种视觉体验，基本上是从飞天自身的飘带和对飘逸的云的精巧的描绘而来。虽然有隋、唐、五代的遗风，却在渐渐摆脱隋、唐风格之束缚，其体态缩短，下面主要用云团为依靠，上面呈现袒露的形状，有些许丰满，其手中握有美丽的鲜花，用飘带裹住肉体，美不胜收，使人有一种圣洁、灵动、优美的感受，从而形成了安岳飞天的独特风貌。

安岳圆觉洞的净瓶观音窟左右两侧壁上有相互呼应的一对飞天。左边，一个身材和外貌都很优雅的飞天像一个年轻的女子，颈上绕一条弯曲的丝带，腹部装饰花朵，腰上绕着两条柔美的丝带，交叉婉转，略显夸张招摇。她的手上握着极其宝贵的美丽的曼达花，两腿做并摆姿势，软柔如丝。她轻巧而且温和，好似飞鹤舞动的情景，的确能够让人沉醉在无穷无尽优美的幻想当中。特别是那轻柔的丝带，就像京剧慢三眼，回味浓郁。这类拥有极其强烈的诗韵动势，好似带有节拍优雅的音乐，展现出柔美多姿、美轮美奂的审美特点，使得静态的石窟艺术增添了一些节奏的韵味，真是"天翼飞扬，满窟风动"。相同的，安岳圆觉洞阿弥陀佛像龛壁上飞天镶刻在一个比较混沌状、意象化的花体当中。她缠在肩上的丝带一直延伸到手臂和手腕，因腿的摆动而形成飘动的丝带像奇妙的美人鱼灵动的鱼尾，流露出一种难以控制的内在冲动。而大势至菩萨龛里的浅浮雕飞天的形象却像西部异域的姑娘，焕发出旺盛的生命活力。她把身体侧仰，左手持花蕾，一条长长的丝带从她的左腿穿过后经弯曲的左臂弯，进而绕着她的头飘到右腿之上。她的右腿被抬起来，与左腿巧妙融合形成了一条风动飘逸的丝带，表现出诗一般的时空动感，美意触壁。另外，她的丝带侧边的四个动态的图形，增添了飞天的矫捷性，体现了飞行活泼的形象，完全显示出石刻的工匠们内心的想法以及无穷的联想。

2. 大足

大足石窟位于今重庆市大足区境内，创于 9 世纪的唐代，盛于两宋。今存摩崖石刻造像约五万身，共四十余处，其中北山与宝顶山两处最具代表性。这两处的摩崖石刻具代表性飞天共八十四身。大足北山佛湾第九号（图 7 - 11）和第十号（图 7 - 12）以及第五十二号（图 7 - 13），分别是千手观音龛、释迦牟尼佛龛、阿弥陀佛龛；五代的大足北山佛湾第五十三号阿弥陀佛龛飞天、第三十九号大威德金轮炽盛光佛像龛门楣上飞天；大足北山佛湾在南宋时期建造的第一百七十六号的弥勒下生经变相龛飞天（图 7 - 14）、在宝顶山大佛湾的第十四号毗卢道场的飞天（图 7 - 15）以及十大明王像窟飞天（图 7 - 16），等等。

飞天多以左右对称或单个出现在佛龛后壁、侧壁上方，大多出现于经变或说法相中。由于风化严重，很难看清雕刻的细部，但总的来说，继承了唐代遗风，具有灵动飘逸的特征。在宝顶山的飞天造像上大多都具有宋朝时期乾闼婆的特点，数目不多，只有六个，第十四号窟龛《毗卢道场》的毗卢洞的前面石壁洞口上有双侧面对面舞的飞天（一具飞天的头部及一只手臂已残破），是此中最典型的——已大大淡化了神性光环，弥添生机勃勃的人性之美，消除了神与人的距离。北山飞天数目不少，虽然有些飞天的图像头部残缺，但大部分都保存得很好，那里基本上都有唐朝末年和五代时乾闼婆和紧那罗雕刻的特点，展现了晚唐和五代上层社会生活、审美偏好。石门山两身飞天由于风化等原因仅有模糊图像轮廓残存。

大足石窟的飞天大多端坐于云彩之上，有些已经没有了飞动感。其飞天有别于前期历代石窟最大的特点是，隶属佛家造像的"飞天"形态不仅仅在佛教石窟中存在，还充盈在道教类的石窟中，如大足石窟南山有二身飞天就存在于最典型、最系统的道教系统造像的第五号窟中。这从一个侧面印证了"飞天"

是在中国道教传统幻化的"羽人""飞仙"和佛教"天"之理念的融合下成长的独具中国文化特色的飞天形态。那些飞天的形态和构造大部分都是单体的，或者是在左右两边呈现，犬牙交错，侧身、立品、俯仰容貌各别。

　　大足北山石窟中继承了唐代遗风的第五十二号、五十三号龛内刻阿弥陀佛，两侧有菩萨侍立。龛顶的菩提宝盖两边各有一身飞天，双手托花供养，长长的飘带拖在身后，周围彩云环绕。观无量寿经变相龛编号第二百四十五号，有一群飞天坐在龛正中西方三圣的上面，其中不鼓自鸣的乐器，以及孔雀、共命鸟、鹦鹉等，它们联合组成了一幅神仙般极乐世界图（图7－17）。第九号龛为千手千眼观世音菩萨龛，龛中的千手千眼观世音化出两道射向龛顶的毫光，萦绕着两身色彩绚丽的飞天，与祥云一起翻腾。第一百七十六号龛为佛说弥勒下生经变相龛，龛内弥勒佛宝盖两侧各有一身飞天，飞翔的动势与前宝盖发出的毫光相一致。大足宝顶山的飞天多出现在经变中，如第十八号龛为观无量寿经变相龛，龛内上方西方三圣像后的托花飞天身材修长，形象较写实，动感不足，飞行缓慢。第二十二龛为十大明王龛，龛内大秽迹明王上部也有两身体态丰满的飞天。

　　大足石窟五代飞天数量最多，风格也富有变化。例如，北山佛湾第二百七十九号、二百八十一号等龛顶部雕刻服饰简朴不用云彩烘托，仅仅依靠飘带、长裙的飘拂和身姿的呼应来表现轻盈动态之感，这是另一种风格。又如北山佛湾第一百三十五号龛中阴刻两身飞天，没有云彩装饰，头梳双鬟髻，形体清瘦，长裙裹足，飘带呈火焰状，这颇似莫高窟西魏飞天的风格。譬如敦煌莫高窟第二百八十五号窟南壁上部十二身飞天，均做飞翔状，奏乐散花。其中弹奏箜篌的飞天秀骨清秀姿势优美，富有较强的韵律感。

　　大足西南的妙高山石刻以宋代的佛像著称，其中也刻有坐在云朵上的飞天（图7－18）。此时的飞天在画面中已成了无足轻重的点缀。

　　大足宝顶大佛湾毗卢洞前壁洞口两侧飞天均为具有汉族面容的少女像，两尊飞天身材修长而纤细，腰部向后弯曲的弧度小，身体略倾斜，辅助飞翔的丝带都较短，其空中飞舞的动势主要依靠其身体本身产生，具有了自身产生的、内在向上的舞蹈动势，这是宋代飞天较之前期飞天最大的不同之处。可以说的是：镌刻的手艺人为了渲染它们上天遨游的感觉，在雕琢它们头上戴着的冠以及身上穿的衣裳时采用了高浮雕的方法，那些云朵都是用浅浮雕再加上阴线来雕刻的，用来营造更引人注目的超逸动态，"头戴高花冠，胸部璎珞，身着短袖天衣，肩搭帔帛飘逸。下身着长裙隐匿，裙衫向后飞扬，有满壁风动之感。"①

在大足石窟艺术中有诸多"三教合一"的宋代乐舞造像窟龛，如"孔子十哲龛""观无量寿佛经变相""三清古洞"，等等。尤其是大足宝顶山大佛湾"观无量寿佛经变相"中的"上品中生"图左壁，除有两身精美的飞天外，在青鸟下方还有一尊带翼的羽人造像，该窟中飞天、青鸟、羽人同列在一起"飞舞"的场景，不但达到了美与写意的和谐统一，更彰显了儒、释、道的共荣共存和相互融合。这与汉画像里出现的带翼，或者凡人靠着神鸟承载其高飞的诸多仙人形象的表现形式有着异曲同工之妙，又似乎是佛家追求生命之轮回、道家所言之飞升并渴望得到永生的内涵表现。这些含有乐舞造像的窟龛不仅反映出宋代宗教中道教、佛教、儒家的和谐共处，还体现出多元文化融合下中国石窟艺术朝着本土化发展的历程，亦是宋代诸多乐舞艺术种类繁荣发展的缩影。

总之，飞天作为佛教艺术的一朵奇葩，发展到唐宋已适应人们的审美追求和中国传统文化内涵，成为华夏乐舞精神的典型代表。"不同文化区域的飞天既有相互继承，又有某种程度的创新与发展，飞天的差异主要由不同时代、不同地域、不同审美风尚等因素造成，因而形成了丰富多彩的艺术风格和特征。巴蜀石窟飞天即是在中原北方飞天大发展的前提下，有机融合不同石窟中飞天艺术的长处，并在巴蜀传统文化的深刻影响下创造而成。"② 两宋时期川中飞天秀丽的体态，温婉含蓄的表情，典雅优美的舞姿，呈现出佛国世界一派歌舞升平，圆融祥和幸福的景象，让人十分羡慕和向往。其静态的雕像给人们以动态图像的表现，这种动势是一种艺术美在凝固石壁上的抒发。在这个时刻和这个地点，印度佛教中的"乾闼婆"以及"紧那罗"中的那种意境已不能全然和飞天之"飞"画上等号了，"飞"的内涵被抽象化，进而转化为能够将民间无拘无束的自由精神特点体现出来的文化上的形而上学象征，其中的诗情画意之美的内在与外表让观者都能从中体悟到。

---

① 王海涛，王婧，高一丹. 重庆"大足石窟"舞蹈形象研究［J］. 南京艺术学院学报（音乐与表演版），2013.

② 龙红，邓新航，王玲娟. 巴蜀石窟飞天艺术研究［C］//2014年大足学国际学术研讨会论文集. 重庆：重庆出版社，2016：348.

（二）其他石窟

1. 广元

广元石窟主要分布在千佛崖和皇泽寺两地。

千佛崖石窟始建于北魏晚期。南段中下部大佛洞是现存最早的石窟。位于稍上方的藏佛洞是一个小的方形平顶窟，三面墙各有一个圆拱龛，里面雕刻着一尊佛像和两尊菩萨，舟形背光船中雕刻着七佛像和六尊飞天。比大佛洞的千佛崖三圣堂晚一点。背光中的壁龛墙上雕刻着飞天，飞天头束一个发髻，穿着一件有领子的宽袖上衣，下面是一条长裙，双手伸出，身后是一条向上飞扬的圆形披肩，身体纤细轻盈。在唐代的千佛崖石窟中，窟中又往往设一座佛坛，坛后的空心菩提树构成后屏。千佛崖第三十三号菩提瑞像窟后屏风上方有一个雷公，两侧各有一身飞天形象。

广元皇泽寺第四十五号窟为方形中心柱石窟（图 7 - 19），其两侧圆形拱形壁龛的中心显示出荷花图案的头光，四周有坐佛造像，外缘有一排飞天。飞天的脸庞很美，礼服飘带简洁流畅，呈现出快速飞扬的姿态。其构图风格和形象与青州佛教造像碑飞天、龙门飞天相似。皇泽寺是一座历史悠久的佛教寺院，它建于北朝晚期，兴于盛唐时期，其飞天造像不同于唐代其他飞天造像，线条简洁细腻，造型生动，身体"纤细"与"丰腴"相并，服饰风格和彩带的描绘颇有魏晋时代的韵味。一个飞天有高髻和一条长裙，它跪坐在右边，其右臂微微弯曲并抬起，左手托着一盘祭品置于身后，仰望天空，长长的绸缎披在它的胸前，飘向身后，好像在大风中飞翔，长裙也随风飘扬，风格粗犷奔放。另一个飞天的头扎着高髻，穿着长袖上衣和长裙，身体向东，与上图稍有相同，只不过左手持圆形供品，靠在腹部前方，右手的长袖和披帛被风吹到背部，它显示了在天空中飞翔的舞蹈状态。左侧龛楣的飞天，衣饰与前面的相似，上半身直立，头部向右扭动，左腿向前，右腿弯曲，膝盖微微抬起，左手将供品放在胸前，右手稍微向后抬起，发髻和长裙像在空中飞来飞去一样飘到后面，让人遐想。还有一尊飞天，双腿跪下，坐起来直立，把肘部向后转，放在肩膀和胸部后面，左手着物，右手放在身后，好像在风中上下翻滚。皇泽寺飞天像体态优美，曲线突出，动作有力，这与当时的一些舞蹈形式有关。

2. 巴中

巴中市水宁寺盛唐第二号龛右侧飞天（图 7 - 20、图 7 - 21）、盛唐第三号龛两侧飞天、巴中市水宁寺第八号龛均为平顶双重龛。在墙壁的两边，沿着壁龛顶部附近的地方有两尊飞天驾乘彩云，手里拿着鲜花，它们从内到外飞来，飘带跟着自己的身体向上飞起（图7-22、图7-23）。

初唐巴中南龛第一百一十二号龛三世佛的右壁飞天（图7-24），第一百零七号龛两侧飞天（图7-25）。盛唐第七十七号龛的释迦牟尼说法龛两侧飞天。唐中后期的第六十二号龛西净土变左侧飞天（图7-26）。在南龛第七十八号龛阿弥陀佛净土变，壁龛外两侧天空中飘扬着浮雕散花飞天，它们乘彩云缓缓落下（图7-27、图7-28）。唐初第一百一十六号龛内龛门楣拱右侧还镂刻有西方三圣和伎乐飞天（图7-29）。

在深八十厘米、宽一百一十厘米的巴中北龛第七号龛顶（图7-30），以浅浮雕的形式描绘了四尊盘旋在洞顶的飞天造像，营造出十分浓郁的宗教氛围。这些雕像形象生动，刻画细致，是四川唐初飞天造型中最好的一尊。飞天之一位于洞顶的左后方，头梳高髻，上身赤裸，肩上臂绑着饰物，下身穿长裤，胸前挂着珠子串，手腕上戴着手镯，周围缠着长长的丝绸，取仰身向左扭动，双腿微微收拢，膝盖稍弯曲，右手托着一盘供品，左手收回至肩膀上，手掌向外，转头向窟前，优美而放松。其中另一个飞天位于窟顶部的右后方，衣饰和前面的一样，收起双腿，屈膝，放低双腿，仰起上身，稍微弯曲腰部，收起左胯部，右肘弯曲，掌心持圆物至头部前方，左臂伸向侧面，手握一棒状物，它可以用来敲击右手握着的物体，飞向天空。还有飞天位于左侧窟顶前方，穿的也与前面一样，可见发髻上装饰着鲜花，背向左侧，左腿弯曲至胸部，右腿轻微弯曲下伸，手臂弯曲至肘部，头部向左移动，有神态怡然的感觉。位于窟顶部右前方的飞天，它也是这样穿的，右腿膝盖弯曲，拉腿贴边，上身直立，向右微扭，双臂弯曲的肘部举到胸前，稍有残损，不知道是否抱着物品，脸也被损坏了，但可以看到它对视另一飞天，随风起舞。

盛唐时期的巴中西龛龙日寺第八十七号龛正壁两侧飞天（图7-31）、初唐流杯池两侧飞天（图7-32）等也比较有特色。

3. 其他

四川省乐山市开元观（又名万寿观、弘名观、神霄玉清宫）大殿西侧造有天象、神王、飞天像。道教造像模仿佛像的仪轨，把佛祖像、飞天和神王放在一起。浦江飞仙阁第九号龛佛光正中有一棵菩提树，它的枝叶延伸到龛的顶部和外部，树的两边各有一尊飞天造像缓缓飞行。在安岳石窟中，飞天常被刻在佛、菩萨旁边，例如，在唐朝盛期千佛寨的药师经变龛中，药师佛像华盖两侧菩提树下各有一尊飞天向中心飞去。同一洞中的西方三圣造像分别放置在高高的圆拱形壁龛中，龛壁的墙上都雕刻着小飞天。他们手持鲜花或祭品，飞过云端，衣饰与彩带飞扬，如此写实的造型风格体现了宋代造像的特点。此外，在邛崃的石笋山石窟中还有唐代石雕飞天。

在石窟艺术中，巴蜀飞天图案并不是独立出现的。它不仅是一种装饰性的、有图案的艺术形式，而且是佛教世界中的一个雕塑角色。它也缓和了过于严肃的宗教氛围，帮助人们获得视觉美与心理的平衡。中国的儒、道、释三大文化主体思想对中国社会的方方面面都产生了深远的影响，尤其是宋代巴蜀石窟的飞天。由于程朱哲学的制约、民间文化的影响和巴蜀地域文化的刺激，飞天形象反映了宋代世俗社会的审美观。首先，飞天的服饰深受民间服饰的影响，基本上是现实生活中常见的民间普通妇女及女仆服饰风格的迁移。在《宋史·舆服制》中记载："宫廷自中宫以下，不得销金、贴金、织金以着衣服"，"非命妇之家，毋得以真珠装缀衣服"。当时，统治者试图限制民间奢侈之风。同时，据《华阳国志·蜀志》记载："蜀沃野千里，号为陆海。"巴蜀地区自古以来就是丘陵地带，在这样的政治和地域文化背景下，民间服饰开始注重实用性和舒适性。

巴蜀石窟的飞天形象典雅大方，朴素温婉，但不纤巧娇柔，体现了唐宋上流社会的道德审美标准。正是通过老百姓愿意接受的方式，佛教才把佛法教义传递给了芸芸众生。"引儒入佛""道佛圆融"使我国以孝道为核心的伦理原则与佛教融为一体。真、善、美不仅在古代被珍视，现在也被大力提倡。宗教向来追求真、善、美。同时，"美"与"善"的统一也是中国古典美学中不可或缺的重要思想。巴蜀石窟飞天设计与形态去伪存真，具有生命的纯美。

插 图

图 7−1 云冈石窟第十号窟——莲花与飞天

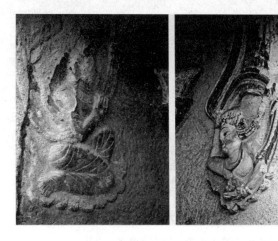

图 7−2 巴中南龛第七十七号龛释迦说法两侧壁飞天
（龛高 2.06 米，宽 2.49 米，深 0.85 米，盛唐）

图 7-3　安岳圆觉洞第十号窟

（立像通高 5.7 米，肩宽 1.3 米，北宋，拈花微笑释迦佛）

图 7-4　安岳圆觉洞第十号窟右壁浮雕飞天

（占壁面高 1.1 米，肩宽 0.9 米，北宋）

图 7 - 5　安岳圆觉洞第十号窟左壁浮雕飞天
（占壁面高 1.1 米，肩宽 0.9 米，北宋）

图 7 - 6　安岳圆觉洞第七号窟左壁飞天浮雕
（占壁面高 1.7 米，宽 1.2 米，北宋）

图 7–7   安岳圆觉洞第七号窟右壁飞天浮雕

（占壁面高 1.7 米，宽 1.2 米，北宋）

图 7–8   安岳圆觉洞第十四号"大势至菩萨龛"左壁上部飞天

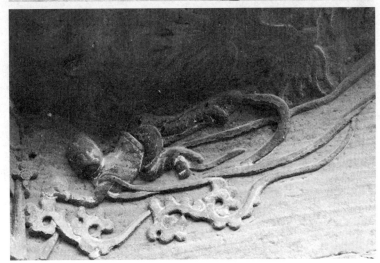

图7-9 安岳千佛寨第九十六号窟

（窟高4米，宽5.2米，深2.2米，盛唐，坐姿药师佛与八大菩萨立像）

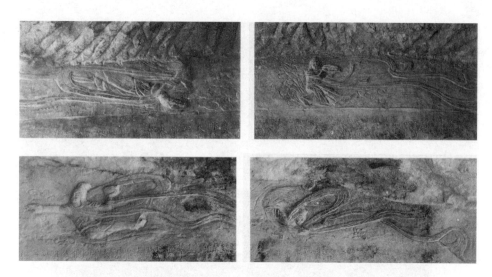

图7－10　安岳卧佛院第五十九号窟正壁及右壁四飞天（唐代）

图7－11　大足北山佛湾第九号千手观音像龛飞天

图 7-12 大足北山佛湾第十号释迦牟尼佛像龛

图 7-13 大足北山佛湾石窟第五十二号阿弥陀佛龛飞天

图 7 - 14　大足北山佛湾第一百七十六号弥勒下生经变相龛

图 7 - 15　大足宝顶山大佛湾第十四号毗卢道场飞天

图 7 – 16 大足宝顶山大佛湾十大明王像窟飞天

图 7 – 17 大足北山佛湾第二百四十五号龛观无量寿经变相龛

图 7 - 18　大足妙高山石窟第四号窟飞天像

（像高 0.45 米，肩宽 0.16 米，胸厚 0.15 米，南宋）

图 7 - 19　广元皇泽寺第四十五号窟中心柱石窟飞天之三

（窟高 2.56 米，宽 2.85 米，深 2.9 米，中心柱高 2.56 米，西魏）

图 7 - 20　巴中水宁寺第二号龛右侧飞天（盛唐）

图 7 - 21　巴中水宁寺第二号龛左侧飞天（盛唐）

图 7 - 22 巴中水宁寺第八号龛右侧飞天

（外龛高 2.2 米，宽 2.1 米，深 0.74 米，内龛高 1.64 米，宽 1.1 米，深 1.03 米，盛唐）

图 7 - 23 巴中水宁寺第八号龛左侧飞天

（外龛高 2.2 米，宽 2.1 米，深 0.74 米，内龛高 1.64 米，宽 1.1 米，深 1.03 米，盛唐）

图 7 - 24　巴中南龛第一百一十二号龛三世佛右侧壁飞天

（龛高 2.1 米，宽 2.2 米，深 0.7 米，初唐）

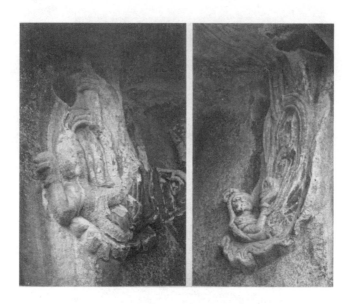

图 7 - 25　巴中南龛第一百零七号龛两侧壁飞天

（龛高 2.28 米，宽 4.53 米，深 1.12 米，初唐）

图 7 - 26　巴中南龛第六十二号龛西方净土变左侧胁侍菩萨、听法菩萨、力士、飞天

（龛高 1. 9 米，宽 1. 03 米，深 0. 47 米，中晚唐）

图 7 - 27　巴中南龛第七十八号西方净土变龛外右侧浮雕的散花飞天

（龛高 1. 7 米，宽 1. 48 米，深 0. 58 米，盛唐）

图 7 - 28　巴中南龛第七十八号西方净土变龛外左侧浮雕的散花飞天

（龛高 1.7 米，宽 1.48 米，深 0.58 米，盛唐）

图 7 - 29　巴中南龛第一百一十六号龛内龛门楣拱右侧镂雕西方三圣与伎乐飞天

（龛高 3.5 米，宽 3.8 米，深 0.7 米，初唐）

图 7 - 30 巴中北龛第七号龛窟顶飞天之一（初唐）

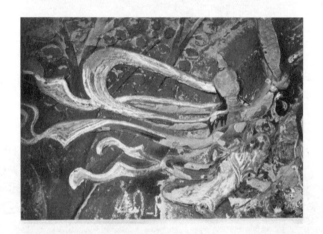

图 7 - 31 巴中西龛龙日寺第八十七号龛正壁两侧飞天（盛唐）

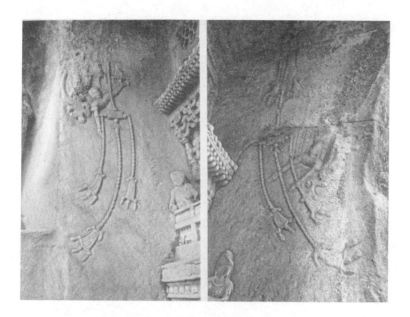

图 7 - 32　巴中西龛流杯池两侧飞天（初唐）

参考文献

一、古籍文献

《杂阿含经》

《大正藏》

《阿弥陀经》

《无量寿经》

《观无量寿经》

《大方广佛华严经》

春秋·左丘明《左传》

春秋·老子《道德经》

东晋·常璩《华阳国志》

东晋·鸠摩罗什译《大智度论》

东晋·佛陀跋陀译《佛说观佛三昧海经》

东晋·僧伽提婆与僧伽罗叉译《中阿含经·木积喻经》

南朝梁·释慧皎《高僧传》

南朝梁·真谛译《大乘起信论》

南朝陈·月婆首那译《胜天王般若波罗蜜多经》

北凉·昙无谶译《佛本行经》

隋·智顗《法华玄义》

唐·湛然《法华玄义释签》

唐·输波迦罗译《苏婆呼童子请问经》

唐·善无畏等译《大毗卢遮那成佛神变加持经》

唐·张籍《全唐诗》

唐·杜甫《忆昔》

唐·杜甫《释闷》

唐·氾瑭彦《唐沙州龙兴寺上座马德胜和尚宕泉创修功德记》

唐·释憬兴《无量寿经连义述文赞》

宋·文同《丹渊集》

宋·李之纯《大圣慈寺画记》

宋·邓椿《画继》

宋·黄休复《益州名画录·序》

宋·祝穆《方舆胜览》

宋·释道原《景德传灯录》

宋·法天《妙法圣念处经》

宋·李昉等《太平广记》

宋·《宣和画谱》

元·般若流支译《正法念处经》

清·王夫之《姜斋诗话》

二、学术著作

潘峰,薛海斌责编;季美林,汤一介总主编;张雪松.中华佛教史(共11册)[M].太原:山西教育出版社,2020.

李泥著.四川宋代菩萨造像研究[M].北京:科学出版社,2018.

聂书法,李雪山.响堂山石窟装饰艺术[M].石家庄:河北美术出版社,2018.

常沙娜.中国敦煌历代服饰图案[M].北京:清华大学出版社,2018.

汤用彤.汉魏两晋南北朝佛教史[M].北京:商务印书馆,2017.

谷莉.宋辽夏金装饰纹样研究[M].北京:中国戏剧出版社,2016.

郑炳林,雷玉华,罗春晓,王剑平.敦煌与丝绸之路石窟艺术丛书·川北佛教石窟和摩崖造像研究[M].兰州:甘肃教育出版社,2016.

邓星亮.四川安岳卧佛院石窟刻经研究[M].成都:巴蜀书社,2016.

[美]迈耶·夏皮罗著;沈语冰,王玉冬译.艺术的理论与哲学风格、艺术家和社会[M].南京:江苏美术出版社,2016.

龙红,邓新航,王玲娟.巴蜀石窟飞天艺术研究(2014年大足学国际学术研讨会论文集）[M]．重庆：重庆出版社，2016.

四川文物管理局，北京大学中国考古学研究中心，广元千佛崖石刻艺术博物馆．广元石窟内容总录·千佛崖卷·上下 [M]．成都：巴蜀书社，2014.

何志国．早期佛像研究 [M]．上海：华东师范大学出版社，2013.

中国社会科学院语言研究所词典编辑室．现代汉语词典 第6版 工具书 [M]．北京：商务印书馆，2012.

阮立．唐代敦煌壁画女性形象研究 [M]．武汉：武汉大学出版社，2012.

费泳．中国佛教艺术中的佛衣样式研究 [M]．北京：中华书局，2012.

沈从文．中国古代服饰研究 [M]．上海：上海书店出版社，2011.

丁福保译．佛学大辞典 [M]．北京：中国书店出版社，2011.

雷玉华．巴中石窟研究 [M]．北京：民族出版社，2011.

肖宇窗．神话在人间：大足石窟艺术及其文化阐释 [M]．北京：中国戏剧出版社，2011.

姚崇新．巴蜀佛教石窟造像初步研究：以川北地区为中心 [M]．北京：中华书局，2011.

关友惠．解读敦煌·敦煌装饰图案 [M]．上海：华东师范大学出版社，2010.

夏金华．中国佛教的制度与仪轨 [M]．上海：上海社会科学院出版社，2010.

汪小洋主编．中国佛教美术本土化研究 [M]．上海：上海大学出版社，2010.

刘黎明．中国古代民间密宗信仰研究 [M]．成都：巴蜀书社，2010.

成都文物考古研究所编著．成都考古发现2008 [M]．北京：科学出版社，2010.

王镛．印度美术 [M]．北京：中国人民大学出版社．2010.

韩从耀．图像：主题与构成 [M]．北京：北京大学出版社，2010.

程崇勋．巴中石窟 [M]．北京：文物出版社，2009.

姜澄清．中国艺术生态论纲 [M]．兰州：读者出版集团，甘肃人民美术出版社，2009.

赖鹏举．敦煌石窟造像思想研究 [M]．北京：文物出版社，2009.

龙红. 风俗的画卷——大足石刻艺术 [M]. 重庆：重庆大学出版社，2009.

四川省文物管理局，成都文物考古研究所，北京大学中国考古学研究中心等编. 广元石窟内容总录 皇泽寺卷 [M]. 成都：巴蜀书社，2008.

成都文物考古研究所，北京大学中国考古研究中心，巴州区文物管理所编. 巴中石窟内容总录 [M]. 成都：巴蜀书社，2008（3）.

倪建林. 装饰之源 原始装饰艺术研究 [M]. 重庆：重庆大学出版社，2007.

卢丁，[日] 肥田露美著. 中国四川唐代摩崖石刻造像蒲江、邛崃地区调查研究报告 [M]. 重庆：重庆出版社，2006.

罗一平. 历史与叙事 [M]. 广州：岭南美术出版社，2006.

唐家路. 民间艺术的文化生态论 [M]. 北京：清华大学出版社，2006.

郑银河，郑荔冰. 吉祥兽 [M]. 福州：福建美术出版社，2005.

徐华铛. 佛像艺术造型 [M]. 上海：上海文化出版社，2005.

宋先伟. 无量寿经 [M]. 北京：大众文艺出版社，2004.

黎方银. 大足石刻 [M]. 西安：三秦出版社，2004.

姜亮夫. 敦煌学概论 [M]. 北京：北京出版社，2004.

[德] 希尔德勃兰特著；潘耀昌等译. 造型艺术中的形式问题 [M]. 北京：中国人民大学出版社，2004.

龙显昭. 巴蜀佛教碑文集成 [M]. 成都：巴蜀书社，2004.

张法. 佛教艺术 [M]. 北京：高等教育出版社，2004.

徐华铛，杨古城. 中国狮子造型艺术 [M]. 天津：天津人民美术出版社，2004.

阿道夫·希尔德勃兰特（Adolf Von Hilderbrand）著；潘耀昌等译. 造型艺术中的形式问题 [M]. 北京：中国人民大学出版社，2004.

胡文和编. 西南石窟文献 第8卷 [M]. 兰州：兰州大学出版社，2003.

杨希明主编；雷玉华，程崇勋执笔；巴中市文管所，成都市文物考古研究所编. 巴中石窟 [M]. 成都：巴蜀书社，2003.

阎文儒. 中国石窟艺术总论 [M]. 桂林：广西师范大学出版社，2003.

启功. 中国历代绘画精品·人物卷2·墨海瑰宝 [M]. 济南：山东美术出版社，2003.

眭建国．精神与情感——中西雕塑的文化内涵［M］．北京：商务印书出版社，2003．

方立天．中国佛教哲学要义（上、下）［M］．北京：中国人民大学出版社，2002．

罗宗勇主编；雷玉华，王剑平执笔；广元皇泽寺博物馆，成都市文物考古研究所编．广元石窟［M］．成都：巴蜀书社，2002．

宫大中．龙门石窟艺术［M］．北京：人民美术出版社，2002．

郑汝中．敦煌壁画乐舞研究［M］．兰州：甘肃教育出版社，2002．

重庆大足石刻艺术博物馆，重庆大足石刻研究会编．大足石刻研究文集（第3辑）［M］．北京：中国文联出版社，2002．

郭若虚．图画见闻记（卷二，新世纪万有文库第五辑传统文化书系6）［M］．沈阳：辽宁教育出版社，2001．

倪建林．中国佛教装饰［M］．南宁：广西美术出版社，2000．

王大有．中华龙种文化［M］．北京：中国社会出版社，2000．

牟钟鉴，张践．中国宗教通史（上、下）［M］．北京：社会科学文献出版社，2000．

［美］乔纳森·马克·基诺耶著；张春旭译．走进古印度城［M］．杭州：浙江人民出版社，2000．

赖永海．中国佛性论［M］．北京：中国青年出版社，1999．

宗白华．艺境·中国艺术境界之诞生［M］．北京：北京大学出版社，1999．

［奥］阿洛瓦·里格尔．风格问题——装饰艺术史的基础［M］．长沙：湖南科学技术出版社，1999．

重庆大足石刻艺术博物馆，重庆市社会科学院大足石刻艺术研究所编．大足石刻铭文录［M］．重庆：重庆出版社，1999．

刘长久．中国西南石窟艺术［M］．成都：四川人民出版社，1998．

季羡林主编．敦煌学大辞典［M］．上海：上海辞书出版社，1998．

刘道广．中国古代艺术思想史［M］．上海：上海人民出版社，1998．

王建舜．云冈石窟艺术审美论［M］．北京：中国社会科学出版社，1998．

白化文．汉化佛教法器服饰略说［M］．北京：商务印书馆，1998．

周生春．老子注译［M］．西安：太白文艺出版社．1997．

江苏美术出版社. 图说佛教（佛教常识）［M］. 南京：江苏美术出版社，1996.

吕建福著. 中国密教史［M］. 北京：中国社会科学出版社，1995.

黄宗贤，阮荣春. 佛陀世界［M］. 南京：江苏美术出版社，1995.

［美］谢费著；吴玉贵译. 唐代的外来文明［M］. 北京：中国社会科学出版社，1995.

雷伟主. 服装百科辞典［M］. 北京：学苑出版社，1994.

李砚祖. 装饰之道［M］. 北京：中国人民大学出版社，1993.

（明）杨慎. 升庵集［M］. 上海古籍出版社，1993.

Oleg Grabar（奥列格·格拉巴尔）. The Mediation of Ornament（装饰的媒介）［M］. Princeton：Princeton University Press，1992.

［美］阿若德·豪塞尔著；陈超南，刘天华译. 艺术史的哲学［M］. 北京：中国社会科学出版社，1992.

南京博物院编. 四川彭山汉代崖墓［M］. 北京：文物出版社，1991.

李砚祖. 工艺美术概论［M］. 长春：吉林美术出版社，1991.

丁福保. 佛学大辞典［M］. 上海：上海书店出版社，1991.

张道一. 造物的艺术论［M］. 福州：福建美术出版社，1989.

陈绶祥. 中国的龙［M］. 漓江：漓江出版社，1988.

张光直. 美术、神话与祭祀［M］. 沈阳：辽宁教育出版社，1988.

田自秉. 中国工艺美术史［M］. 北京：知识出版社，1985.

薛锋，王学林. 简明美术辞典［M］. 哈尔滨：黑龙江人民出版社，1982.

李泽厚. 美的历程［M］. 天津：天津社会科学院出版社，1981.

常书鸿，李承仙著述. 敦煌飞天［M］. 北京：中国旅游出版社，1980.

［印度］蚁垤著；季羡林译. 罗摩衍那［M］. 北京：人民文学出版社，1980.

糜文开. 印度三大圣典［M］. 台北：中国文化大学出版社，1980.

范文澜. 唐代佛教［M］. 北京：人民出版社，1979.

黑格尔著；朱光潜译. 美学（第1卷）［M］. 北京：商务印书馆，1979.

刘志远，刘廷壁编. 成都万佛寺石刻艺术［M］. 北京：中国古典艺术出版社，1958.

王重民，王庆菽，向达，周一良，启功，曾毅公等. 敦煌变文集［M］. 北京：人民文学出版社，1957.

［日］长广敏雄. 蔓草纹饰的发展 大同石佛艺术论［M］. 日本京都：高桐书院，1946.

（晋）袁宏. 后汉纪（卷十）［M］. 上海：商务印书馆，1937.

三、期刊文章

于春. 蜀道的两端——南北朝隋唐时期长安与蜀地的佛教艺术交流［J］. 西部考古，2019（01）：266 - 286.

张乃千，肖宇窗. 川中石窟艺术中的"乾闼婆"与"紧那罗"［J］. 美术观察，2019（04）.

董华锋，闫月欣. 四川石窟寺考古研究的新典范——雷玉华等著《川北佛教石窟和摩崖造像研究》介评［J］. 敦煌学辑刊，2018（04）：173 - 180.

宋艳彬. 中国传统装饰艺术及其当代文化价值［J］. 美术教育研究，2018（17）.

白文. 古印度宗教文明的帔帛服饰［J］. 艺术工作，2018（02）：67 - 71.

刘冬. 大同华严寺辽代彩塑纹饰类型及特点研究［J］. 当代旅游，2018.

邓新航，龙红. 巴蜀早期佛教石窟艺术的背光设计探析［J］. 贵州大学学报（艺术版），2017（01）.

杨晓. 隋唐时期巴中佛教石窟背光图案艺术研究［J］. 南京艺术学院学报（美术与设计版），2017（02）.

牛志远. 汉代佛像空间装饰性语言特征及其成因研究——以西南民族地区为例［J］. 湖南大学学报（社会科学版），2017，31（02）：113 - 118.

王思雅. 从底色排列规律试析克孜尔石窟菱格画分期［J］. 美与时代（美术学刊），2015（03）.

龙红，邓新航，王玲娟. 巴蜀隋代佛教石窟艺术初探［J］. 南京艺术学院学报（美术与设计版），2015（05）.

张蓓蓓. 帔帛源流考——兼论宗教艺术中的帔帛及其世俗化［J］. 民族艺术，2015（03）：135 - 143.

肖宇窗. 赵智凤宗教石刻艺术思想与宝顶摩崖造像［J］. 美术观察，2015（08）.

袁恩培，扶紫祎．安岳石窟菩萨造像中的冠饰 [J]．西南民族大学学报（人文社会科学版），2014，35（09）：64-68．

肖宇窗．巴蜀石窟艺术的文化生态 [J]．美术观察，2014（2）．

王海涛，王婧，高一丹．重庆"大足石窟"舞蹈形象研究 [J]．南京艺术学院学报（音乐与表演版），2013（01）．

肖宇窗，李玲月．大足石窟中的装饰纹样 [J]．美术大观，2013（09）．

肖宇窗．大足石窟的文化取向 [J]．美术观察，2012（06）．

王天祥，何江．大足石刻女性造像形象考察 [J]．民族艺术研究，2010，23（03）：59-62．

肖宇窗．大足石刻中的装饰设计及其文化简论 [J]．大舞台，2010（12）．

孟祥玲．古为今用的纹饰 [J]．包装世界，2010（03）．

肖宇窗．大足石刻的装饰性语言 [J]．文艺研究，2010（12）．

龙显昭．巴蜀佛教的传播、发展及其动因试析 [J]．西华大学学报（哲学社会科学版），2009（12）：32．

费泳．佛衣样式中的"半披式"及其在南北方的演绎 [J]．敦煌研究，2009（03）：26．

肖宇窗，王玉英．大足宋摩崖组雕的绘画表达：以宝顶山第30号雕刻为例 [J]．文艺研究，2009（07）．

龙红．大足石刻艺术雕刻技法手段 [J]．民族艺术研究，2008（04）：32-38．

罗宁．浅谈装饰设计的基本原理和设计方法 [J]．建材与装饰（下旬刊），2007（08）．

郑建萍．佛像服饰特征探析 [J]．美术观察，2007（10）：115．

倪建林．论装饰的概念与范畴 [J]．大连大学学报，2007（05）．

陈悦新．佛装概念与汉地佛装类型演变 [J]．文物，2007（04）：60-69．

姚崇新．广元唐代石窟造像分期研究 [J]．考古学报，2007（04）：423-468．

马英昌，陈思之（摘）．十二兽纪年法来自何方 [J]．知识窗，2007（04）：31-31．

周琳．装饰图案的情感表现 [J]．艺术研究，2006（04）．

王忠林．略论佛教造像中的圆融精神 [J]．新视觉艺术，2006（03）．

陈莺娇. 从色彩的心理体验到设计 [J]. 东南传播, 2006 (09).

袁宣萍. 论我国装饰艺术中植物纹样的发展 [J]. 浙江工业大学学报 (社会科学版), 2005 (01).

刘文芳. 敦煌莫高窟的图案纹样 [J]. 文物世界, 2005 (06).

张承宗. 魏晋南北朝时期的宗教服饰 [J]. 淮阴师范学院学报 (哲学社会科学版), 2005 (01): 68 – 71 + 100 – 140.

肖宇窗, 王玉英. 宋代大足北山石刻装饰特征与巴渝市民意识探微 [J]. 装饰, 2005 (10).

宿白. 四川钱树和长江中下游部分器物上的佛像——中国南方发现的早期佛像札记 [J]. 文物, 2004 (10): 61 – 71 + 3.

倪建林. 从忍冬到卷草纹 [J]. 装饰, 2004 (12): 61.

李敏. 唐代前期艺术中的菩萨头冠 [J]. 敦煌研究. 2004 (06).

诸葛铠. 佛教艺术对中国装饰花卉的影响 [J]. 艺术研究, 2004 (02): 51.

孙华. 服饰与宗教文化 [J]. 天津: 天津纺织工学院学报, 2000 (10).

雷玉华, 颜劲松. 成都市西安路南朝石刻造像清理简报 [J]. 文物, 1998 (11): 4 – 20 + 97 – 100 + 2.

胡良学. 大足石刻禅宗《牧牛图》管见 [J]. 佛学研究, 1997 (00): 60 – 68.

王惠民. 论《孔雀明王经》及其在敦煌、大足的流传 [J]. 敦煌研究, 1996 (04).

任继愈. 弘忍与禅宗 [J]. 佛学研究, 1994 (00): 36 – 39.

宫治昭, 谢建明. 佛像的起源和秣菟罗造像 [J]. 东南文化, 1992 (05): 128 – 132.

马彦, 丁明夷. 广元千佛崖石窟调查记 [J]. 文物, 1990 (06): 1 – 23 + 97 + 99 – 103.

唐长寿. 四川乐山麻浩一号崖墓 [J]. 考古, 1990 (02): 111 – 115 + 122 + 194.

段文杰. 飞天——乾闼婆与紧那罗 [J]. 敦煌研究, 1987 (01)

诸葛铠. 唐代外来纹样民族化的几点看法 (续) [J]. 装饰, 1983, 6 (07): 53.

张道一. 图案概说 [J]. 南京艺术学院学报 (美术与设计版), 1981

（03）：57 - 61.

关友惠. 敦煌莫高窟早期图案纹饰 [J]. 兰州大学学报，1980（02）.

杨泓. 试论南北朝前期佛像服饰的主要变化 [J]. 考古，1963（06）：330 - 337.

温廷宽. 广元千佛崖简介 [J]. 文物，1961（12）：31 - 37.

Northern Liang and Northern Wei in Kansu [J]. Artibus Asiae, 1958, 21（02）：131 - 164.

陈之佛. 中国佛教艺术与印度艺术之关系 [J]. 东方杂志，1930（27）1 号.

四、硕博论文

周冉. 敦煌莫高窟唐代装饰图案边饰纹样的设计研究 [D]. 西安工业大学，2018.

王陈利. 中国佛教艺术早期飞天形象中的稚拙美感研究 [D]. 河北师范大学，2018.

李晨雪. 安岳石刻宝冠造型艺术研究 [D]. 青岛科技大学，2017.

王守梅. 四川广安冲相寺历史与石窟造像研究 [D]. 西华师范大学，2017.

魏晶晶. 莲花纹饰在佛教装饰艺术中的符号学意义研究 [D]. 武汉纺织大学，2017.

杨晓. 巴中佛教石窟背光图案艺术研究 [D]. 重庆大学，2017.

杨博. 四川安岳华严洞佛教造像风格研究 [D]. 海南师范大学，2017.

邓新航. 巴蜀早期佛教石窟造像艺术研究 [D]. 重庆师范大学，2015.

李姗姗. 中国魏晋南北朝时期莲花图案研究 [D]. 北京林业大学，2015.

刘云. 巴中石窟龛楣装饰纹样研究 [D]. 重庆师范大学，2015.

徐顺智. 安岳石窟装饰图案研究 [D]. 重庆大学，2014.

秦岭. 唐宋时期安岳佛教石窟建筑研究 [D]. 清华大学，2013.

高一丹. 巴蜀佛教石窟群艺术风格研究 [D]. 重庆大学，2013.

郭戎晶. 论"卍"符号美学意蕴的发展与演变 [D]. 武汉纺织大学，2013.

杨新. 敦煌地区石窟中的山水纹袈裟研究 [D]. 兰州大学，2013.

曾繁燕. 大足石刻观音造像世俗化图像学研究 [D]. 西南大学，2013.

尹泓. 飞天意象研究 [D]. 扬州大学, 2012.

郝明. 隋唐龙纹装饰研究 [D]. 西安美术学院, 2012.

王倩. 大足石刻观音造像艺术研究 [D]. 青岛大学, 2012.

谷莉. 宋辽夏金装饰纹样研究 [D]. 苏州大学, 2011.

龙莉. 大足石刻花卉鸟兽造型艺术研究 [D]. 西南大学, 2011.

张磊. 安岳石窟造像艺术形式与美学意蕴研究 [D]. 重庆大学, 2011.

桑春花. 汉地佛教文化视觉符号的演变研究 [D]. 江南大学, 2011.

徐萃. 唐代宝相花纹艺术符号研究 [D]. 湖南工业大学, 2009.

李雪山. 响堂山北齐石窟装饰艺术研究 [D]. 河北师范大学, 2009.

谢黎. 中国佛教文化中的装饰设计对其精神传承的作用 [D]. 合肥工业大学, 2007.

费泳. 七世纪前汉地佛像服饰研究 [D]. 南京艺术学院, 2007.

常艳. 成都南朝佛教造像中的伎乐图像研究 [D]. 四川大学, 2006.

雷玉华. 巴中石窟研究 [D]. 四川大学, 2005.

曹林. 中国装饰艺术传统及其当代文化价值 [D]. 中国艺术研究院, 2005.

罗玲. 唐代四川佛教造像中的 "菩萨装佛像" 研究 [D]. 四川大学, 2005.

张晓霞. 中国古代植物装饰纹样发展源流 [D]. 苏州大学, 2005.

蒋熙. 论社会价值观对服饰样式变化的影响 [D]. 苏州大学, 2004.

汪燕翎. 佛教的东渐与中国植物纹样的兴盛 [D]. 四川大学, 2004.

李娃恩. 北朝装饰纹样研究 [D]. 中国社会科学院研究生院, 2003.

彭肜. 中国佛教艺术研究 [D]. 四川大学, 2002.

五、其他

福建日报, http://www.chcj.net/viewthread.php? tid =489409.